Christoph Wehnelt

Hoechst

Untergang des deutschen Weltkonzerns

Bibliografische Information Der Deutschen Bibliothek
Die Deutsche Bibliothek verzeichnet diese Publikation in der Deutschen Nationalbibliografie; detaillierte bibliografische Daten sind im Internet über <http:dnb.ddb.de> abrufbar.

Titelbild: *Wolfgang Hilger, Jürgen Dormann, Erhard Bouillon, Martin Frühauf / Brücke mit Turm: Foto Nikolai Wehnelt, Berlin*

2. Auflage 2009
ISBN 978-3-89870-597-4
Schriftleiterin: Helga Becker, Frankfurt am Main
Layout: Georg Mader, Weiler im Allgäu
Gesamtherstellung: AZ Druck und Datentechnik GmbH, Kempten

Hoechst

Untergang des deutschen Weltkonzerns

Christoph Wehnelt
rollt die Vergangenheit des Traditionsunternehmens auf durch Auswertung von Geheimdossiers und anhand von Gesprächen mit:
Oswald Bommel, Erhard Bouillon, Dr. Alexander Dahmen, Dr. Hans-Hermann Dehmel, Jürgen Dormann, Prof. Dr. Utz-Hellmuth Felcht, Dr. Martin Frühauf, Dr. Hans-Bernd Heier, Prof. Dr. Wolfgang Hilger, Dr. Ingolf Hornke, Dr. Wolfgang Metternich, Dr. Günter Metz, Justus Mische, Dr. Gerhard Prante, Prof. Dr. Ernst Schadow, Dieter Schlatermund, Dr. Karl-Gerhard Seifert, Fritz Straub, Reinhard Traub, Wolfgang Vetter, Arnold Weber, Heinz Weinmann, Dominik von Winterfeldt u. v. a. m.

Kunstverlag Josef Fink, Lindenberg

Inhalt

Ein paar Worte vorweg

Wenn ein Unternehmen ohne erkennbare Not, scheinbar planvoll und mutwillig, sich selber auflöst, verstößt es damit eklatant gegen die Bestimmung der Natur. Die nämlich hat alle belebten Wesen auf den Willen zur Selbstbehauptung festgelegt. Im Falle Hoechst aber ist genau dies geschehen: Ein deutscher Konzern von Weltrang wurde zerlegt und in alle Welt versprengt. Nicht alle Teile überlebten dabei. Was waren die Handlungsmotive der Schlüsselpersonen? War es überhaupt ein planvoller, d. h. kalkulierter, in seiner langfristigen Tragweite sorgsam durchdachter Prozess? Waren die Akteure jederzeit Herr des Verfahrens oder ist das Geschehen ab einem Punkt außer Kontrolle geraten?

War der Vorstandsvorsitzende tatsächlich die alleinige treibende Kraft? Welcher Einfluss war von dem US-Amerikaner im Vorstand ausgegangen? Waren die anderen Mitglieder des Vorstands in überwiegender Zahl willfährige Gefolgsleute? Haben sie die ihnen vom Gesetzgeber auferlegten Pflichten sträflich vernachlässigt? Wo war der Aufsichtsrat in entscheidenden Augenblicken? War die Arbeitnehmerfraktion im Aufsichtsrat zu züchtig, zu linientreu?

Hatte der Vorstandsvorsitzende mit seinem ausdrücklichen Bekenntnis zur *wertorientierten Unternehmensführung* überhaupt das richtige Aufgabenverständnis? Sah er sich womöglich mehr in der Rolle eines Kapitalmarkt-Sachwalters als in der eines Managers der Realwirtschaft? War er den Auguren der Finanzwirtschaft und ihren Einflüsterungen hörig? Hatte er sich in die Abhängigkeit von Akteuren begeben, die ganz anderes im Sinn hatten als das Wohl des Unternehmens, die vielmehr an der Entflechtung des Konglomerats trefflich verdienten? War Hoechst womöglich ein frühes Opfer der unseligen Kräfte, die eine Dekade später eine weltweite Krise ausgelöst haben?

Was bewog das Führungsgremium eines Weltkonzerns, sein Firmenlogo, eines der bekanntesten Industriezeichen in der Welt, aufzugeben, und das zu einer Zeit, als der Konzern sich noch als integrales Life Science- und Chemieunternehmen definierte? Kann, wer solches tut, noch bei Verstand sein? Ob man den Wert solcher Marken, wie manche Institute weismachen wollen, auf Heller und Pfennig in Geldeinheiten ausdrücken kann, mag hier dahingestellt bleiben. Aber dass *Turm und Brücke – Tower and Bridge, La Tour et le Pont, Torre y Puente* – einen immensen ideellen – und damit letztlich auch materiellen – Wert darstellte, der im Zweifelsfall eher in einer Milliarden- als in einer Millionen-Dimension zu beziffern gewesen wäre, darf als unstrittig gelten.

War eine zwanghafte Aversion gegen die Firmenvergangenheit im Spiel? Oder ein ebenso zwanghafter Veränderungsdrang? Liegt der Schlüssel zu solcher Irrationalität womöglich im Bereich der Tiefenpsychologie?

War es überhaupt zu verantworten, an die Spitze des Unternehmens einen Mann zu berufen, der über so gut wie keine operative Erfahrung verfügte, der bis dahin nie ein Geschäft verantwortlich geführt hatte, der sein Unternehmen, dessen Produkte, Märkte, Kunden, seine Stärken und Schwächen und seine überragende Stellung auf den Weltmärkten, nur aus dem entfernten Blickwinkel des Stabsmannes kannte – und der überdies mit keinerlei Charisma gesegnet war?

Vielleicht hilft es, den Menschen, die dem Unternehmen oder der Chemieindustrie nicht verbunden sind, den Grad des Aberwitzes im *Fall Hoechst* anhand eines Analogons vor Augen zu führen: Man stelle sich vor, der Vorstandsvorsitzende der Deutschen Lufthansa schlägt vor, den Lufthansa-Kranich durch einen kleinen schwarzen Punkt zu ersetzen. Er geht daran, das Streckennetz zu zerlegen und die großen Strecken an mehrere andere Airlines zu veräußern. Die Lufthansa Technik AG verkauft er an die EADS. Was am Ende verbleibt, übernimmt die zweitklassige französische Fluggesellschaft Air Inter. Der Name Lufthansa ist getilgt. Die Vorstände und der Aufsichtsrat tragen das Vorgehen mit und legen Hand an bei der Umsetzung, die Gewerkschaft Verdi billigt den ganzen Prozess. – Vorstellbar?

In der Wirtschaftspresse erfuhren die Taten des Hoechster „CEO" ganz überwiegend eine – bisweilen überschwänglich – positive Würdigung. Zum „Manager des Jahres" wurde er gekürt. „Eine der erfolgreichsten Unternehmens-Transformationen in der deutschen Wirtschaftsgeschichte" wurde ihm attestiert. Als der „Philosoph unter den Managern" hat man ihn apostrophiert. Bis zum heutigen Tag hat eine geschickte Legenden- und Mythenbildung ihre Wirkung weitgehend bewahren können. Erst in neuerer Zeit klingen hier und dort zarte Töne des Zweifels an. Hat man wirklich so wenig hinter die Fassade blicken können?

Das Buch will diesen – und anderen – Fragen nachgehen und versuchen, Antworten zu finden. Die Methodik zu diesem Bemühen sind Gespräche mit zahlreichen handelnden Personen. Wo deren Aussagen authentisch wiedergegeben werden, sind die entsprechenden Stellen durch kursive Schrift gekennzeichnet. Einige der Gesprächspartner rühmen noch im Rückblick die Richtigkeit ihrer Taten. Andere tun so, als seien sie nur Zaungäste der historischen Abläufe gewesen. Selbstkritisches gibt es nur selten, dafür ein erschreckendes Maß an Unvermögen, an Blauäugigkeit, Selbstsucht und Opportunismus und sogar an Gleichgültigkeit.

E i n Eindruck indes ist augenfällig: Hätte auf der obersten Führungs- und Kontrollebene des einstigen stolzen Unternehmens mehr Zivilcourage gewaltet, wäre Hoechst vermutlich noch am Leben. Insofern hätte der Titel des Buches auch lauten dürfen: *Der Fall Hoechst – ein Lehrstück.* Möge das Buch auch eine Mahnung sein und dazu beitragen, dass eine solche Tragödie sich andernorts nicht wiederholt.

Oberstdorf, Ende September 2009 *Christoph Wehnelt*

Gewidmet den Hoechstern,
die alleingelassen wurden!

1. Starke Hoechster Perspektiven

Die Konzernentwicklung bis Anfang der 90er-Jahre

Der Chemieriese vom Main expandiert mehr und mehr in Richtung Arzneimittel. Die Hoechst AG will in den nächsten Jahren den Pharmaanteil am Weltumsatz auf rund 25 Prozent steigern. Schon heute steht Hoechst an erster Stelle der Arzneimittelproduzenten der Welt.

In den schwülen Nächten Brasiliens sendet der Tod seine Wegbereiter aus. Fast maikäfergroße Raubwanzen, die Barberos, suchen dann menschliches Blut. Das wäre halb so schlimm, wenn die ekelhaften Sauger nicht gleichzeitig die Chagas-Krankheit übertrügen. Die durch den Wanzenbiss in den menschlichen Körper gelangenden Trypanosomen bohren sich in Leber und Milz, ins Nervensystem und ins Herz. Dies ist der Beginn eines qualvollen Leidens, das bei jedem vierten Brasilianer, der auf dem Lande lebt, zum Tod führt.

Aufsichtsratsvorsitzender Rolf Sammet mit den Hoffnungsträgern Jürgen Dormann und Karl-Gerhard Seifert: „Das Wichtigste ist ein guter Charakter".

Jede ärztliche Kunst war bisher machtlos dagegen. Das gilt auch für die sogenannte Bilharziose, die Schistosomiasis. Der Erreger ist ein kleiner Wurm, der erst zu Harn- und Stuhlbluten, nach qualvollen Jahren aber zum Tode führt. Rund 200 Millionen Menschen sind heute an der Bilharziose erkrankt, ein Leiden, das schon die Pharaonen kannten und das auch jetzt noch in Ägypten besonders verbreitet ist. Die Bekämpfung der Bilharziose wie der Chagas steht im Forschungsprogramm der Marburger Behringwerke mit an oberster Stelle.

Die Immunologie, die in Marburg betrieben wird, ist jedoch nur eine der weltweiten Aktivitäten, die die Hoechst AG verfolgt. Hoechst hat sich durch den Zukauf einer Reihe von Firmen, insbesondere der französischen Roussel Uclaf, zum größten Arzneimittelkonzern der Welt entwickelt. Mit deutlichem Abstand folgt an 2. Stelle Bayer (inklusive Miles). Die Amerikaner American Home Products, Merck & Co. sowie Warner-Lambert belegen die Plätze drei bis fünf. Die starken schweizerischen Gesellschaften liegen auf sechs (Ciba-Geigy), acht (Roche) und zehn (Sandoz).

„Wir sind auch Nr. eins bei den Einführungen neuer Arzneimittel und Patentanmeldungen", bemerkt Prof. Hansgeorg Gareis, der Leiter des Geschäftsbereichs Pharma bei Hoechst. *„In den letzten Jahren haben wir zehn Prozent der Neuausbietungen gebracht und stellen gemeinsam mit Roussel fast ein Viertel der Patentanmeldungen der größten Pharmahersteller der Welt."* Und die Frankfurter wollen das Tempo in Forschung und Entwicklung noch beschleunigen. Jede zehnte Umsatzmark wird wieder in die Forschung gesteckt, und der Anteil der neuen Produkte steigt überproportional schnell.

Besonders Antibiotika und Diuretika werden forciert, aber auch Psychopharmaka, die Sonnenbrillen des Lebens, sowie Antidiabetika und Herz-Kreislauf-Medikamente. Einen bedeutenden Markterfolg hat Hoechst jetzt mit dem Antibiotikum „Claforan" zu verzeichnen. Gerade wo Penicillin-resistente Erreger auftreten, hilft seit Anfang 1980 „Claforan", Infektionen zu heilen. Die Monatsumsätze mit diesem Produkt allein bei den deutschen Krankenhäusern übersteigen bereits die Vier-Millionen-Mark-Grenze. „Claforan" wird jetzt auch in Italien eingeführt. In Spanien kommt das Präparat 1981 auf den Markt und in Japan sowie den USA 1981/82.

Die Mittelfristplanung bis 1983 sieht vor, dass 13 Prozent des angepeilten Umsatzes Pharmaprodukte sein werden, die 1980 und später auf den Markt gekommen sind oder noch kommen. *„Claforan"* wird ein Viertel beisteuern. Der Anteil neuer Produkte soll bei Hoechst bis 1988 sogar auf 26 Prozent steigen.

Der größte Pharmahersteller der Welt will bis zu diesem Zeitpunkt jährlich Arzneimittelumsätze im Wert von knapp sieben Milliarden Mark machen. „Das bedeutet gegenüber 1980 eine Verdoppelung der Verkäufe." Pharmaverkaufsleiter Dieter Laengenfelder neigt dazu, Hoechst noch reicher zu rechnen: „Roussel Uclaf muss noch dazuaddiert werden, wenn die ganze Potenz der Hoechst-Gruppe sichtbar werden soll." Abgemachte Sache aber ist: In den nächsten Jahren wächst der Bereich des Hansgeorg Gareis zum absolut stärksten Profitcenter im Weltkonzern der Hoechster.

Hatte der Pharma-Bereich im Abschluss 1979 noch einen Anteil am Weltumsatz von 16 Prozent, so steigt dieser 1980 bereits auf 17,8 Prozent. 1986 soll er aber ein ganzes Viertel betragen. Die übrigen vierzehn Bereiche des Weltkonzerns werden sich nach diesen Planungen in der 2. Hälfte der 80er-Jahre dagegen vergleichsweise klein ausnehmen. Nur die Kunststoffe kommen mit etwa zehn Prozent Umsatzanteil noch in eine nennenswerte Größenordnung.

Die Absatzstrategie des weltgrößten Pharmakonzerns konzentriert sich eindeutig auf ausländisches Wachstum. Hier zeigt sich wegen der unternehmensfeindlichen Pharmapolitik der Länder und der Bundesregierung eine Abkehr vom heimischen Markt. Laengenfelder sieht das so. Tatsächlich treibt weniger die deutsche Pharma-Politik Hoechst ins Ausland als die dort schneller wachsenden Märkte. Gareis präzisiert: *„Unsere Renditeschwerpunkte liegen weiterhin in Deutschland und Europa. USA und Japan werden aber sichtbar besser.“*

Die Arzneimittelversorgung ist heute nur in den Industrienationen einigermaßen komfortabel, in der Dritten Welt dagegen meist katastrophal. So lag in der Bundesrepublik Anfang der 80er-Jahre der Pro-Kopf-Verbrauch bei etwa 300 DM, in Frankreich bei 265 DM, in den USA bei rund 250 DM, in Brasilien aber nur bei 50 DM und in Indien lediglich bei zehn DM. Die fleißigsten Pillenesser sind aber die Japaner, die – jeder für sich – jährlich Pharmazeutika für 400 DM schlucken.

Alles in allem steigt der Weltarzneimittelmarkt von 1983 bis 1987 um 50 Prozent, in Asien und Afrika sogar um 74 Prozent (Zahlen des Pharma-Verbandes). Hoechst-Laengenfelder freut sich: „Das Wachstum ist vorprogrammiert.“ Auf ein gesundes und kraftvolles Wachstum setzt auch Bayer, das mit seinen 6,2 Milliarden DM Pharma-Umsatz ganz dicht an Hoechst aufgeschlossen hat.

Nicht nur der Pharmakonsum markiert in bizarren Kurven das Wohlstandsgefälle in der Welt, sondern der Chemieverbrauch ganz allgemein. Das signalisiert auch, dass die Bedeutung der Chemie und der chemischen Industrie in der Weltwirtschaft zunehmen wird.

Die deutschen Großfirmen der Branche schalten daher verstärkt auf Expansion und wollen damit ihre Konkurrenz auf den Weltmärkten nach Möglichkeit durch starke Investitionen, hohe Forschungsaufwendungen und zusätzliche Firmenkäufe weiter hinter sich lassen. Langfristig liegen die Wachstumszielmarken bei ein bis zwei Prozentpunkten über dem des Bruttosozialprodukts. Aber 1984 wird ein Plus von zehn Prozent erwartet.

Um die eigenen Zielvorgaben mittelfristig erfüllen zu können, will jede der IG-Farbenschwestern im Jahrfünft bis 1988 rund zehn Milliarden Mark investieren. Da die Forschungsaufwendungen wesentlich schneller und kontinuierlicher steigen als die Investitionen, dürften die gesamten Aufwendungen dafür in den kommenden Jahren den Investitionsetat überflügeln. D. h. die Chemie gibt für die Forschung jährlich vier bis fünf Prozent vom Umsatz aus, bei der Pharma sogar bis zu 15 Prozent.

Diese Intelligenzfabriken der Chemiker werden in den kommenden Jahren besondere Dynamik dadurch erhalten, dass ihre Spitzenpositionen mit neuen Managern besetzt sind oder wie bei Hoechst 1985 besetzt werden.

Wolfgang Hilger, der im nächsten Jahr das Hoechster Ruder übernimmt, ist dabei nicht so gut gelagert wie Hans Albers, der seit einem Jahr die BASF leitet, oder wie Hermann-Josef Strenger, der neue Bayer-Chef. Hilger wird wie Sammet einen Großaktionär im Kreuz haben, der es ihm und Hoechst nicht leicht macht. Bisher ist Kuwait für Hoechst noch nicht das Land, wo die petrochemischen Rohstoffe für die Frankfurter problemlos „nachwachsen“, jedenfalls nicht zu Vorzugskonditionen. Eine Kooperation mit dem Scheichtum könnte aber für das Unternehmen in

Zukunft ein starker Motor für die weltweite Expansion werden, wenn Kuwait ebenso unternehmerisch denkt wie Hoechst selbst und nicht nur Dividenden-Ambitionen hat.

Schon heute kooperieren die ungleichen Partner in Drittländern, z. B. in Tunesien bei Düngemitteln, zumindest gibt es darüber einen *„Letter of Intent"*. *„Und eines Tages wird auch die Belieferung mit Olefinen per Schiff aus Kuwait für Hoechst möglich sein"*, ist sich der Vorstandsvorsitzende Rolf Sammet ganz sicher. So kann in Zukunft das Scheichtum für den deutschen Chemieriesen die Rohstoffbasis bieten, wie sie die BASF mit Wintershall besitzt oder gar noch besser. Augenblicklich wird aber nichts forciert. Das Ölangebot ist weltweit reichlich und preiswert.

Anfang der 80er-Jahre entwickelt Hilger gemeinsam mit Sammet die Unternehmensstrategie bis in die 90er-Jahre. Dabei spielt die Marktumsetzung gentechnischer Produkte eine wichtige Rolle. Es geht um gentechnisch verändertes Insulin. Die Isolation von Interferon macht gute Fortschritte. Zudem sind die Hoechster der Bluterkrankheit auf der Spur und wollen demnächst revolutionierende Antikrebsmittel in den Markt einführen. Als Schwerpunktmarkt für gentechnische Produkte wird in erster Linie aber die Landwirtschaft gesehen. Hier sollen Pflanzen entwickelt werden, die ihre Insektenabwehr selbst produzieren und Stickstoff als Düngemittel aus der Luft nehmen. Hoechst will hier sehr frühzeitig am Markt vertreten sein.

Die Firma beschäftigt in der Gentechnologie in Deutschland etwa zwei Dutzend Wissenschaftler und hat in Boston/USA Howard Goodman unter Vertrag genommen. Er gehört zu den internationalen Koryphäen auf diesem Gebiet. Über zehn Jahre ist dies Hoechst 50 Millionen Dollar wert.

Für BASF-Chef Hans Albers ist die gesamte Biotechnologie eher noch eine Sphärenmusik aus ferner Zukunft. *„Während meiner Zeit bei der BASF werde ich keine wesentlichen Erfolge aus der Biotechnologie mehr sehen."* Der Chemiker Albers bleibt auf dem Boden der Markttatsachen. Er hat eine ganz klare Vorstellung, wie er sein Unternehmen weiterbringt. Im Vergleich zu Hoechst sieht er den Vorteil, dass die BASF keinen Großaktionär hat, und im Vergleich zu Bayer meint er, über einen schlagkräftigeren Vorstand zu verfügen. Seine Leute und er schwebten nicht völlig losgelöst vom Geschäft in theoretischen Höhen, wozu der Bayer-Vorstand gezwungen ist, weil er keine Produktverantwortung hat.

Hoechst und Bayer will Albers, obwohl er da einen schweren Stand hat, künftig auch einige Marktbrocken bei hoch veredelten Produkten, wie z. B. Pharma, entreißen. *„Wir haben es schon geschafft"*, so Albers, *„den Anteil der veredelten Produkte an unserem Umsatz auf 50 Prozent zu bringen."* Vor 30 Jahren war die BASF noch ein reines Rohstoffunternehmen gewesen.

Albers gehört wie Hilger in die Kategorie hoch qualifizierter Chemiker, die ihr Management in einem jahrelangen Aufstieg in ihren Firmen gelernt haben. Sie sind Unternehmensführer, die auch komplizierte chemische Zusammenhänge nachvollziehen können und somit das eigene Produkt kennen und Ahnung von der Forschung haben.

Hermann-Josef Strenger, der neue Bayer-Chef, kommt dagegen ganz von der kaufmännischen Seite her. Seine Firmenphilosophie ist aber praktisch deckungsgleich mit der seiner Kollegen in Höchst und Ludwigshafen. Aus dem Munde Strengers hört sich das so an:

- *Wir werden fortfahren mit der erfolgreichen Politik einer breiten, durch hohe Wertschöpfung charakterisierten Produktdiversifikation.*
- *Wir werden fortfahren mit der Politik einer regionalen Diversifikation, insbesondere in den Ländern und Wirtschaftsräumen, die uns auch langfristig die Rahmenbedingungen für freie unternehmerische Entscheidungen bieten.*
- *Wir werden fortfahren, unserer Forschung und Entwicklung eine sehr hohe Priorität zu geben.*
- *Wir werden fortfahren, nach neuen Arbeitsgebieten Ausschau zu halten, die nicht zu weit von unseren angestammten und von uns beherrschten Aktivitäten entfernt sind. Dies mit Augenmaß, aber auch mit Risikobereitschaft.*

Die Perspektiven für die Großchemie sind auf der Basis des Jahres 1983 außerordentlich gut. Da begann nicht nur die Konjunktur besser zu werden, sondern es reiften auch die Früchte der weittragenden Umstrukturierungsmaßnahmen, die nach der ersten und zweiten Ölkrise notwendig geworden waren. Die Marktbereinigungen in den Fasern-, Kunststoff- und Düngemittelindustrien sind weitgehend vollzogen, Überkapazitäten abgebaut und die gesamte Produktion mehr und mehr auf energiesparende Methoden umgestellt.

Die chemische Industrie hat es 1983 geschafft, bei einer Produktionssteigerung um 7,3 Prozent den Energieverbrauch unverändert zu halten. Nicht zuletzt das hier gesparte Geld trug zu der außerordentlichen Ertragsverbesserung der Branche bei. Im Durchschnitt aller Firmen verdoppelte sich das Ergebnis nach Steuern auf über zwei Prozent vom Umsatz. Der Ertragshöhenflug geht auch 1984 fast ungebrochen weiter. Nach der auf sieben Mark erhöhten Dividende dürfen die Aktionäre der Großchemie auch für das laufende Jahr eine nochmals höhere Ausschüttung erwarten.

Kuwait wird bei Hoechst darauf dringen, und die beiden IG-Schwestern folgen anstandslos nach. Neben dem Antrag zur Dividendenerhöhung wird auf den Hauptversammlungen des nächsten Jahres auch wieder ein Gegenantrag der Alternativen liegen: Dividendenausfall zugunsten des Umweltschutzes.

Großchemie im Vergleich

Umsatz in Mio DM	1974	1979	1983
Hoechst (Welt)	20 201	27 080	37 189
Bayer (Welt)	18 879	26 002	37 336
BASF (Gruppe)	19 736	25 896	35 111
Sachinvestitionen in Mio DM			
Hoechst (Welt)	1 682	1 635	1 870
Bayer (Welt)	1 797	2 240	1 872
BASF (Gruppe)	1 394	1 811	1 630
Beschäftigte			
Hoechst (Welt)	178 710	182 688	179 849
Bayer (Welt)	169 200	181 000	174 800
BASF (Gruppe)	110 989	117 168	114 128

Wolfgang Hilger versuchte in den kommenden Jahren, die Geschäftsaktivitäten des Hoechst-Konzerns stärker in Richtung moderne Werkstoffe zu entwickeln. So wurde die Technische Keramik von Rosenthal erworben und das Kunststoffgeschäft mit Hochleistungs-Polymeren erweitert. In diesem Zusammenhang wurde auch die Akquisition der Celanese untersucht und schließlich durchgeführt. So wurden 1986 die Spezial-Kunststoffe verstärkt, und Hoechst rückte zum Weltmarktführer für Spezial-Polymere und Fasern auf. Darüber hinaus hatte Hoechst eine bedeutende Position im nordamerikanischen Markt gewonnen. Die Celanese-Akquisition, obwohl von ihm nicht angebahnt, sollte das Gesellenstück von Jürgen Dormann werden und sollte ihm den Weg auf den Posten des Vorstandsvorsitzenden bereiten. Vielen im Unternehmen war klar geworden, dass damit die Bereiche Gesundheit und Landwirtschaft (die einstigen Stärken von Hoechst) in der Zukunft mit weniger Finanzmitteln zu rechnen hatten.

1991 hat sich Hoechst wieder an die Spitze der deutschen Chemiekonzerne geschoben. Mit einem Umsatz von 47,2 Milliarden DM lagen die Frankfurter um über eine halbe Milliarde vor der Ludwigshafener BASF und um fast 5 Milliarden DM vor der Leverkusener Bayer AG. Umsätze zu machen, ist aber nur die halbe Wahrheit im Geschäftsleben. Das einzig Wahre sind Gewinne, und hier rangierte Bayer ganz vorne. Mit 1,85 Milliarden DM Konzerngewinn nach Steuern hat Leverkusen Frankfurt und Ludwigshafen deutlich überrundet.

Die Gewinnlage der einzelnen Konzerne konnte aber noch viel einfacher von ihren Dividenden abgelesen werden: Bayer schüttete nach wie vor 13 DM ja Aktie aus, während Hoechst und BASF auf 12 DM gesenkt haben. Bei der BASF waren die 12 DM sogar etwas geschönt, denn die Ludwigshafener verfügten noch aus früheren Zeiten über erhebliche Reserven hoch versteuerter Rückstellungen (aus dem Topf EK 56), die nun nach und nach entsprechend der Einkommenssteuersenkung auf 50 Prozent unters Aktionärsvolk geschüttet werden. Bis 1994 ist dafür Zeit gegeben.

Offensichtlich wohnte dem Hoechst-Konzern damals im Vergleich zur Konkurrenz aber die größere Dynamik inne. Der Hoechst-Umsatz wuchs 1991 immerhin um fünf Prozent, während Bayer knapp zwei Prozent zulegen konnte und die BASF auf der Stelle trat. Hilger zeigte sich über den Geschäftsverlauf bei seinem Unternehmen nicht ganz unzufrieden: *„Hoechst hat die Bewährungsproben des vergangenen Jahres zwar nicht ohne Blessuren, aber insgesamt in guter Verfassung bestanden."*

Auf der Sonnenseite des Geschäfts stand der Pharmabereich, der einen Zuwachs von 12 Prozent nachweisen konnte und auch gute Gewinne einfuhr. Der weltweite Pharmaumsatz von Hoechst erreicht 1991 ziemlich genau 10 Milliarden DM. Damit trug die Sparte Gesundheit zum Betriebsergebnis des Konzerns nicht weniger als 44 Prozent bei. Wen wundert's da, dass der Pharma-Vorstand, Karl-Gerhard Seifert, an erster Stelle unter den möglichen Nachfolgern auf den Chefsessel des Konzerns genannt wird. Wolfgang Hilger hielt sich zu dieser Zeit mit solchen Andeutungen einstweilen noch zurück; schließlich will er noch mindestens zwei Jahre Hoechst-Vorstandsvorsitzender und Chemieverbandspräsident bleiben. Bayer und BASF hatten ihre Sukzessionsfragen schon elegant gelöst.

Unter den zehn größten Pharma-Firmen der Welt stand Hoechst 1991 an fünfter Stelle. Die Nummer 1 war längst Vergangenheit. Dass die Frankfurter so weit zurückgefallen sind, war weniger auf Versagen in den Märkten zurückzuführen als auf eine Reihe von Großfusionen in der US-Pharmaindustrie. Seifert hatte sogar schon wieder gepunktet. In der Jahrhunderthalle erklärte er Anfang März 1992 voller Stolz: *„Wir haben bereits wieder eine Rangstufe gutgemacht. Wir haben uns von Platz sechs auf Platz fünf verbessert. Mit den Umsätzen von 10 Milliarden DM liegt Hoechst in der Weltrangliste vor Bayer."*

Trotz der einigermaßen guten Gewinnlage machte Seifert sehr kritische Anmerkungen zur pharmapolitischen Großwetterlage. Wie verrückt die Welt der Politik sein kann, wurde tagtäglich auf den Arzneimittelmärkten demonstriert. Gesundheitsreformgesetz, Kostensenkung, Festbetragsregelung und Gentechnologie waren dafür die Reizworte. Ziel des Gesundheitsreformgesetzes war ganz klar die Kostensenkung im Gesundheitswesen. Doch konnte davon keine Rede sein. Die Leistungsausgaben der Gesetzlichen Krankenkassen stiegen in allen Bereichen steil an.

1991 stand einem Ausgabenwachstum von rund zehn Prozent eine Einnahmensteigerung von nur fünf Prozent gegenüber. Bei den letzten Präparategruppen, für die Festbeträge eingeführt wurden, ergab sich durch den Wegfall der Rezeptgebühr bereits ein Defizit in Millionenhöhe für die Krankenkassen. Obwohl dieser Trend anhielt, wurden weitere Festbeträge für zusätzliche Arzneigruppen formuliert. Dabei hatte die Pharmaindustrie den Trick mit den Festbeträgen sehr schnell raus und gewann dadurch mehr, als sie zugesetzt hat.

Als Manko blieb: Der Arzneimarkt wurde zusätzlich reglementiert, worunter das gesamte System litt und die Kosten überproportional stiegen. Ein System der indikationsbezogenen, gestaffelten Zuzahlungen wäre besser gewesen, wurde aber aus vordergründigen sozialpolitischen Erwägungen nicht weiter verfolgt, obwohl dadurch alles teurer wurde. Aber Geld spielte offenbar keine Rolle, wenn wohlfeile Ideologien gepflegt werden mussten. Ein besonders schönes Beispiel lieferte die verteufelte Gentechnologie, von der sich weniger die Bürger bedroht fühlten als politgestylte Interessengrüppchen, die souverän in ihre Schranken zu weisen die hohe Politik auf Landes- und Bundesebene sich nicht in der Lage sah.

Fast noch wie zu Opas Arzneiküchenzeit verarbeitete Hoechst damals täglich 12 t Bauchspeicheldrüsen von 120.000 Stück Schlachtvieh und produzierte daraus Insulin gegen die Zuckerkrankheit. Die tiefgekühlten Bauchspeicheldrüsen der Schweine müssen das hergeben, was die menschliche Pankreas bei vielen Bürgern nicht mehr oder zu wenig produzieren kann, nämlich Insulin. Nun hatte Hoechst längst ein Verfahren entwickelt, menschliches Insulin gentechnisch herzustellen. Das war und ist physiologisch verträglicher sowie ökonomisch vorteilhafter, und zwar sowohl für die Krankenkassen über Kosteneinsparungen als auch für den Hersteller über Ertragssteigerungen, in diesem Falle zugunsten Hoechst.

Die Einsichtigen unter den Politikern fühlten sich jedoch nicht stark genug, die Produktionsgenehmigung der Gentechnologieanlage durchzupauken, weil spezielle Umweltgruppen dagegen waren. So hatte Hoechst das Nachsehen. Damit waren Politiker und andere Umweltgruppen durchaus einverstanden. Doch leider war das Problem nicht aus der Welt, sondern erst recht virulent. Wie beim Zauberlehrling entstanden durch den politischen Hieb auf Hoechst unerwartet zwei ganz andere böse Geister. Denn von Frankreich aus wurde der Markt von der Konkurrenz mit eben dem identischen, gentechnologisch hergestellten Humaninsulin überschwemmt, und Hoechst musste mit seiner Gentechnologie auswandern – nach Japan, USA und Frankreich.

Die Abwanderung, die sich nicht auf Hoechst beschränkte, sondern schon viele Teile der Pharma-Branche erfasst hatte, bedeutete für Deutschland die Einbuße von hoch qualifizierten Arbeitsplätzen, für den Staat enorme Steuerausfälle und für die Patienten und Krankenkassen höhere Preise, weil die ausländischen Pharma-Firmen kräftig zulangten. Ihnen fehlte eine harte deutsche Konkurrenz zur Preiseindämmung. Nach eigenen Aussagen hat Hilger da echt und schwer gelitten. Das war in der Zeit seiner Präsidentschaft beim Chemieverband. Er hatte damals seine Präsidentschaft unter die Überschrift gestellt: Gentechnologie. Da ist ihm auch einiges gelungen, z. B. haben seine Mitarbeiter das erste Gentechnik-Gesetz entworfen und geschrieben, weil die Bonner Regierung keine Leute hatte, die über ausreichende Kompetenz verfügten.

2. Rückbesinnung

2.1 Wolfgang Hilgers strategische Perspektiven

Dieser Industrie- und Wirtschaftszweig, die Chemie, ist mit der Wissenschaft traditionell eng verbunden. Wir verstehen es nicht als Zufall, dass die chemische Industrie der einzige Wirtschaftszweig ist, der nicht nach dem Material oder Erzeugnis benannt worden ist, sondern nach der Wissenschaft selbst. Wirtschaft und Wissenschaft ist für mich zunächst kein Gegensatz, sondern zuerst eine Partnerschaft.

Immer wieder wird die fragende Behauptung aufgestellt, die deutsche Wirtschaft und die deutsche Wissenschaft seien ins Hintertreffen geraten. Vergleichsmaßstab sind die USA und Japan. Wir können in Wirtschaft und Wissenschaft Spitzenleistungen vorweisen.

Was hindert uns, mehr zu leisten, Besseres zu leisten? Ich möchte sagen, von den berühmten drei Gs: Geld, Geduld und Geist fehlt es uns nicht an Geld. Unsere Volkswirtschaft bringt mit fast 3 Prozent des Sozialprodukts so viel oder mehr auf als die USA und Japan. Ob wir das Geld richtig nutzen, das ist eine andere Frage, eine Frage, die sich bei uns in der Industrie ebenso brennend und drängend stellt wie an den Hochschulen und Forschungsinstituten. Aber bei uns ist die Forschungsmark nur 60, vielleicht auch 70 Pfennig wert.

Ein erheblicher Teil unserer Forschungsausgaben geht durch inflexible Strukturen für Statusdenken, Gleichberechtigung ohne Nachweis gleicher Leistung, soziale Sicherung, Absicherung erworbener Positionen und zur Bezahlung nicht mehr erbrachter Leistungen verloren. In puncto Sicherheitsdenken und Erfüllung von abgesicherten Ansprüchen – ich

Hilger-Riege (v. r. n. l.): Seifert, Mische, Dormann, Hilger, v. Winterfeldt, Metz, Frühauf.

möchte den Ausdruck Verbeamtung gerne vermeiden – sind wir auch im Forschungsbetrieb wenn nicht Weltmeister, so doch mit führend.

Ich bin allerdings realistisch genug um einzusehen, dass weder die Strukturen in unserem Land noch die Mentalität der Menschen bei uns ein ähnliches Verhältnis von Wirtschaft und Wissenschaft möglich machen würden wie in den USA. (Heidelberg, 15. Mai 1986 / 125 Jahre Deutscher Industrie- und Handelstag).

Wertesystem: So wollen wir als Hoechster sein

Unternehmenskultur wird verstanden als ein übergreifendes Wertesystem, das unser aller Tun, unsere Einstellung, angeht. Manche mögen dies für eine Modeerscheinung gehalten und sich gefragt haben, wozu wir ein schriftlich fixiertes Selbstverständnis brauchen.

Schon seit einigen Jahren, aber verstärkt seit dem Störfall von Sandoz, hat sich in unserem Umfeld so manches geändert. Wir haben uns auseinanderzusetzen mit ständig neuen Vorwürfen. Verantwortungslosigkeit, mangelnde Einsicht, fehlende Achtung vor der Gesellschaft, Bunkermentalität und vieles mehr wird uns vorgeworfen. Die Konsequenzen sind Ängste, wachsendes Misstrauen und gipfeln in der Forderung nach neuen Gesetzen und härteren Strafen. Es wird eine neue Chemie-Politik mit dem Ruf nach sanfter Chemie gefordert.

In diesem Umfeld mag auch der eine oder andere Mitarbeiter Halt suchen, möchte wissen, von welchen Wertvorstellungen unser Handeln bestimmt wird. Es ist Aufgabe der Führungsspitze des Unternehmens, diese Werte zu definieren und nach innen wie nach außen deutlich zu machen, den Inhalt vorzuleben.

Mit dem jetzt vorliegenden Hoechster Selbstverständnis haben wir einen Werte-Rahmen, einen Unternehmenskodex, der nicht zu weit ins Ideale, Unerreichbare abschweift, aber doch hohe Ziele vorgibt. Wir müssen uns schon auf die Zehenspitzen stellen und uns mächtig strecken, um die Latte zu erreichen, aber wir bleiben auf dem Boden der Realitäten. Der Sinn und Zweck des Selbstverständnisses ist demnach nicht nur die Beschreibung des Status quo im Sinne: „Ja, so verstehe ich mich als Hoechster", sondern erhält eine formende, erzieherische und motivierende Komponente im Sinne: So wollen wir als Hoechster sein.

Das Thema Umwelt und Sicherheit ist ein weiterer wesentlicher Inhalt unseres Selbstverständnisses. Wir können dabei an unsere Leitlinien für Sicherheit und Umweltschutz anknüpfen. Diese Leitlinien haben durch das schwere Brandunglück bei Sandoz eine ungeahnte Aktualität erlangt. Tschernobyl war schon vorher zum Symbol einer scheinbar nicht mehr zu beherrschenden Technik geworden.

Wir wissen, wie viel Geld jede Betriebsstörung kostet und welche Belastung ein großer Unfall bedeuten kann. Dabei sind nicht nur wirtschaftliche Konsequenzen zu bedenken, sondern auch der Schaden, den das Unternehmen im öffentlichen Ansehen nehmen kann und damit die Glaubwürdigkeit, die wir alle verlieren.

Bei der sanften Chemie denkt man wohl in erster Linie an Bio-Technik. Bei dieser groben Vereinfachung wird geflissentlich übersehen, dass die „harte" Ammoniak-Synthese, einst-

mals nobelpreisträchtig, auch heute noch die Menschheit vor dem Verhungern bewahrt.

Wenn im Schlussabschnitt steht, dass wir allen ein offener Partner sein wollen, so gilt dies besonders auch nach innen. Wenige Tage nach dem Übernahme-Angebot an die Celanese-Aktionäre haben wir in einer vielstufigen Information allen Mitarbeitern des Unternehmens die Aktivitäten der Celanese im Detail vorgestellt und auch die Motive für den Erwerb erläutert. Diese Akquisition ist eine wohl einmalige Chance für das gesamte Unternehmen, auch für die Geschäftsbereiche, die bei Celanese nicht vertreten sind.

Vom gesamten Umsatz von Hoechst Welt 1986 konnten wir 13 Prozent in Nordamerika erzielen. Demgegenüber standen 62 Prozent in Westeuropa, davon allein 28 Prozent im Inland. Die größten Chemiemärkte sind mit rund 250 Milliarden Dollar Westeuropa, gefolgt von den USA mit 200 Millionen Dollar sowie Japan mit 115 Milliarden Dollar. Es ist keine Frage, dass Hoechst als eines der fünf größten Chemieunternehmen der Welt in den USA unterrepräsentiert war. (Unternehmenskonferenz mit Vorstand und Direktoren 1987)

Unternehmensstrategie und Umweltschutz

Unternehmensstrategie ist eine Frage des Erkennens, des Bewusstseins, des Selbstverständnisses und der Motivation. Sie erwächst zu einem guten Teil aus dem Konsens im Unternehmen. Das ist mir besonders wichtig, und es ist dies eine Aufgabe für uns alle gleichermaßen. Wir sind in unserem Verständnis der Umweltproblematik schon sehr viel weitergekommen. Das soll am Beispiel FCKW erläutert werden.

Hier werden das Unternehmen und seine Mitarbeiter in einer Weise angegriffen, die weit über das eigentliche Thema hinausgeht. Boykottforderungen von Greenpeace an Ärzte, Patienten und Apotheken, auf Hoechster Arzneimittel zu verzichten, weil Hoechst die Produktion von FCKW nicht sofort einstellt, sprechen eine eindeutige Sprache. Wir haben als erstes und einziges Unternehmen auf der Welt angegeben, wie stark wir in den nächsten Jahren unsere Produktion zurückfahren werden und dass wir 1995 die Produktion der voll halogenierten FCKW ganz einstellen wollen.

Wir sind uns der Ozonproblematik der FCKW voll bewusst. Wir wissen, dass so schnell wie möglich Ersatzstoffe und alternative technische Lösungen gefunden werden müssen. Aber wir wissen gleichzeitig auch, dass ein sofortiger Verzicht auf diese Stoffe in geordneter Weise technisch gar nicht möglich und gesamtwirtschaftlich auch nicht zu verantworten ist. Dabei ist uns durchaus bewusst, dass es ein beachtliches Risiko bedeutet, Ersatzstoffe unter den Fluorkohlenwasserstoffen zu suchen. Die große Stabilität dieser Stoffe ist einfach ambivalent: Wir verlangen von einem Kältemittel im Kühlschrank große Stabilität und lange Lebensdauer, aber gerade das macht es dann zu einer Belastung der Atmosphäre.

Bisher ist hauptsächlich die Ozonproblematik diskutiert worden. Mehr und mehr werden wir uns aber mit der Klimaproblematik, d. h. dem Treibhauseffekt, zu befassen haben.

Waschmittelphosphate und FCKW sind bittere Erfahrungen, bei Kunststoffen hoffen wir, noch rechtzeitig die Zeichen erkannt zu haben.

Vor einiger Zeit haben wir als Schwerpunktthema Japan behandelt. Dort sind wir einen großen Schritt weitergekommen. Wir haben die biotechnische Forschung besonders stark ausgebaut. Und die Tatsache, dass wir in Japan ein Gentechnikum errichten mit der Möglichkeit, auch im kleineren Maßstab zu produzieren, zeigt die Bedeutung, die wir der Entwicklung in Japan beimessen.

Mit dem Aufbau eines Instituts für die Entwicklung von Materialien für die Elektronikindustrie tragen wir einem anderen Schwerpunkt japanischer Technologie Rechnung. Seit April 1989 ist Hoechst Japan zusammen mit führenden japanischen Firmen Mitglied eines vom MITI geförderten Projekts zur Entwicklung sehr großer, extrem flacher Elektronikbausteine. Bis 1995 sollen Techniken zur Herstellung von Bildschirmen mit einer Diagonale von einem Meter und einer Dicke von drei Zentimetern entwickelt werden.

Und wir haben eine personelle Brücke zwischen Hoechst Japan und der Hoechst Celanese geschlagen: Wenn das dritte Bein der Triade USA – Europa – Japan bisher etwas schwächlich erschien, so sind jetzt deutliche Muskeln zu erkennen.

1969, bei der Bildung von Geschäftsbereichen, hatten wir eine produktorientierte Organisation gewählt, in der Verkauf, Produktion, Forschung und Entwicklung sowie Controlling zusammengefasst waren. Dies ergab in sich geschlossene und funktionsfähige Einheiten. Damals betrug der Weltumsatz 9,3 Milliarden DM, davon die Hälfte im Inland. Heute sind wir bei rund 45 Milliarden DM und nur noch einem Viertel im Inland.

1988 haben wir beschlossen, unsere Organisation einmal grundsätzlicher zu überprüfen. Dies konkretisiert sich jetzt in einem Konzept der Geschäftseinheiten oder Business Units. Mit den Business Units streben wir eine Strukturierung des Geschäfts vom Markt, vom Wettbewerb, von der Produktgruppe her an. Wir Hoechster sind in der Lage, umzudenken und neue Aufgaben anzugreifen. Gewinner werden wir alle sein.

Ich habe in den ganzen Jahren meiner beruflichen Tätigkeit noch nie so deutlich das Gefühl gehabt, dass wir in einem Umbruch stehen, wie jetzt. Wir erleben Technologieschübe. Stichworte dafür sind: Mikroelektronik, neue Materialien, Hochtemperatursupraleiter und Gentechnik. Ich empfinde diese Kombination von technischen, gesellschaftlichen und geopolitischen Entwicklungen für das Weltunternehmen Hoechst, für uns alle, als eine großartige Chance. Wir wollen sie ohne Zögern ergreifen. (Unternehmenskonferenz 1989)

Schwangerschaftsabbruch mit RU 486

Die Diskussion um dieses Präparat, das den Schwangerschaftsabbruch einleitet, rührt an die Grundfesten unserer ethischen und moralischen Gesellschaftsvorstellungen. Geht es doch hier um Leben und Tod. Wir fühlen uns absolut überfordert, in dieser Frage eine Zuständigkeit zu haben. Das Präparat ist für Frankreich entwickelt worden und auf den ausdrücklichen Wunsch des französischen Staates speziellen Kliniken zur Verfügung gestellt worden.

Bei uns in Deutschland ist die Diskussion um den Paragrafen 218 in vollem Gange. Die gesellschaftlichen Normen sind bei uns in dieser Frage nicht festgelegt. Deshalb steht eine Zulassung für Deutschland überhaupt nicht zur Debatte. (HV 4. 6. 1991)

Generationenvertrag für Zukunftstechnologie

Wir stehen in einem Generationenvertrag bei den Sozialleistungen, betreiben ihn aber nicht ehrlich, wenn dem nicht ein Generationenvertrag für Zukunftstechnologie zur Seite steht.

Warum hat es die Gentechnik in Deutschland so schwer? Natürlich ist wie bei allem ein Missbrauch möglich. Hiergegen müssen Vorkehrungen getroffen werden. Das ist auch in der Bundesrepublik in hohem Maße der Fall. Aber die Produkte und Verfahren, über die wir heute sprechen und die wir meinen, wenn wir von einer Zukunftstechnologie sprechen, bergen keine Gefahren und Risiken, die wir nicht ausreichend bewerten und beherrschen können. Das haben die bisherigen Erfahrungen ebenso wie eine intensive Sicherheitsforschung und Sicherheitsanalysen über fast zwanzig Jahre gezeigt.

Die Amerikaner haben daraus die Konsequenzen gezogen. Unnötige Regulierungen wurden abgebaut. Der amerikanische Präsident spricht die Chancen deutlich aus: Von vier auf fünfzig Milliarden Dollar sieht er diesen Industriezweig bis zum Ende des Jahrzehnts wachsen und fügt hinzu: „Die Vereinigten Staaten sind in der Biotechnologie führend in der Welt, und ich will, dass es so bleibt."

In Deutschland haben wir seit zwei Jahren ein Gentechnikgesetz, das den „Rahmen für die Erforschung, Entwicklung, Nutzung und Förderung der wissenschaftlichen und technischen Möglichkeiten der Gentechnik" schaffen sollte. In der Umsetzung werden jedoch die industrielle Nutzung genauso wie die Grundlagenforschung so behindert, dass die Nutzung der Gentechnik praktisch verhindert wird und, wie die Max-Planck-Gesellschaft schreibt, die Grundlagenwissenschaft ihre Wettbewerbsfähigkeit verliert. (FAZ 23.09.1992)

Standort Deutschland stärken

Die Chemieunternehmen in den alten Bundesländern haben in den ersten drei Quartalen 1993 einen Umsatz von 117 Milliarden DM erreicht, das sind über 7 Prozent weniger als im Vorjahr. Dabei war das Inlandsgeschäft mit 8 Prozent Einbuße besonders schwach. Der Export sank um etwa 6 Prozent. Vier Bereiche sind besonders stark betroffen. Es sind dies die Anorganischen Grundchemikalien mit einem Mengenrückgang von über sieben Prozent. Die Kunststofferzeugung ging zwar nur um 4 Prozent zurück; hier machen uns aber die Preise große Sorgen. Besonders gravierend ist der Absatz von Chemiefasern mit einem Minus von 15 Prozent. In diesem Bereich treffen konjunkturelle und strukturelle Probleme zusammen. Die traditionellen Abnehmerbranchen ziehen sich mit ihrer Produktion immer stärker aus Westeuropa zurück.

Durch die Eingriffe des Staates in das Gesundheitswesen hat sich der Arzneimittelmarkt stark verändert. So ist die Produktion in Deutschland in den ersten drei Quartalen um über fünf Prozent gesunken. Das ist vor allem eine Folge des Seehofer'schen Strukturgesetzes und kein vorübergehendes, konjunkturelles Phänomen. Darauf haben sich die Arzneimittelhersteller grundsätzlich neu einzustellen.

Die Zahl der Beschäftigten in der chemischen Industrie ging in den ersten sieben Monaten um rund 5 Prozent auf 556.000 zurück. Damit wurden innerhalb eines Jahres 31.000 Stellen abgebaut. Die Rationalisierungsbemühungen werden fortgesetzt. Bei den Investitionen wird vorsichtig disponiert. Wir schätzen, dass sie 20 Prozent unter den 11,4 Milliarden des letzten Jahres liegen werden. In den neuen Bundesländern ist die Lage noch viel schlechter.

Der Standort Deutschland muss gestärkt werden. Wir ersticken an der Dichte, der Vielzahl und der Unübersichtlichkeit von Gesetzen und Verordnungen. Die Standortdiskussion ist geprägt von diesen Themen: Umweltpolitik, Genehmigungsverfahren, Forschungspolitik, Gentechnik, Steuern und Arbeitskosten. (Chemieverbandspräsident Hilger auf der Mitgliederversammlung am 15. 10. 1993)

2.2 Hilger im persönlichen Gespräch:

Generation Dormann vernichtete angehäuftes Vermögen von 50 Jahren

Mein Nachfolger brachte den Untergang der Hoechst AG. So ist es. Jeder fragt sich, wie konnte so etwas eigentlich passieren? Das ist in der Tat eine Frage, die sich viele stellen und die auch ich mir immer wieder gestellt habe.

Herr Klein von der FAZ, der verstorben ist, hat auf Betreiben von Dormann eine Story geschrieben: „Hoechst in Amerika“. Dieses Buch ist sicherlich eine schöne Geschichte, aber nicht in allen Facetten richtig. Ich habe das zwar auch zum Querlesen bekommen von Dormann, aber da war er schon sehr weit fortgeschritten, und ich wollte es eigentlich nicht zu einer Rechthaberei hinterher werden lassen zwischen Dormann und mir: was ich in Erinnerung hatte und was er in Erinnerung hatte und wie es von dritten Mitarbeitern von Hoechst an Herrn Klein gelangt ist.

Das ist ein Auftragsbuch gewesen, keine Frage. Dormann hat auch nie ein Hehl daraus gemacht. Ich darf aber gleich dazu sagen, weil das ein ganz wesentlicher Teil meiner Tätigkeit als Vorsitzender von Hoechst war: Man hat ja, wenn man so ein Amt übernimmt, eine gewisse Vision, man denkt, was man eigentlich aus dem Unternehmen machen könnte mit den Dingen, die man vorfindet. Da war mein Erlebnis, dass wir uns seit vielen, vielen Jahren bemüht haben, eigentlich schon ab Mitte der 50er-Jahre, eine angesehene Position in USA zu erreichen.

Das ist uns aber nie geglückt. Wir haben alles Mögliche probiert, wir haben fusioniert, wir haben heimische Partner mit reingenommen, es hat nicht funktioniert. Ich sage es mal ganz einfach: Es hat unter anderem deswegen auch nicht funktioniert, weil wir immer das Gefühl hatten, wir sind die Eigentümer und wir sagen den Amerikanern, auch wenn sie sozusagen unsere Sachwalter vor Ort waren, wo es langzugehen hat. Das ist für einen amerikanischen Unternehmensleiter fast unerträglich, und es war unglaublich schwer, das aus den Hoechstern herauszubekommen.

Zu einer solchen Akquisition gehört, dass Leute von der Konkurrenz mit akquiriert werden. Da sind dann unsere Geschäftsbereichsleiter selbstbewusst aufgetreten und haben sofort die Richtung angegeben: So geht es, und nur so geht es. Das aber kann man mit einer amerikanischen Gesellschaft, wenn man sie entwickeln und erhalten will, nicht machen. Um auf den Punkt zu kommen: Als wir die Möglichkeit hatten, Celanese zu erwer-

ben, das war damals ein riesiger Brocken, kannten wir die Manager von Celanese deswegen schon seit vielen Jahren, weil wir in der Ticona eine gemeinsame Kunststoffgesellschaft hatten, diese Polyacetal in Kelsterbach. Wir hatten weiterhin von Celanese noch aus der Zeit, als ich nicht Vorsitzender war, sondern zuständig für den Geschäftsbereich Folien, eine Polyesterfolienanlage gekauft, mit der das Management von Celanese nicht zurechtgekommen ist, sowohl technologisch wie marktmäßig.

Wolfgang Hilger

Ich war damals bei der Akquisition an vorderster Front mit dabei und habe auch vor den Mitarbeitern an Ort und Stelle gesagt, das und das passiert jetzt, und das stellen wir uns so und so vor. Ich war sehr erstaunt, wie sehr die sofort kapiert hatten, worum es ging. Das war für mich ein Schlüsselerlebnis. Da brauchte man nicht groß zu erklären. Meine Einschätzung von erfolgreichen amerikanischen Gesellschaften war seitdem, dass es tödlich ist, wenn man zu viele Einzelheiten vorgibt. Man muss denen einen Rahmen vorgeben. Man setzt die Ziele und sagt, wenn ihr die Ziele erreicht, dann werdet ihr belobigt, und ihr werdet es auch im eigenen Portemonnaie spüren können. Das war das Erfolgsrezept, als wir die Celanese damals für 2,3 Milliarden USDollar akquiriert haben. Der Kurs war noch etwa 1:2 /Dollar – D-Mark. Dormann hat hervorragend mitgezogen. Da waren wir uns einig: Wenn wir nach dem alten Strickmuster vorgehen, dann sind in ganz kurzer Zeit diese Zwei-Komma etwas Milliarden Dollar nichts mehr wert, weil die Amerikaner den Krempel hinschmeißen und sagen, da ihr sowieso alles besser wisst, dann macht mal. Das haben wir von vornherein blockiert.

50 % der Celanese-Akquisition waren damals Fasern. Und wir hatten schon ein ziemliches Fasern-Problem zu dem Zeitpunkt. Unser Fasern-Verantwortlicher, nicht im Vorstand, aber der operativ verantwortliche Bereichsleiter, hat mir nie vergessen, bis heute nicht, dass ich zu ihm gesagt habe: Sie fahren da nicht hin. Die wissen, was Fasern sind, die machen es mindestens so lange wie wir hier und die haben es bisher gut gemacht.

Ich war damals mit Dormann einer Meinung, ganz konsequent, von den üblichen Hoechster Management-Touristen lassen wir niemand dahin reisen. Deswegen hatte Dormann in der Anfangszeit auch das Management dort übernommen. Das war eine etwas komplizierte Geschichte. Dieser langjährige Celanese-Chef, ein Mister McCumber aus USA, war tüchtig, aber er hatte in eine sehr vermögende Familie eingeheiratet. Er litt eigentlich – lassen Sie es mich mal überspitzt sagen – immer etwas unter Minderwertigkeitskomplexen. Die Frau hatte das Geld und er hatte ein Amt, das natürlich nicht uninteressant war, aber im Vergleich zu ihr war er eben an sich ein armer Schlucker.

Endlich wollte er mal zeigen, was er kann. Er hat die Celanese akquisitionswürdig gemacht. Er hat die Firma geliftet. Ich würde mal so sagen, der gute McCumber hat bestimmt eine halbe Milliarde US-Dollar angefüttert, bevor wir zu dem Deal gekommen sind. Und das war dann hinterher für uns auch eine Warnung: Vorsicht, Vorsicht! Der McCumber hat gleich gesagt, er geht weg. Er will nicht Chief Executive in der dann-nicht-mehr-Publikumsgesellschaft sein. Ein halbes Dutzend anderer haben auch noch signalisiert, dass sie weggehen würden. Die hatten alle Verträge, wie man so sagt, mit „golden guarantees". McCumber hat sicherlich damals, ich kann es nicht mehr genau sagen, bestimmt so um die 10 Millionen Dollar Abfindung gekriegt. So lief das Spiel in Amerika.

Jetzt kommt eigentlich das Interessante, was uns niemand zunächst geglaubt hat: Wir haben kein Jahr Verluste bei Celanese gemacht. Wir haben immer die Rendite so erreicht, dass wir die Zinsen verdient haben und noch ein bisschen mehr. Das ist für einen Unternehmer durchaus zufriedenstellend. Das war für uns wirklich ein Erfolgserlebnis von Anfang an.

Die zweite Vision galt dem Fernen Osten. Zu dieser Realisierung bin ich nicht mehr gekommen. Wir haben uns verzweifelt bemüht, auch alle Kollegen. Eine sehr ansehnliche Gesellschaft hatten wir in Japan. Aber das hat nicht funktioniert. Die Japaner sind irgendwie doch andere Menschen. So glatt es mit den Amerikanern gelaufen ist, so schwierig hat sich das mit den Japanern dargestellt. Da waren wir vielleicht auch etwas zögerlich. Da gab es mal eine Immobilien-Blase in Japan, die die ganze Weltwirtschaft durcheinandergebracht hat. Da hatten wir, das muss man sich mal vorstellen, über eine Milliarde Dollar für unser Grundstück und das darauf gebaute Verwaltungsgebäude geboten bekommen. Wir haben uns da zurückgelehnt und gesagt, mein Gott, das kann doch gar nicht wahr sein. Besser wäre gewesen, wir hätten sofort gesagt: weg damit! Wir haben vielleicht – es ist nicht viel gewesen – ein Vierteljahr zu lange gewartet, und dann war es vorbei.

Ernie Drew war in Hoechst, hier in der Zentrale, bei den Alt-Hoechstern ziemlich unbeliebt aus mehreren Gründen. Einmal, wie soll ich sagen, hat er immer mit Dormann zusammengegluckt. Keiner hat von den Alt-Hoechstern gewusst, wie er eigentlich mit Drew dran ist. Ist der ehrlich? Macht der Kumpanei mit dem Dormann? Aber ansonsten war er nicht untüchtig. Er kam von Celanese, er war dort die Nummer 3.

Sein Selbstbewusstsein hat er nie unter den Scheffel gestellt, seine Arroganz nicht verborgen, sondern vor sich hergetragen. Ich war damals noch nicht Vorsitzender, als Dormann in den Vorstand kam. Er kam zusammen mit Gareis in den Vorstand, und das ist noch zu Sammets Zeit gewesen. Natürlich hatten wir darüber gesprochen.

Eines Tages hieß es: Hilger wird Vorstandsvorsitzender. Wer ist das eigentlich, fragten einige. Nach außen war ich wenig bekannt. Dann war das so:

Sammet hat ein intaktes Unternehmen übergeben, mit einigen noch zu bewältigenden Aufgaben, die zum Teil haarig waren, auch wo man sich von Arbeitsgebieten trennen musste. Es waren in der Endphase Sammet ein paar Akquisitionsentscheidungen getroffen worden, die nicht sehr glücklich waren. Dazu zählte diese britische Lack- und Farbengesellschaft Berger Jensen Nicholson – das war in der Endphase Sammet. Aber man hatte geglaubt, weil Berger auch weltweit tätig war – Australien, USA, in England sowieso – dass dies der Gesamtfirma auch hilft. Sammet hat das immer wieder mal artikuliert. Also die Globalisierung der Märkte war schon nicht unwichtig. Berger war hinterher eine schwierige Operation, die gemeinsam mit Herberts gemacht werden musste unter der Leitung von Janson aus unserem Vorstand. Eindeutig, das Missmanagement lag bei Janson und Herberts.

Die Verbindung zu Herberts, die sich lange schon angedeutet hatte, noch unter Winnacker, war nicht leicht. Der alte Kurt Herberts hat bis zuletzt mitgemischt. Und dieses zu integrieren, sei es nun Herberts bei Berger oder umgekehrt, Berger bei Herberts, war eine verdammt schwierige Aufgabe. Da haben wir oft darüber beraten im Vorstand, wie wir das machen sollten, wie wir das am geschicktesten lösen. Und es ist eigentlich erst dadurch gelöst worden, dass man die Arbeitsgebiete brutal zusammengeschnitten hat. Hinterher war es so, dass bei den technischen Lacken, und da insbesondere Automobillacken, Herberts, sprich Berger Hoechst, dann so gut waren, dass wir uns mit den Besten in der Branche messen konnten. Wir waren die Nummer 1 bei Reparaturlacken, und bei den Neulacken waren wir die Nummer 2 oder 3, je nachdem, wie man es betrachtet; da war Berger, BJN, noch sehr groß drin. Also, das war nicht so ganz einfach. Ich würde heute zögern zu sagen, dass da schwere Managementfehler gemacht wurden. Es ist so, heute würde man das sehr viel schneller durchbrechen, aufknacken. Aber bitte vergessen Sie nicht, wie die Situation Anfang/Mitte der 80er-Jahre war. Das war nicht so einfach.

Dann sind Teilbereiche von BJN verkauft worden; zum Beispiel die Baufarben, Möbelfarben usw. Auf diesen Gebieten waren wir absolut inkompetent. In Europa oder in Deutschland gab es Akzo. Das waren die großen Leute auf dem Baufarbengebiet und Möbellacken und dergleichen, Wiederholdt, ICI und auch die BASF, aber wir nie. Wir hatten eigentlich die technischen Lacke, das war das, was wir durch eigene Anschauung kannten, Autolackierungen, aber auch zum Beispiel Lacke für die Drahtindustrie, Isolierlacke usw.

Welche Gesamtkonzeption hatte ich mir ausgedacht, als ich Chef wurde?

Düngemittel gab es noch in einer Konzerntochter, in Hoechst nicht mehr, das war verkauft. Das war etwas, wo ich mal ursprünglich selbst mitgemacht habe als Vertriebsmann. Das war nicht leicht, so etwas los zu werden, emotional gesehen. Die Menschen, die einen kannten, denen standen die Tränen in den Augen. Das war nicht einfach. Das ist heute alles robuster, wird robuster gemacht. Ich würde mal so sagen, es ist dadurch auch in vielen Fällen unmenschlicher. Aber vielleicht ist dieses Zögerliche, wie wir es gemacht haben, auch unmenschlich gewesen. Ich weiß es nicht.

Wo waren meine Erfolge? Ich sagte in Amerika die Celanese-Akquisition. Da hatten wir zum ersten Mal, wenn man so will, einen amerikanischen Pass. Wir wurden, was für ausländische Gesellschaften ganz ungewöhnlich war, zu Rüstungsaufträgen herangezogen. Man darf nicht vergessen, es war Kalter Krieg. Wir mussten alle vom Vorstand unterschreiben, dass wir in diesen sensitiven Bereich bei Celanese nicht hineingehen. Das ist ja auch komisch, da waren immerhin so 300, 400 Mitarbeiter, mit denen durften wir weder sprechen, noch durften wir in die Betriebe dort gehen, obwohl sie Celanese gehörten. Aber wir als Ausländer waren nicht vertrauenswürdig genug. Wir haben das damals mitgemacht. Den Betrieb geführt hat das Celanese-Management, das waren ja Amerikaner, ein Drew zum Beispiel.

Aber großes Geld haben wir dort nicht verdient. Wir haben von dem, was wir hingetragen haben, die Zinsen verdient, und wir haben noch einen zusätzlichen Gewinn gehabt. Das war schon, wenn Sie bei den anderen mal geguckt haben, wie es Bayer gemacht hat, wie es BASF gemacht hat, ein wirklicher Erfolg. Die haben alle nur Geld hingetragen, unterschiedlich viel. Die BASF hat à la longue irre Beträge da hingetragen.

Unsere großen Gewinne sind gekommen – da klopfe ich mir selbst mit einem gewissen Stolz an die Brust – von den anorganischen Chemikalien. Wir waren, gemessen am Kapital, das eingesetzt war, unglaublich ertragsstark. Wir waren in einem Jahr sogar einmal besser als die Pharma. Das habe ich auch den Pharma-Leuten immer wieder mal auf die Nase gebunden.

Pharma, das war ein empfindsamer Verein. Die haben immer unter dem Trauma gelebt, der Hilger mag uns nicht. Was natürlich völliger Quatsch war. Ich habe die sehr geschätzt. Nur habe ich nicht gemocht, dass die im Grunde genommen ihre Ziele nie erreicht haben. Die haben immer groß geplappert vorher. Und hinterher, wenn das Jahr rum war, dann fehlte einiges. Sie haben nie negative Zahlen geschrieben, das nicht. Aber es fehlte ein gutes Ergebnis. Wir waren darauf angewiesen. Denn im laufenden Aufwand, was die Forschungsausgaben betraf, das war ja was. Ich sage mal, beim anorganischen Betrieb investiert man in Hardware; da hat man Gebäude, Fabrikanlagen. In der Pharma investiert man sehr weitgehend in Software, in Forschung, und damit zusammenhängend in die Zukunft. Im Grunde genommen haben die immer lamentiert, dass sie nicht genügend Forschungsgelder bekämen. Und ich habe geantwortet: Gemessen am Benchmark, da waren sie allenfalls Durchschnitt, aber nicht spitze. Das begann bei von Pölnitz, der war auch schon nur Durchschnitt, und dann Gareis erst recht. Gareis war ein – ich sage mal – verspielter

Forscher im weitesten Sinne, aber ein nur bedingt guter Manager. Ich kannte ihn vom Studium. Wir haben eine Weile am selben Labortisch gestanden, haben zusammen Tennis gespielt.

Gareis hat dann Laengenfelder inthronisiert nach dem Motto: Wenn der jetzt kommt, dann habe ich es leichter als Vorstand. Dann bin ich der Oberbereichsleiter als Vorstand. Deswegen haben wir zunächst im Einverständnis mit von Pölnitz es so gemacht, dass Gareis bei der Aufgabenverteilung im Vorstand die Landwirtschaft übernommen hat und nicht die Pharma. Von Pölnitz hat die Pharma noch behalten über anderthalb Jahre, und dann kam erst Gareis in die Pharma-Verantwortlichkeit. Im Grunde genommen war er unglücklich, als er Bereichsleiter Pharma wurde. Er wäre lieber Forschungsleiter geblieben, das ist auch ganz ungewöhnlich. Da hat mir Sammet dann erzählt – ich war noch nicht beteiligt an solchen Entscheidungen – stellen Sie sich vor, den Gareis haben wir eigentlich so richtig zur Bereichsleitung Pharma prügeln müssen, der wollte nicht.

Pharma war gut, aber es hätte besser sein können. Fasern waren zeitweise sehr gut, aber dann kam die Fasernkrise, und dann waren sie ganz schlecht. Dann, was immer so auf der Kippe stand, unsere Farben, die haben eigentlich ihre Schwäche nie mehr ablegen können. Kunststoffe waren sowohl als auch, die waren labil. Die waren nie so eindeutig gut. Die Organischen Chemikalien waren gut, solange die Schweizer bei uns gekauft haben. Dann wurden sie in die Enge getrieben, weil die Schweizer dann in Indien, in Taiwan und überall gekauft haben, wo es keine Umweltstandards gab. Wir hatten sehr viele Umweltauflagen zu erfüllen, gerade bei diesen alten IG Farben-Zwischenprodukten. Das war ein Sammelsurium von Investitionen, die nur dem Umweltschutz dienten. Da haben die Schweizer dann billigst eingekauft bei den Indern, die ihr Land versaut haben, Bhopal, zum Vergleich, wo Generationen noch zu leiden haben. Und die Chinesen, die jetzt das übernommen haben, werden jetzt allmählich wieder zurückzentriert auf das, was realistisch ist.

Ja, dann hatten wir noch so schöne Sachen wie Marbert, Schwarzkopf und irgendwelche Sonnenbrillen. Konsumgüter-Marbert, Schwarzkopf, Rochas – waren eigentlich im Hoechster Vorstand immer ein etwas weiches Arbeitsgebiet, um es mal neutral zu sagen. Sie waren ein gewisses Zugeständnis an die kaufmännischen Kollegen. Die kaufmännischen Kollegen haben eigentlich immer das Gefühl gehabt, dass ihnen so richtig was vom Marketing fehlt. Im Grunde genommen ist, wenn man Kosmetik betreibt, die Hauptsache Marketing, und dazu zählt die Verpackung und der Inhalt ist fast bedeutungslos. Das hat zu solchen Eskapaden geführt. Winnacker hatte schon damit angefangen, das war ein gewisses Zugeständnis an die Truppe Lanz. Und genau genommen war das ein Misserfolg von A bis Z. Das ist erst unter Dormann veräußert worden, sehr schnell. Es gab nur einen kleinen Abschnitt in der Kosmetik, der gut war, das war Jade. Und zwar deswegen, weil wir dort einen Manager hatten, einen Herrn Schneider – ich sehe den noch vor mir, das ist schon furchtbar lange her. Der Herr Ruppert von Cassella, der viele Jahre Vorstand war, hat sich mit Schneider sehr gut verstanden und hat ihm völlig freie Hand gelassen. Später hat allerdings der Thomsen nicht mitgespielt. Wir wollten eigentlich Schneider dazu gewinnen, dass er alle Kosmetik-Gesellschaften managt. Der Thomsen wollte das nicht einsehen. Es ist eben mal so, der Vorsitzende des Vorstandes ist einer unter Gleichen zunächst mal. Die Aufgabe besteht darin, heute nennt man das Moderation, möglichst viele in eine Richtung zu orientieren. Aber wenn einer wie Thomsen von vornherein dagegen ist, hätte er sagen müssen: Ich bin so fest davon überzeugt, dass das so sein muss, und wenn ihr euch von dem Schneider nicht trennt, dann gehe ich weg. Das hat er nicht gemacht. Als Dormann 1994 das Ruder übernahm, da ist Thomsen gleich ausgeschieden. Das ging so nicht weiter. Dann wurde eben Marbert verkauft, dann wurde Schwarzkopf verkauft, wurde Jade verkauft. Ich gehe mal davon aus, dass bei Schwarzkopf – da war ich noch ein bisschen mit beteiligt – insgesamt ein Überschuss angefallen ist vom Verkaufserlös bis zum Einstieg, was wir bezahlt haben.

Der Vorsitzende muss moderieren. Es hat aber auch Fälle gegeben, wo ich an einem Bereichsleiter vorbei mir Mitarbeiter habe kommen und erzählen lassen, warum irgendein Vorgang so schleppend und so schlecht vorankommt. Ich habe die dann wieder weggeschickt und gesagt, ihr habt mir das alles so schön erzählt, dann macht doch mal. Aber geht zu eurem Bereichsleiter oder auch zu dem betreuenden Vorstandskollegen und sagt dem das auch. Das hat in einigen Fällen gewirkt, aber nicht in allen. Etwas, wo es sehr gewirkt hat, da gab es mal einen ziemlichen Aufstand, das war bei der Landwirtschaft. Die hat Gareis nämlich auch so betrieben wie er die Pharma dann betrieben hat. Dann wurde mir das zu bunt, und dann habe ich mir den Bereichsleiter und die Kollegen von der Bereichsleitung bestellt und habe mit denen ein Privatissimum geführt.

Prante war Bereichsleiter und Sahm war damals Produktionsverantwortlicher. Der erzählt mir heute noch, wie sehr ihm das geholfen hat, obwohl ich ihm natürlich bittere Wahrheiten gesagt habe und sagen musste. AgrEvo ist heute noch ein Spitzenunternehmen. Es ist leider dann zu Bayer gewandert, weil Dormann diese verrückte Vision hatte: Life Science. Er verstand weder/noch von diesen speziellen Dingen. Ich habe auch vieles nicht verstanden. Aber ich habe mich immer bemüht, aufmerksam zuzuhören. Mehr kann man nicht tun, als dass man den einen mal gegen den anderen diskutieren lässt, um selbst ein Gefühl zu bekommen, wo liegt denn die Wahrheit eigentlich? Was ist jetzt der richtige Weg?

Unsere Pharmaforschung war an sich ganz gut. Was bei uns etwas schlecht war, das ist die Beschränkung auf das Wesentliche. Man hatte manchmal das Gefühl, es gibt nichts, was unsere Pharmaforschung nicht auch bearbeitet. Wenn einer als Wissenschaftler in einem solchen Metier tätig ist, dann ist es natürlich immer schon gut, wenn er nach links und rechts guckt und auch vielleicht in die Literatur ein bisschen tiefer eindringt, als es unmittelbar für die Aufgabe notwendig ist, die er gerade bearbeitet. Aber es darf nicht so sein, dass es nach dem Motto geht, sämtliche Indikationsgebiete kann Hoechst bedienen. Zum Beispiel hat sich die Pharma schwergetan, sich zurückzunehmen. Das muss ich sagen, das hat dann hinterher mit den Franzosen erst angefangen: Wir können nicht alles machen. Wir müssen uns konzentrieren auf die Gebiete, wo wir wirklich gut sind, um noch besser zu werden und nicht auf die Gebiete, wo wir schwach sind und gar keine Chance haben, stark zu werden. Das ist auch ein Verhängnis, das ich nicht nur bei Pharma vorgefunden habe.

Zum Beispiel bei Knapsack, die sehr erfolgreich waren. Die Knapsack-Leute habe ich auch immer wieder am Rockzipfel fassen müssen und habe gesagt, Freunde, das ist nicht eure Aufgabe, das braucht ihr nicht zu entwickeln, das könnt ihr am Markt kaufen. Ja, hieß es dann, aber wir lernen noch was dazu Das braucht ihr nicht, sagte ich, ihr seid so gut, aber das müsst ihr nicht auch noch erforschen.

Der Vorfall in Griesheim hatte gesamtunternehmerische Bedeutung. Ich würde schon sagen, unser Ansehen als Unternehmen hat schweren Schaden genommen. Ich wäre unehrlich, wenn ich sagen würde, es hat überhaupt nichts ausgemacht. Es war eine Mords-Sauerei. Das, was man mir zum Vorwurf macht, ist insofern nicht ganz korrekt: Ich habe nämlich mehrfach telefoniert.

Seifert hat mich irgendwann angerufen und hat mir zum ersten Mal über die tatsächliche Lage reinen Wein eingeschenkt. Dann bin ich sofort nach Hause gefahren. Der Vorfall fand am Rosenmontag 1993 statt. Ich war am Freitag wieder hier von der Schweiz. Ich wäre auch eher gekommen. Ich habe nicht gewusst, was abgegangen war. Was mir gefehlt hat, waren die Bilder. Ich hatte in der Schweiz keinen Fernseher, der an den Satellit angeschlossen war, nur das Schweizer Fernsehen, und das Schweizer Fernsehen hatte nichts gebracht. Es war für die Schweizer keine weltbewegende Geschichte.

Wir mussten damals eine unglaubliche Pechsträhne durchstehen. Da hatten wir diese Explosion in dem Mowiol-Betrieb, wo es einen Toten gab, dann bei Messer Griesheim noch eine Gasexplosion, und das alles innerhalb eines Zeitraums von drei Wochen. Schrecklich. Joschka Fischer hat damit für sich persönlich und für seine Grünen erfolgreiche Politik betrieben. Kurz darauf waren nämlich Hessen-Wahlen. Er hat das voll ausgeschöpft. Der hat das ausgeschlachtet. Schlimmer konnte man es gar nicht im Sinne von Hoechst machen. Aber besser für ihn hätte man es auch nicht machen können.

Aber das Gesamtgeschäft litt nicht darunter, wenn überhaupt nur marginal. Ich war, obwohl man das mir nicht so ohne Weiteres ansieht oder glaubt, ein verkappter Grüner. Bei uns in der Firma habe ich deswegen einen ziemlich schwierigen Stand gehabt. Im Zusammenhang mit der Verpackungsverordnung, mit den Kunststoffen, mit dem Sondermüll, habe ich den Mitarbeitern immer ins Gewissen geredet. Mein persönlicher Referent Hofmeister, der mir zugearbeitet hat, ein Kollege, der gar nicht so viel jünger war als ich, 5 Jahre, glaube ich, der hat immer gesagt, wenn die Hoechster genau wüssten, wie grün Sie denken, die würden Sie totschlagen.

Widersacher haben daraus Honig saugen können, haben ihre Positionen ausgebaut, um mich rauszudrängen. Wenn man das alles gewusst hätte, damals schon, wie das läuft gegen mich, dann hätte ich mich auch ganz anders zur Wehr gesetzt. Da war eine gewisse Hinterhältigkeit dabei, an der Dormann beteiligt war. Dormann hat im Grunde genommen – das ist eine gewisse Hinterhältigkeit von ihm – so lange stillgehalten, wie ich noch was zu sagen hatte. Als diese Gefahr für ihn gebannt war, hat er sich mit Bouillon verbündet. Rolf Sammet war tief erschüttert. Dormann hatte sogar behauptet, ich hätte dem Sammet nie die Wahrheit gesagt. Da ist mir aber der Kragen geplatzt. Ich an Dormann: „Woher wissen Sie das? Also vereinbaren wir ein Dreiergespräch: Sammet, Sie und ich! Und dann wiederholen Sie diese Ungeheuerlichkeit mal!“

Dormann war damals Finanzmann. Bouillon kam, als Sammet sich zurückgezogen hatte. Sammet hatte klar geplant, dass er mit 72 spätestens aufhört als Aufsichtsratsvorsitzender. Und dann kam Bouillon. Sammet ist mit 65 ausgeschieden als Vorstandsvorsitzender und war dann bis 72 – das ist einfach zu rechnen, er ist Jahrgang 1920 – Aufsichtsratsvorsitzender. Die erste Phase von Bouillon war verkürzt. Ich glaube, ein oder zwei Jahre. Er sollte ursprünglich nur die Zeit überbrücken, bis ich hätte aufrücken können.

Ich habe mich eigentlich mit Bouillon immer gut verstanden. Das einzige, was ich nicht habe verstehen können, das wussten die Kollegen auch, ich hatte ein anderes Vorstandsverständnis, das ich von Sammet her übernommen hatte. Ich habe gesagt, es kann nicht sein, dass ein Vorstand überhaupt nichts Operatives verantwortet, sondern nur infrastrukturelle Dinge wie Forschung, die Abwassergeschichten oder wie bei Bouillon das Personalwesen. Ich habe Bouillon damals gesagt – er ist ja ein paar Jahre älter als ich: Herr Bouillon, wir müssen eine andere Aufteilung finden. Er hat gesagt, da macht er nicht mit, dann scheidet er gleich aus. Er war in Frankfurt sehr angesehen. Mische, sein nomineller Nachfolger, hatte gar kein Problem damit.

Ein Großteil des Verhängnisses war, dass Bouillon kein Unternehmer ist und auch nicht war. Das hat Dormann die Sache sehr erleichtert.

Ein Vorstandskollege, den ich immer sehr geschätzt habe, hat mich einmal gefragt – das war, als Dormann so richtig in Fahrt kam: „Hätten Sie geglaubt, dass der Dormann sich so entwickelt? Wir haben doch alle viele Jahre zusammen am Tisch gesessen!" Da habe ich ihm nur geantwortet: Ihre Frage ist die Antwort selbst. Das hat man natürlich nicht sehen können. Durch die Konstellation Bouillon-Dormann konnte ich dann – zum Leidwesen des Unternehmens – nicht den Aufsichtsratsvorsitz übernehmen. Da wäre vieles anders gelaufen. Ich hätte Dormann nicht so wirtschaften lassen.

Ich kenne die Visionen Dormanns mit Rhône-Poulenc nicht genau. Rhône-Poulenc ist für uns aber immer ein drittklassiges Unternehmen gewesen. Da hatte sich eine – unheilige – Allianz, d. h. Dormann, Bouillon und Frühauf, entwickelt, die das ermöglicht hat. Bei Bouillon ist es so, wenn ich das richtig wiedergebe, wie er das retrospektiv empfindet: Es habe keine andere Möglichkeit gegeben. Wobei der Frühauf ein frankophiler Typ ist, er spricht auch fließend französisch. Roussel Uclaf hat er eigentlich auch immer sehr persönlich betrieben. Da gibt es eine gewisse Tradition. Lanz war ja auch sehr frankophil.

Wir sind mit Roussel in der Anfangsphase sehr zufrieden gewesen. Dann ist Jean-Claude tödlich verunglückt und Madame hat das übernommen. Die war an sich ganz clever, hat das ganz gut gemacht. Dann kam die Wahl, bei der Mitterrand als Präsident kandidiert hatte, und er hatte vorher lauthals verkündet, dass unter den zu verstaatlichenden Firmen Roussel ganz oben stehe. Da hätten wir irgendeinen Geldbetrag bekommen, der uns nichts wert gewesen wäre. Wir wollten aber die Kooperation mit den Franzosen haben. Roussel Uclaf ist ja nicht schlecht gewesen.

Dass die Beteiligung nicht verstaatlicht wurde, dass die Verstaatlichung gekippt wurde, das haben wir Helmut Schmidt zu verdanken, der eng mit Giscard d'Estaing liiert war. Da sind irgendwelche Dinge gelaufen. Mitterrand hat das hinterher beiseite geschoben.

Noch ein Wort zur Copley-Misere. Die lief etwa vier oder acht Wochen, bevor ich ausgeschieden bin. Ich kann mich noch an die Sitzungen erinnern. Ich habe immer gesagt, Kinder, ich habe eine Meinung dazu, ich würde es nicht machen. Aber ich kann es auch nicht mehr beschließen, denn Ihr müsst es hinterher ausbaden, also dann macht das mal. Dann ist etwas ganz Unglückliches passiert, was zu einer tiefen, fast persönlichen Feindschaft zwischen Seifert und Dormann geführt hat.

Dormann hat, so Seiferts Aussage, Seifert angelogen über diese Due-Diligence-Phase. Es ist überhaupt niemand drüben gewesen. Die haben diese Milliarde bezahlt, wenn man so will, ins Blaue hinein. Es war ja ein kastriertes Pharma-Unternehmen, das gehörte, glaube ich, drei oder vier Leuten. Insofern kann das schon sein, dass da irgendetwas getrickst worden ist. Das weiß ich nicht. Und es hat mich hinterher auch nicht mehr interessieren können. Und ich habe auch keine Informationen bekommen. Ich habe nur dann mal so am Rande mitbekommen, wie Dormann und Seifert da aneinander geraten sind, dass Seifert sehr lauthals gesagt hat, er habe ihn belogen, der Dormann. Das ist ja schon ein ziemlich harter Vorwurf.

Ich habe Dormann am Vorstandstisch im Prinzip geschätzt, weil er durchaus vernünftige Gedanken hatte; das will ich überhaupt nicht abstreiten, und auch, weil er gewissen Konflikten mit Vorstandskollegen nicht ausgewichen ist, sich nicht sofort zurückgezogen hat, wenn die etwas gegen ihn vorbrachten. Er war insofern durchaus ein wertvolles Vorstandsmitglied. Da hatte ich auch den einen oder anderen, der sich eigentlich sehr schnell sich zurückgezogen hat, wenn er gemerkt hat, dass die Stimmung ist nicht in seine Richtung ging.

Letztlich war Dormann aber eine riesige Belastung. Um es überspitzt zu sagen, die Generation Dormann hat angehäuftes Vermögen von 50 Jahren in Nullkommanichts vernichtet. Das ist nicht ganz so deutlich und dramatisch wie bei Daimler-Chrysler. Die haben mehrfach zweistellige Milliardenbeträge verbrannt. Reuter erst, dann Schrempp, als er drangekommen ist und jetzt wieder, wo sozusagen der Schrempp-Laden bezahlt werden muss. Bei Hoechst ist es sicherlich auch ein nennenswerter Betrag. Dazu kommt, dass viele ehemalige Hoechst-Manager bei der Zerlegung des Konzerns einen ganz erheblichen Reibach machten, indem sie zu sehr günstigen Bedingungen Auslandsgesellschaften erworben haben, d. h. Management-Buy-out betrieben haben. Da gibt es etliche Auslandsgesellschaften, wo bei den Managern ganz erhebliche Reserven angelaufen sind.

3. Hoechst in Frankreich

3.1 Hoechst und Roussel – eine *liaison particulière*

Hatte die Dresdner Bank 1982 durch ihren Mehrheitsbesitz schon die Verstaatlichung des piekfeinen Lyoner Privatbankhauses Veuve Morin Pons verhindert, so ist es ihr jetzt sogar gelungen, die Franzosen ganz aus der Bank zu drängen. Der Marktanteil des Geldhauses wächst seitdem überproportional, und zwar nicht nur in Lyon, sondern auch in Paris, wo die Bank am Étoile in einem ansehnlichen Palais residiert. Viele Franzosen fühlen sich nämlich mit ihren Bankgeheimnissen bei den Deutschen besser aufgehoben als bei den heimischen verstaatlichten Banken. Aber auch andere Branchen und Unternehmen profitieren vom neuen Trend der Politik im Élysée.

Der französische Staat will wieder mehr deutsches Kapital ins Land locken. Die vorausgegangenen Verstaatlichungen hatten nämlich einen drastischen Rückgang der deutschen Direktinvestitionen in Frankreich zur Folge, und zwar von 620 Millionen fr (1981) auf 304 Millionen fr (1982). Etwa auf diesem Niveau verharrte der Kapitaltransfer auch 1983. Der Nachbar im Osten ist nicht mehr der hässliche Deutsche, sondern ein Geschäftspartner, von dem der Franzose u. U. auch lernt, wie Unternehmenskrisen bewältigt werden können. Mehr und mehr erkennt die französische Administration die Fehler ihrer Konfiszierungsstrategie von damals. Jetzt ist sie eher erfreut über jeden deutschen Unternehmer, der in Frankreichs Wirtschaft mit Erfolg Hand anlegt.

Voll in diesen Aufwind ist besonders die französische Gruppe des deutschen Chemiekonzerns geraten. *„Ich kann mir keine unternehmerische Entscheidung bei Roussel Uclaf vorstellen;“* so der Regierungsvertreter im Aufsichtsrat dieser Hoechst-Tochter, Christian d'Aumale, *„die zu Friktionen zwischen Staat und Unternehmen führen könnte.“* Damit hat Hoechst in Frankreich mehr unternehmerische Freiheiten als jemals zuvor.

Anfang 1982 konnten die Hoechster nur mit Mühe eine Verstaatlichung dieser Tochter verhindern. Die französische Regierung verzichtete damals schließlich darauf, die Trikolore über dem traditionellen Pharma- und Kosmetikkonzern vollends zu hissen, verlangte aber eine Reduzierung der Hoechst-Beteiligung von 57,9 Prozent auf knapp über 50 Prozent. Der Staat war mit 40 Prozent am stimmberechtigten Kapital eingezogen. Danach kontrollierte der deutsche Konzern 51,28 Prozent des Roussel-Kapitals und 54,5 Prozent aller Stimmrechte. An diesem komplizierten Geschäft, das mit einer Kapitalerhöhung durch Schaffung von Vorzugsaktien um 98,1 Millionen fr eingeleitet worden war, hat sich Martin Frühauf einige Meriten verdient. Er war im Juni 1980 zum ordentlichen Vorstandsmitglied der Hoechst AG aufgerückt und hatte von Anfang an die Zuständigkeit für das Ressort Recht, Patente, Steuern, Versicherungen sowie für die Region Frankreich.

„Wir fühlen uns in Frankreich“, so Hoechst-Vorstand Wolfgang von Pölnitz, *„fast wohler als in Deutschland, wenn es zum Beispiel um die Pharma-Politik geht. Wer in Frank-*

reich forscht und entsprechende Ergebnisse vorzeigen kann, bekommt Preiserhöhungen zugestanden, so wie er sie glaubt haben zu müssen, während in Deutschland um jedes Prozent gefeilscht würde", meint der Pharma-Chef. Auch auf den anderen Märkten, die Hoechst in Frankreich bedient (Kosmetik, Pflanzenschutz, Kunststoffe, Chemikalien etc.) sind sich die Deutschen des Wohlwollens der Regierung sicher. Christian d'Aumale: *„Wir Franzosen sind Pragmatiker. Wenn einer gute Arbeit leistet, wird er gefördert."*

So betreibt Hoechst jenseits des Rheins einen der bedeutendsten französischen Chemiekonzerne, der nach Verlustjahren jetzt auch wieder gute Gewinne macht. Die Société Française Hoechst (SFH) und Roussel Uclaf erzielten – zusammengenommen – 1983 mit 14.000 Beschäftigten einen Umsatz von 14,5 Milliarden FF. Die Kooperation der deutschen Firma mit dem französischen Staat ist so gut, dass man sogar eine Erweiterung der Zusammenarbeit anstrebt. Daraus können sich neue Projekte für die gesamten Chemieaktivitäten von Hoechst in Frankreich ergeben. Henri Monod, SFH-Generaldirektor, nannte auch schon die Richtung: *„Wir denken an den Zukauf anderer Firmen."* Nicht genug damit. Roussel Uclaf gründete gemeinsam mit der staatlichen CNRS ein Forschungsinstitut. Wissenschaftler beider Häuser arbeiteten seitdem auf den Gebieten Gentechnik und komplexe chemische Synthesen eng zusammen.

Die für den Hoechst-Konzern durchaus glücklichen 80er-Jahre zeitigten am 30. Januar 1988 einen Festakt in der Jahrhunderthalle zum 125-jährigen Bestehen der Firma, aber auch eine respektable Feier zur zwanzigjährigen Verbindung mit Roussel Uclaf am 5. Oktober in Paris: Karajan-Konzert im Théâtre des Champs-Élysées. Weil der französische Verteidigungsminister und sechs weitere Regierungsmitglieder anwesend waren, zog die Garde der Republik auf und gab dem Ganzen ein farbenprächtiges Gepränge.

Karajan und die Berliner Philharmoniker präsentierten Arnold Schönbergs Symphonie Nr. 1. Ein großartiges Konzert, das der 80-jährige Karajan allerdings mit sehr viel Mühe dirigierte. Trotz seines Stahlkorsetts konnte sich der Maestro kaum aufrecht halten. Er musste geführt werden und saß während des Dirigierens auf einem speziell angefertigten Hockerpult. Die Eintrittskarte kostete 950 FF (= 300 DM). Hoechst hatte davon 250 gekauft und an die Minister und andere Gäste verteilt, z. B. an den Wirtschafts- und Finanzminister Pierre Bérégovoy. Auch der ehemalige liberal-konservative Ministerpräsident Giscard d'Estaing gehörte zu den Hoechster Gästen. Danach gab es einen Empfang im daneben gelegenen Nobel-Hotel Plaza Athénée.

Der Tag war regnerisch und sonnig, windig und schön zugleich. Vor den Tuileries stand ein großes Glockenspiel, auf dem von Künstlerhand kräftig herumgeschlagen wurde. In den umliegenden Parks trafen sich an diesem Tage etwa 20.000 geistig Behinderte, um für bessere Arbeitsmöglichkeiten zu demonstrieren.

Auf geschichtsträchtigem Boden, in Compiègne, nordöstlich von Paris unterhält das deutsch-französische Pharmaunternehmen Roussel Uclaf eine hochmoderne

Arzneimittel-Fertigung. In den Wäldern von Compiègne war zum Ende des 1. Weltkrieges der Waffenstillstand zwischen Deutschland und den Alliierten geschlossen worden. An gleicher Stelle fand auch die Unterzeichnung des Waffenstillstandes nach dem Frankreich-Feldzug 1940 statt.

Mit Pomp feierte Frankreich in diesem Jahr den 70. Jahrestag des Compiègne-Diktats von 1918. Eine Europa-Perspektive ist da nicht zu erkennen. Sie kommt an anderer Stelle zum Ausdruck, und zwar bei der 20-Jahrfeier der Kooperation von Hoechst und Roussel Uclaf. Deutsch-französische Freundschaft wird also auf der Ebene der Unternehmen demonstriert und praktiziert mit der Zielrichtung auf den gemeinsamen Binnenmarkt von 1993. Professor Wolfgang Hilger, Vorstandsvorsitzender der Hoechst AG, sprach in diesem Zusammenhang (à la de Gaulle) vom *„Europa der Vaterländer“*.

Um es ganz deutlich zu sagen: Roussel Uclaf ist ein in die Pharma-Aktivitäten von Hoechst fest integrierter Bestandteil des deutschen Konzerns. Gemeinsam mit den Chemie-Aktivitäten der Hoechst France (SFH) addiert sich hier ein Umsatz von rund 17 Milliarden Francs, der von 14.000 Menschen erwirtschaftet wird. Damit dürfte Hoechst die Nr. 1 unter den deutschen Firmen in Frankreich sein. Als einen wichtigen Grund für den langjährigen Erfolg der ertragreichen Firma erwähnte Roussel Uclaf-Chef Prof. Edouard Sakiz Folgendes: *„Im Laufe der letzten 20 Jahre bewahrte die Gruppe RU ihre Identität und respektierte alle durch die französische Kultur bedingten Eigenheiten. Dennoch konnte sie dank der Gruppe Hoechst sowie aufgrund ihrer Erfahrung eine wahrhaft internationale Dimension und Mentalität erlangen.“*

In der Roussel Uclaf-Zentrale im hochmodernen Büroviertel der Défense am Rande von Paris schwärmte Hoechst-Chef Hilger im Hinblick auf 1993, dass die Europäische Gemeinschaft ein Wirtschaftsraum mit 320 Millionen Menschen sei. Sie vereinige in sich den größten Chemiemarkt der Welt mit einem Anteil von 31 Prozent am Gesamtvolumen. *„Wenn dieser Markt ein echter Binnenmarkt sein wird“*, so Hilger wörtlich, *„wird er größer sein als der US-Chemiemarkt“*.

Hilger wusste im Tour Roussel Nobel, 30 Stockwerke und mehr über der Seine, aber auch Wichtiges aus der Hoechst-Zentrale am Main zu berichten. Hoechst werde 1988 weltweit einen Umsatz von rund 40 Milliarden Mark erreichen. „Und was noch wichtiger ist“, so Hilger, *„es wird ertragsmäßig ein Rekordjahr sein. Zu den Bereichen mit Spitzengewinnen gehört auch Roussel Uclaf.“*

Übrigens verbindet Hoechst mehr mit Compiègne als allein der Sitz des Arzneimittel-Werkes dort. Es gibt Verbindungen zu den Vorgängen im Wald vor Jahrzehnten und dem Waffenstillstand. Auf deutscher Seite saß damals neben Matthias Erzberger als Chefunterhändler ein gewisser General von Winterfeldt. Dessen Enkel ist heute General-Bevollmächtigter bei Hoechst, verantwortlich für die weltweite Öffentlichkeitsarbeit des Konzerns, also auch von Roussel Uclaf, Paris, und Compiègne.

Martin Frühauf, Jahrgang 1933, war ein äußerst geschickter Verhandlungspartner. In schwierigen Diskussionen pflegte er immer zu sagen: *„Wir müssen den Brei* *noch weiter durchkneten, bis wir ihn soweit haben.“* Als Jürgen Dormann 1994 Vorstandsvorsitzender wurde, übernahm Martin Frühauf die Position des Finanzvorstandes der Hoechst AG. Er war ein hervorragender Jurist, der auch in schwierigen und kniffligen Verhandlungssituationen immer einen Ausweg fand. Seine Kenntnisse im Finanzwesen waren jedoch sehr eingeschränkt; allerdings brachte er gelegentlich mit seinem gesunden Menschenverstand die Sachen auf den Punkt.

3.2 Martin Frühauf kennt die Historie und erzählt auch manches

Warum hat Hoechst sich an Roussel Uclaf beteiligen wollen? Das ist sicher das große Verdienst einer der Urväter von Hoechst, Kurt Lanz, mit dem ich sehr viel gearbeitet habe. Lanz, der wirklich sein ganzes Leben der Außenminister von Hoechst war und der die ganze sehr, sehr geschätzte Auslandsorganisation aufgebaut hatte.

Lanz hatte ein ganz enges Verhältnis zu Frankreich. Der war auch, glaube ich, sogar im Krieg Dolmetscher für Französisch. Der war wirklich in dieser Welt. Er lebte schon als junger Mann, als er als Soldat aus dem Krieg kam, mit und für Frankreich. Ja, eine der wenigen Freundschaften, die es im Berufsleben gibt, war die zwischen Lanz und François Donnay, der die Hoechster Organisation in Frankreich aufgebaut und es dann auch fertiggebracht hat, durch eine persönliche Zusammenkunft die persönliche Verbindung zwischen Lanz und Jean Claude Roussel herzustellen. Das war 1968.

Es gab Jean-Claude Roussel und seinen Bruder Henry Roussel. Dessen Anteil hatten wir 1968 erworben, die Minorität. Da spielen auch persönliche Dinge eine Rolle. Jean-Claude Roussel hatte, als 1968 in Frankreich die kleine Revolution war, und die Kapitalisten das Land verlassen haben, auch daran gedacht, seine Firma zu verkaufen, hat aber zunächst mit Bayer verhandelt. Diese Verhandlungen mit Bayer waren soweit gediehen, dass sie praktisch unterschriftsreif waren. Dann hat Lanz den Jean-Claude Roussel in Südfrankreich kennengelernt, und da hat sofort die Chemie gestimmt, und Jean-Claude Roussel hat am nächsten Tag zu seinem damaligen Assistenten Henri Monod, der nachher auch groß aufgestiegen ist in der Organisation und mit mir sehr befreundet war, gesagt, „wir fahren nach Leverkusen und sagen, dass es uns leid tut, aber wir das mit Hoechst zusammen machen müssen, weil ich mit den Leuten viel besser kann als mit Bayer“. Damals in 1968 war Winnacker noch Chef; er hat sich mit Lanz zusammen ins Auto gesetzt und ist nach Leverkusen zum Nachfolger von Haberland gefahren.

Da waren also die Hoechster dort und hatten den Leverkusenern gesagt, es tut uns leid, wir entschuldigen uns, wir machen das jetzt. Dies führte damals zu einem großen Zerwürfnis zwischen Leverkusen und Hoechst.

Ich war ein kleiner Pimpf, Mitte 30, damals in 1968 und war als Jurist immer nur Kofferträger, auch von Lanz natürlich. Ich habe das ganze Geschehen mit begleitet und insbesondere nachher, als Jean-Claude Roussel in 1972 umgekommen war, haben wir zwei Jahre lang um die Mehrheit verhandelt. Da waren wirklich pfiffige Konstruktionen gefragt,

Hoechst Paris in den 1980er-Jahren.

Hoechst

weil der privaten französischen Familie natürlich nicht mit einer Transaktion gedient war, in der sie allzu viel hätte versteuern müssen.

Wir haben in 1974 legale, aber sehr pfiffige Wege bei der Übernahme der Mehrheit von 54%, wenn nicht sogar etwas mehr, von Madame Roussel gefunden. Ich weiß es nicht mehr genau. Aber ich meine, da war gar nicht mehr viel an der Börse damals. Lanz ist dann auch 1974/75 der Präsident von Roussel Uclaf geworden und hat als Directoire Leute eingesetzt, die dann später alle hoch aufgestiegen sind. Ich war als Hoechster zuständig für die Betreuung dieses ganzen Geschehens, nicht im Sinne des Managements, sondern im Sinne der juristischen Beratung, und daraus ist dann im Laufe der Zeit sehr viel mehr geworden. Es war halt alles, was wir zusammen gemacht haben, auch mit den französischen Kollegen, mit Donnay, sehr erfolgreich.

Die nächste große Etappe war 1981, als die Firma verstaatlicht werden sollte. Da gab es eine ganz große Debatte mit den Leuten von Mitterrand, um zu verhindern, dass Roussel verstaatlicht wird. Mitterand war sehr entschlossen, Roussel zu verstaatlichen. Er hat damals schon eine vollkommene anachronistische Wirtschaftspolitik verfolgt, indem er 1981 die Banken und die Großunternehmen Frankreichs verstaatlicht hat.

Wir vom Vorstand hatten ziemlich alles richtig gemacht zu diesem Zeitpunkt, weil wir die Franzosen dahingehend richtig einschätzten, dass sie hauptsächlich das Prestige brauchen. Deswegen haben wir damals eine Lösung angestrebt, die zum Inhalt hatte, dass die französische Seite das personelle Aushängeschild, nämlich den Vorsitzenden des Aufsichtsrats – da sage ich gleich was dazu – stellt und wir dafür die Mehrheit des Kapitals behalten. Das ist damals als großer Kompromiss gefeiert worden, ein guter Kompromiss für alle Seiten, wobei die Franzosen, auch die Leute, die da verhandelten, leider aus ihrer Sicht sich nicht richtig klar waren, was eigentlich der Vorsitzende, der Präsident eines Aufsichtsrates, ist. Wir hatten in Frankreich – was damals auch möglich war – die Konstruktion mit Vorstand und Aufsichtsrat gewählt. Die Franzosen kannten nur das einstufige System, wo der Präsident der starke Mann der Gesellschaft ist. Da dachten die Franzosen, das wäre auch da so. Sie waren einfach zu nachlässig, um sich das genau in der Praxis anzugucken und waren nachher bass erstaunt, als das Directoire, die damals jungen Leute, die da saßen und die mit uns schon zehn Jahre zusammengearbeitet hatten, das Sagen hatte.

Der Präsident des Aufsichtsrates war damals Christian d'Aumale, der berühmte Ambassadeur, eine große politische Figur, Ambassadeur de France, und der Präsident des Directoires war Sakiz. Sakiz, Monod und Joly, das waren drei. Wir hatten im Directoire von Roussel nie einen Deutschen, schon aus richtig verstandener Rücksicht auf die Verhältnisse. Es wäre sicherlich irgendwann möglich gewesen, 100 Prozent von Roussel zu übernehmen.

Während dieser ganzen Zeit, in der die Sozialisten dran waren, hat Hoechst im Grunde die Macht behalten, denn unsere Leute wussten, wir haben die Kapitalmehrheit. Herr d'Aumale, der da saß, war ein sehr ehrenwerter, sehr honoriger Herr, ich kann nur Gutes von ihm sagen, eine große Persönlichkeit, der aber auch sah, dass die Zukunft dieses Industrie- und Pharmaunternehmens natürlich in der Kooperation mit Hoechst oder einem anderen, aber in dem Fall, weil es so war, in der Kooperation mit Hoechst lag und nicht darin, zum höheren Ruhm einer sozialistischen Regierung Staatsbetrieb zu sein. Das hat der

Mann verstanden und hat deswegen die Dinge sich entwickeln lassen, sodass in dieser Zeit Roussel sich sehr gut weiterentwickelt hat. Dann in einem noch späteren Stadium, da kamen dann schon wieder Wahlen, die die Bürgerlichen 1987 gewonnen hatten, kamen Verhandlungen von uns mit der neuen Regierung mit dem Ziel, dass wir wieder mehr Einfluss haben. Das wurde dann auch honoriert, indem dann ein Mann von uns Aufsichtsratsvorsitzender wurde. Dieser hatte genauso wenig Einfluss. Es blieb nach wie vor bei dem direkten Einfluss eigentlich unserer Pharma-Manager mit dem Directoire, also mit der Exekutive von Roussel. Voilà. Dann hat schließlich die französische Regierung, das war dann schon unter Giscard d'Estaing oder Chirac, es war wohl Giscard, die Staatsbeteiligung an Rhône-Poulenc abgegeben. Rhône-Poulenc war ein Staatsunternehmen, sodass der Eindruck für die Optik erhalten blieb, es sei alles beim Alten.

Die Minderheitsbeteiligung an Roussel Uclaf ging an Rhône-Poulenc. Und Rhône-Poulenc, das war damals die erste interessante Verbindung zwischen Hoechst und Rhône-Poulenc, hat die Haltung eingenommen, wir sind hier Repräsentanten des französischen Staates, wir sind auch im Aufsichtsrat vertreten, da waren dann zwei oder drei oder noch mehr Leute, vielleicht sogar die Hälfte – nein, da waren noch ein paar Neutrale – es war eine ganze Menge Entsandter von Rhône-Poulenc im Aufsichtsrat. Aber die Haltung von Rhône-Poulenc war: das unternehmerische Geschehen läuft zwischen dem Directoire von Roussel und Hoechst.

Da hat Hoechst eine Chance verpasst, diese Staatsbeteiligung zu übernehmen. Das ist natürlich diskutiert worden. Aber das – wie soll ich sagen – wäre eine Sache gewesen, die zu hebeln mehr Aufwand und vor allem Prestigeverlust für den französischen Staat gebracht hätte als dass sie für uns, wie es sich denn zeigte, irgendeinen echten Vorteil gebracht hätte. Das unternehmerische Geschehen und damit insbesondere die Forschungszusammenarbeit verlief sehr offen, und die Zusammenarbeit in der ganzen Welt mit den Vertriebsorganisationen hat optimal funktioniert, egal, wer dort die Minderheitsbeteiligung in der Hand hatte, sei es zunächst der Staat, oder später Rhône-Poulenc. Mit anderen Worten: Wenn man versucht hätte, das zu pressen, wäre das für die französische Seite sehr schwer zu schlucken gewesen, und wir hätten so furchtbar viel nicht davon gehabt.

Und die „Zwei-Flaggen-Politik"? Da ist viel darüber geredet worden, und da sind furchtbar viele Worte natürlich auch immer gewechselt worden. Ich will mal sagen, diese 2-Flaggen-Politik war mehr ein Wort als eine Realität. Ein Wort, das natürlich, wenn man es gebraucht hat, auch durchaus gerne benutzt wurde, um französische Empfindlichkeiten zu unterstützen. Ich meine, es ist schon so gewesen. Das war auch die Politik von Lanz und nachher, als ich zuständig war, auch von mir, dass das kein Filialunternehmen natürlich sein sollte und konnte.

Es herrschte damals schon die Auffassung, ich glaube, es ist auch die richtige unternehmerische Auffassung: Sobald eine Beteiligungsgesellschaft ein eigenständiges, größeres Unternehmen ist, das über eine eigene Identität verfügt, ist es viel effizienter, die Leute, die sich dafür mit Leib und Seele einsetzen, auch schalten und walten zu lassen und den Wert der Beteiligung durch die Gremien und insbesondere durch persönliche Beziehungen und persönliche Kenntnis der Leute zu gewährleisten, als da nun die straffe Identität des Konzerns durchsetzen zu wollen.

Die Zwei-Flaggen-Politik war durchaus behaftet mit dem Effekt, dass es insbesondere im Ausland, in den Auslandsorganisationen, fast durchgehend, außer in den USA, zwei Organisationen gab. Da war allerdings die Meinung der Spitze nicht immer auch die Meinung der lokalen Hoechst-Fürsten, die immer vorwiegend aus Egoismus gerne die Roussel-Organisation vereinnahmt hätten. Wenn ich an solche Länder wie Portugal denke, da war immer ein Hickhack zwischen der Hoechst- und der Roussel-Organisation, weil die Roussel-Organisation durchaus auch – ich will das mal in Anführungsstrichen sagen – genauso „clever", wenn nicht sogar cleverer als die Hoechster Organisation war.

Franzosen sind politisch immer cleverer als die Deutschen, das sieht man zum Beispiel an Hoechst. Das, was da nebeneinander existierte, war aus Meinung der hier Entscheidenden aber sinnvoll, weil der Vorteil größer als der Nachteil war. Voilà.

3.3 Weiteres zu Martin Frühauf und Hoechst in Frankreich

„Martin Frühauf ist ein frankophiler Typ", urteilte sein Vorstandschef Wolfgang Hilger. *„Er spricht fließend französisch. Das hat er eigentlich auch immer sehr persönlich betrieben."* Da gebe es eine gewisse Tradition. Lanz sei auch sehr frankophil gewesen. Die Realität entzog sich wohl zuweilen Frühaufs Blick.

Abgesehen von den Anfangsjahren hat es bei und mit Roussel immer wieder geknirscht. Die Firma Biochimica OPOS ist ein wunderbares Beispiel dafür, zu welchen Fehlentscheidungen es in diesem Zusammenhang im Hoechster Pharmageschäft kommen konnte.

Biochimica OPOS war eine Gesellschaft in der Nähe von Mailand, die pharmazeutische Wirkstoffe hergestellt hat. Sie wurde von Roussel Uclaf in zwei Schritten erworben, 1989 für 128 Millionen und 1993 für weitere 46 Millionen FF. OPOS wurde in die Chemiedivision von Roussel Uclaf integriert, die auch die Werke in Neuville, Vertolay und Romainville betrieb. Bei OPOS wurden im Wesentlichen Antibiotika, wie auch Cephaclor, hergestellt. Der Umsatz kletterte nach und nach auf 682 Millionen FF (1995).

Eines Tages verklagte Eli Lilly OPOS wegen einer Patentverletzung. Im Laufe dieses Prozesses stellte sich heraus, dass bestimmte Diskrepanzen zwischen den offiziellen Daten, die in der sogenannten Drug Master File eingereicht worden waren, und den tatsächlichen Aufzeichnungen, die bei der Herstellung verwendet worden waren, auftraten. In den folgenden Monaten wurde klar, dass die Produktion nur unzureichend dokumentiert war. Das ging sogar so weit, dass die Produktionsunterlagen gefälscht waren. Die amerikanische Federal Drug Administration (FDA) verlangte schließlich, dass die Produkte zurückgezogen werden müssen.

Durch OPOS ist Roussel Uclaf, das reichte dann schon ins Jahr 1996 hinein, ein Schaden von 715 Millionen FF entstanden. Per Ende 1997 wurde OPOS an Holiday Chemical verkauft.

„Immer, wenn die Frage diskutiert wurde,“ so einer, der dabei gewesen ist, *„wer über die bessere Chemie verfüge, Hoechst oder Roussel Uclaf, ergriff Martin Frühauf stets die Partei der Franzosen. Roussel Uclaf würde wesentlich billiger produzieren und wäre außerdem viel flexibler.“*

„Dies alles wäre nicht passiert, berichtet der Beobachter, wenn die Zusammenarbeit in der Produktion zwischen Roussel Uclaf und Hoechst besser gewesen wäre. Frankfurt war immer bemüht gewesen, eine gemeinsame Produktionseinheit zu schaffen, was jedoch von Roussel Uclaf weitgehend abgelehnt wurde. Diese strikte Trennung wurde natürlich auch von Martin Frühauf stets unterstützt, und sehr häufig machte er der Pharma in Hoechst den Vorwurf, dass sie viel zu teuer produzieren würde, und man solle sich doch ein Beispiel an Roussel Uclaf nehmen.“

Erhard Bouillon, Arbeitsdirektor und später Aufsichtsratsvorsitzender der Hoechst AG: *„Martin Frühauf war zunächst das Hoechster U-Boot in Frankreich. Er ist der Hoechster Vorstand gewesen, der für Frankreich jedenfalls viele Jahre regional zuständig war. Dass er französische Interessen bei Hoechst wahrgenommen hätte, kann ich mir nicht vorstellen.“*

Die Frankophilie Frühaufs, das vermittelten viele Gespräche mit den alten Hoechstern, hat bei diesem Vorstandsmitglied und späteren Aufsichtsratsvorsitzenden bewusst oder unbewusst dazu geführt, dass Frühauf dann die Funktion eines französischen U-Boots im Hoechster Management hatte. Ein Leben wie Gott in Frankreich hat bei manchem gut meinenden Deutschen, die große Völkerfreundschaft im Herzen, öfters schon mal zu Verirrungen geführt.

Die Persönlichkeit Frühauf soll noch etwas genauer beleuchtet werden, da sie für das Schicksal der Hoechst AG von eminenter Bedeutung ist.

Martin Frühauf

Martin Frühauf, bereits als relativ junger Mann in den Vorstand gekommen, war vollkommen unabhängig. Ausgestattet mit Intellekt und hoher Intelligenz, hatte er jedoch eine Schwäche, und die war Frankreich. Als junger Rechtsanwalt in der Hoechster Rechtsabteilung half er dem Hoechster Vorstand bei der Akquisition von Roussel Uclaf. Im Laufe der Jahre wurde er so etwas wie der Vertrauensmann von Roussel Uclaf in Höchst. Der Höhepunkt seiner beruflichen Laufbahn war erreicht, als er nach der Pensionierung von Wolfgang von Pölnitz in 1986 die Zuständigkeit für Frankreich im Hoechster Vorstand übernahm. Er verbrachte von da an wöchentlich mindestens einen Tag und meist auch eine Nacht in Paris, um wichtige Gespräche mit Roussel Uclaf, der Société Française Hoechst (SFH) und der französischen Regierung zu führen.

Da sich Martin Frühauf auch ein Büro in dem Firmensitz von Roussel Uclaf in Paris einrichten durfte, fühlte er sich dort ganz wie zu Hause.

Vorstand Ernst Schadow hatte da auch so seine Beobachtungen gemacht: *„Ich gehe jetzt mal noch einen Schritt weiter. Ich merkte, dass das Land Frankreich eine ganz andere Rolle spielte als die anderen europäischen Länder. Noch nicht einmal USA war in gleicher Weise bedeutend. Sondern in Frankreich waren plötzlich zwei, drei von meinen Kollegen, die sich ganz intensiv in jede Diskussion, ich sage mal, auch ungestraft, einmischten."* Die Seilschaft bestand aus Frühauf, dem Hoechster Pharma-Vorstand von Pölnitz und Dormann.

„Beim Thema Roussel Uclaf war der Pharma-Vorstand immer in besonderer Weise engagiert", so Schadow. *„Damals gab es so richtige Frankreich-Liebhaber. Die Vermutung lag nahe: Es gibt da touristische Aspekte. Das hat lächelnd auch mal der Kollege Frühauf zu mir gesagt. Eines Tages kam selbst ich mal in diese Situation, als meine Sympathie gewünscht war."* Die Seilschaft hat mit den entsprechenden französischen Gesprächspartnern, da ist Schadow sich ganz sicher, auch separat zu den offiziellen Sitzungen die strategischen Entwicklungen besprochen. Und Dormann als Finanzchef hat sich in hohem Maße da eingemengt; übrigens in früheren Jahren auch noch Lanz.

Martin Frühauf versuchte immer wieder, die französische Industrie auf Kosten der Hoechst AG zu stärken, weil er sich dafür immer mehr Einfluss bei Roussel Uclaf versprach, die ja zu dem Zeitpunkt eine Minderheitsbeteiligung der Hoechst AG war. So überbrachte er immer wieder den Wunsch von Air Liquide, das Gasgeschäft von Messer Griesheim zu kaufen. Ein solches Ansinnen wurde regelmäßig vom Hoechster Vorstand abgelehnt. Als man die Möglichkeit prüfte, den Anteil von Hoechst bei Roussel Uclaf aufzustocken, stellte Rhône-Poulenc im Gegenzug die Forderung, den Industrieanteil von der Hoechst AG zu erwerben.

Igor Landau als Pharmavorstand von Rhône-Poulenc verfolgte 1994 die Strategie, das Pharmageschäft von Rhône-Poulenc in Japan auszubauen. Rhône-Poulenc war in Japan kaum vertreten, während Hoechst und Roussel Uclaf mit ihrem Pharmageschäft auf dem japanischen Pharmamarkt sehr erfolgreich waren. Frühauf hatte diese Idee von Igor Landau nachdrücklich unterstützt.

Hoechst und Roussel operierten in fast allen großen Pharmamärkten, außer in Deutschland und USA, getrennt, wodurch dem Hoechst-Konzern jährlich mindestens 1 Milliarde DM Gewinn entgangen ist. Frühauf konnte jahrelang jegliche Bemühungen, beide Firmen enger zusammenzubringen, mit dem Hinweis blockieren, dass die französische Regierung dies nicht wünsche. Man würde in solchen Fällen Gefahr laufen, andere Sanktionen bis hin zur Enteignung zu erleiden. Diese Argumente konnte man nie entkräften, da niemand außer ihm mit der französischen Regierung sprach und er diese Meinungsäußerung meistens von Roussel Uclaf selbst gehört hatte. Das Management von Roussel Uclaf hatte natürlich in keiner Weise Interesse daran, ein gemeinsames Pharmageschäft innerhalb des

Hoechst-Konzerns aufzubauen, obwohl dies gegenüber Hoechst immer wieder beteuert wurde.

Überraschenderweise förderte aber eine Untersuchung in Italien zutage, dass durch ein getrenntes Führen des Pharmageschäftes in Italien jährlich mehrere Millionen DM an Ergebnis verlorengingen. Gerade in Italien hatten beide Firmen ihren eigenen Firmensitz, ihre eigene klinische Entwicklung, ihre eigene Fertigung und ihre eigenen Betriebsinvestitionen, und jeder wusste, dass sie sich stärker bekämpften als die italienische und andere europäische Konkurrenz.

Thomas Schulz, einst Controller im Geschäftsbereich Pharma, hat dann später die Aufgabe übernommen, beide Firmen zusammenzuführen und mit Marion-Merrell-Dow zu fusionieren. Bei diesem Prozess wurden alleine in Italien über 1.000 Mitarbeiter freigesetzt, das Produktionsprogramm gestrafft und alle drei Firmen unter einem Dach vereinigt.

Im Mai 1997 wurde Frühauf dann Aufsichtsratsvorsitzender der Hoechst AG und hat dann letztlich doch noch die gesamte Hoechst AG nach Frankreich verkauft, indem sie von der Rhône-Poulenc S. A. übernommen wurde. Er war zu intelligent, um nicht zu sehen, dass Hoechst 1996 in eine schwache Position gerutscht war und keinerlei Handlungsmöglichkeiten mehr hatte.

Martin Frühauf wurde stellvertretender Aufsichtsratsvorsitzender der Aventis S.A.. Man glaubt, dass ihn sein schlechtes Gewissen geplagt hat. Bekannten, die ihn auf dem Kelkheimer Markt am Samstagmorgen beim Gemüsekauf trafen, erzählte er bei solchen Gelegenheiten unaufgefordert: *„Wir haben doch alles richtig gemacht.“*

Martin Frühauf wurde 1996 vom französischen Außenminister zum Ritter der französischen Ehrenlegion geschlagen, und wie die Schweizer Presse einmal schrieb, wurde auch Jürgen Dormann im Jahre 2001 vom Staatspräsidenten Chirac persönlich in einer geheimen Feierstunde zum Offizier der französischen Ehrenlegion ernannt.

4. In der Neuen Welt erwachsen neue Probleme

4.1 Erwerb der Celanese und dessen Auswirkungen auf Hoechst

Mit der Celanese-Akquisition in 1986 wollte Hoechst sein Geschäft in USA kräftig erweitern. Ein Jahr zuvor, im Sommer 1985, war überlegt worden, die Firma Stauffer zu erwerben. Stauffer war eine Chemiefirma, die in weiten Teilen gut zu Hoechst gepasst hätte. Im Laufe von einigen Monaten hatte Hoechst bis zu 4,9 % der Aktien erworben, ohne dass der Aktienkurs angestiegen war. Diese Akquisition wurde auch von Hilger unterstützt, da Stauffer im Bereich der anorganischen Chemie, insbesondere der Phosphate, eine gute Stellung im amerikanischen Markt besaß. Als Hoechst den Aktienanteil erworben hatte, wurde ein Treffen mit dem CEO von Stauffer arrangiert. Diese Operation wurde streng geheimgehalten: Außer dem Vorstand wussten nur einige Mitarbeiter der Zentralen Direktionsabteilung, was geplant war. Bevor das Treffen stattfand, wurde Stauffer von Chesebrough-Ponds übernommen! Die beiden CEOs waren relativ schnell auf dem Golfplatz zu dem Ergebnis gekommen, dass es besser sei, wenn Chesebrough-Ponds die Stauffer-Aktivitäten übernehmen. Durch die Übernahme durch Chesebrough-Ponds stieg der Aktienkurs von Stauffer um über 30%, und dadurch hatte die missglückte Übernahme doch noch zu einem kleinen finanziellen Erfolg geführt.

Der Bereich Kunststoffe und Wachse, der damals von Dieter Cron geleitet wurde, begann zu dieser Zeit Gespräche mit der Celanese über eine erweiterte Zusammenarbeit auf dem Gebiet der Technischen Kunststoffe. Hoechst und Celanese betrieben eine gemeinsame Gesellschaft, TICONA, an der Hoechst 60 % hielt. Dieses Joint Venture wurde 1960 gegründet, wobei die Celanese ihre Technologie einbrachte. TICONA stellte Hostaform (Polyacetal) her, einen technischen Kunststoff, der in viele technische Anwendungen einfließt. Auch in Taiwan betrieben Hoechst und Celanese zusammen mit einem japanischen Partner ein Joint Venture. Die Celanese betrieb Anlagen in Texas. Der Geschäftsbereich Kunststoffe führte Gespräche mit dem Ziel, aus beiden Aktivitäten eine globale Geschäftseinheit zu entwickeln.

Diese Gespräche waren letztlich der Ursprung zu der Idee, die Celanese insgesamt zu übernehmen. Die Hoechster Aktivitäten wurden bisher in der American Hoechst betrieben, die damals von Dieter zur Loye geleitet wurde. Das Topmanagement bestand im Wesentlichen aus Deutschen, und man war übereinstimmend der Meinung, dass die Akquisition eine breitere Basis für weiteres Wachstum in den USA ermöglichen würde. Dazu gehört ein gutes amerikanisches Management-Team mit den besten technischen Anlagen. Die der Celanese waren im Wesentlichen Commodity-Anlagen für organische Rohstoffe sowie Fasern-Anlagen.

Die Verhandlungen dauerten fast ein Jahr. In dieser Zeit stieg der Aktienkurs der Celanese natürlich laufend. Nach dem Erwerb stellte Hoechst fest, dass die Celanese seit Jahren eigentlich nur auf Verkauf getrimmt worden war. Es war unterhalb der Abschreibungen investiert und auch die Forschung entsprechend reduziert worden. Allerdings waren viele interessante Projekte aufgesetzt, die den Anschein vermitteln sollten, dass es sich bei der Celanese um eine hochtechnische Gesellschaft handeln würde.

Beispielsweise hatte die Celanese ein Verfahren entwickelt, um spezifische Isomere an Aromaten herzustellen. Die Celanese-Manager, die über keinerlei Erfahrungen bezüglich der Aromaten-Chemie verfügten, investierten jedoch insgesamt über 50 Mio. US$ in dieses Verfahren. Hoechst hat eine Zeit lang geglaubt, dass man mit dieser Technologie einen gewissen Gegenpol zur Griesheimer Aromaten-Chemie aufbauen könne. Allen war klar, dass der Griesheimer Aromatenverbund mit all seinen Isomeren langfristig nicht wirtschaftlich arbeiten könnte. Fachleute, die in das Forschungszentrum nach Corpus Christi geschickt wurden, stellten jedoch bald fest, dass das Verfahren technisch zu kompliziert war und wirtschaftlich nicht durchzuführen sei. Einer von diesen Fachleuten, Heinz Schütte, der die gesamte Pharma-Produktion leitete, sagte Jürgen Dormann deutlich seine Meinung, nämlich, dass er von dieser Technologie nun gar nichts hielte. Er wurde 5 Jahre später in den vorzeitigen Ruhestand geschickt. Dormann hatte ihm nie verziehen, dass er das ach so tolle Verfahren der Amerikaner so schlechtgemacht hatte. Schütte sollte recht behalten; von der auf dem Papier entwickelten Chemie hat man später nie wieder etwas gehört.

Die Grundidee, die Technologie des Hoechst-Konzerns mit der amerikanischen Erfahrung und den amerikanischen Anlagen zu kombinieren und ein entsprechendes Amerika-Geschäft aufzubauen, war von vornherein gescheitert. Es durfte kein Bereich gemeinsam mit der Celanese Projekte entwickeln. Dormann fürchtete immer, dass die deutschen Manager zu viel Einfluss nehmen würden auf die Celanese, und er fasste das in einem Satz zusammen, den er einmal Dieter Cron sagte: *„Der Einfluss auf die Celanese endet in meinem Vorzimmer.“* Damit war also von vornherein klargestellt, dass es keine Integration zwischen der Hoechst AG und der Celanese geben würde.

Angestammte Hoechster Geschäftsbereiche, wie Pigmente, Zwischenprodukte, Tenside, Druckplatten, Elektronikchemikalien, Folien u. a. wurden von den neuen amerikanischen Managern vielfach nicht verstanden, weil diese im Umgang mit erklärungsbedürftigen Produkten keine Erfahrung und überdies in vielen Fällen eine schlechte Ausbildung hatten (Chemical Engineers). Die Leitungspositionen in den USA wurden dennoch schnell mit den Celanese-Managern besetzt, die teilweise erfahrene Experten auf dem Gebiet der Basischemikalien (Commodities) waren, aber das anspruchsvollere Geschäft mit chemischen Spezialitäten, das typisch für Hoechst war, nie beherrschten. Dieses Geschäft wurde dann auch systematisch in den USA zugrunde gerichtet.

Die Fasern-Aktivitäten von Hoechst und Celanese, die zusammen zu den größten der Welt gehörten, wurden nie richtig integriert. Das amerikanische Management weigerte sich beharrlich, den Namen „TREVIRA“ in den USA einzuführen.

Nachdem Dormann Vorstandsvorsitzender der Hoechst AG wurde, verlagerte sich die Entscheidungskompetenz immer mehr in die USA. Der letzte Bereichsleiter für den Fasernbereich, Bill Harris, ein ehemaliger Celanese-Manager und enger Freund von Ernie Drew, war dann derjenige, der letztlich den Geschäftsbereich Fasern zerschlug: 1997/98 wurden die Stapelfasern- und Filament-Aktivitäten in Europa mit dem Markenname TREVIRA an die Multicarsa nach Indonesien verkauft. Die Multicarsa war damals schon fast bankrott. Die einzigen, die gegen diesen Verkauf protestierten, war die Belegschaft des Faserwerkes in Portugal. Die Hochfest-Aktivitäten wurden an John Mansfield verkauft, die sich kurz danach in den Konkurs flüchteten. Die übrigen Fasern-Aktivitäten wurden von Koch-Saba erworben. Ein Joint Venture zwischen Hoechst und der Rhodia in Brasilien, das noch von Claudio Sonder betreut wurde, als er Landeschef der Hoechst do Brasil war, machte Verluste von ca. 70 Millionen Dollar. Die Fasern-Aktivitäten in Südafrika wurden erst im Jahre 2001 verkauft.

Bei den organischen Grundchemikalien gab es überhaupt keine Zusammenarbeit; sie wurden von Dallas aus gesteuert, und es gab keinerlei Kooperation mit dem Hoechster Geschäftsbereich.

Da sowohl das Fasern- als das Chemikalien-Geschäft regional getrennte Bereiche waren, war eine Kooperation auch nicht unbedingt notwendig. Allerdings hätte man das Geschäft erfolgreicher gestalten können, wenn auf beiden Seiten mehr guter Wille zu einer engeren Kooperation geführt hätte. Ernie Drew, der zu diesem Zeitpunkt CEO der Celanese wurde, hatte – unterstützt von Dormann – nur ein Ziel: immer zu beweisen, dass die amerikanischen Manager ihr Geschäft besser verstehen.

Bedenklicher wurde die Situation jedoch, als Dormann, damals Chairman der Hoechst-Celanese Corporation, darauf bestand, dass auch die Life Science-Aktivitäten zukünftig von einem ehemaligen Celanese-Manager in den USA geleitet werden sollten. Nach dem Ausscheiden von Hubert Hückel setzte er durch, dass Joe Patterson den gesamten Life Science-Bereich der Hoechst-Celanese Corporation im Vorstand betreute. Joe Patterson hatte seinen Weg aus dem Fasernbereich der Celanese heraus gemacht und keinerlei Verständnis und Erfahrung auf den Gebieten Pharma und Landwirtschaft mitgebracht.

Aus dem Bereich Landwirtschaft in Nordamerika konnte ihn der Bereichsleiter Gerhard Prante lange Zeit fernhalten. Gerhard Prante entwickelte schnell die Idee einer regionalen Business Unit Nordamerika, deren Leitung Maurice Delage übertragen wurde. Sie wurde aus Regina in Kanada heraus gesteuert. Dieses Geschäft entwickelte sich sehr erfolgreich. Auf ähnliche Weise gelang es, die Kollegen von Celanese aus dem Arbeitsgebiet Tiergesundheit herauszuhalten.

In den folgenden zwei Jahren wurden die Hoechster Arzneimittel in den USA immer mehr verkauft wie Commodities. Man kündigte im Herbst eine Preiserhöhung an, und die Großhändler konnten sich mit der Ware noch zu den alten Preisen eindecken. Dies führte dazu, dass in den ersten Monaten des folgenden Jahres überhaupt keine Pharmaverkäufe mehr stattfanden. Dieser Pipeline-Effekt hatte bis 1994/95 so weit eskaliert, dass die Hoechster Pharma-Bereichsleitung zu der Meinung kam, dass irgendwann einmal ein Jahr kommen würde, in dem Hoechst überhaupt keine Arzneimittel in den USA verkauft. Diese Situation führte dann schließlich dazu, dass Hoechst in den USA einen Pharma-Partner brauchte. Rückblickend ist festzustellen, dass der Erwerb von Marion-Merrell-Dow, über den noch getrennt zu berichten sein wird, die logische Konsequenz des Herunterwirtschaftens der H-RPI war. Diese Misswirtschaft führte dazu, dass Marion-Merrell-Dow gekauft wurde, womit nochmals sieben Milliarden Dollar vernichtet wurden.

Bei der Due Diligence zum Celanese-Erwerb wurde festgestellt, dass bei einigen Häusern in Texas Schäden am Wasserleitungssystem aufgetreten waren. Diese führten dazu, dass Wände nass wurden und teilweise ausgetauscht werden mussten. Die Ursache waren defekte Anschlüsse von technischen Kunststoffen, mit denen die Wasserleitungsrohre verbunden wurden. Bei der Due Diligence kam zum Ausdruck, dass es sich dabei um einen Schaden von ca. 10 Mio. US$ handeln könnte. Im Laufe der nächsten Jahre trat bei immer mehr Häusern (einige Tausende) der Schaden auf. Schließlich betrug er über 1 Mrd. US$, der vom Hoechst-Konzern getragen werden musste.

Nachdem Martin Frühauf 1994 Finanzvorstand der Hoechst AG wurde, ließ er von der Betriebswirtschaftlichen Abteilung einmal das Hoechster Engagement seit 1986 in den USA berechnen und stellte 2- oder 3-mal in den Vorstandssitzungen genüsslich fest, dass die Akquisition von Celanese eigentlich ein Flop gewesen sei. Er war zu dem Zeitpunkt der einzige, der mit viel Freude und Lust Dormann gelegentlich widersprach. In seiner Zeit als Finanzvorstand ließ er einmal das Geschäft in den USA untersuchen und kam zu dem Schluss, dass Hoechst seit der Akquisition der Celanese 1986 in USA immer nur Geld verloren hätte und sich alle Investitionen, aber auch Akquisitionen wie die Celanese, nicht gerechnet hätten.

Dormann sieht das aus gutem Grund ganz anders: *„USA, das war der Wachstumsmarkt. Zu der Zeit wurden auch in Amerika die besten Renditen erzielt. Sie müssen das Jahr 1 oder 2 nach dem Celanese-Erwerb angucken, da kamen 40 % des Ertrages aus der Celanese.“*

Rückblickend kann man feststellen, so ein Insider, dass der Keim für den Niedergang von Hoechst in dem Erwerb der Celanese in 1986, genauer: in der dilettantischen Integration der Akquisition, gelegen hat. Auch viele Formen der Kooperation wurden vom damals zuständigen Regional-Vorstand Dormann verhindert oder hintertrieben.

4.2 Der Erwerb von Copley

Im Pharmageschäft gibt es keine wirtschaftlichen Zyklen: Der Konsum von Arzneimitteln ist in der Regel konstant, abgesehen von einem erhöhten Bedarf bei einem gelegentlichen Ausbruch von Seuchen. In einem solchen Fall kann dann die Nachfrage nach dem einen oder anderen Produkt stärker ausfallen. Warum aber sollte jemand, der unter Bluthochdruck leidet, plötzlich zwei statt einer Tablette am Tag schlucken? Da die Pharmapreise permanent unter erheblichem staatlichem Druck stehen, kann man das Ertragsniveau immer nur durch Einführung von neuen innovativen Präparaten halten. Dies wiederum setzt eine erfolgreiche Pharmaforschung voraus. Bei sinkenden Verkaufserlösen kann man seinen Gewinn theoretisch halten, wenn man entsprechend mehr verkauft. Da die Nachfrage, wie oben erwähnt, jedoch relativ konstant ist, kann man nur eine bestimmte Menge von Arzneimitteln in den Markt drücken, d. h. die Distributions-Pipeline füllen.

Als Bill Clinton 1991 Präsident wurde, versprach er eine umfassende Reform des Gesundheitswesens in den USA. Mit dieser herausragenden Aufgabe betraute er seine Frau. Die Pharma-Industrie verstand dies als ein Zeichen, dass Clinton alles daran setzen würde, um ein Scheitern der Reform zu verhindern. Eine der Kernaussagen der Reform sollten die Programme *Medicare* und *Medicaid* sein. Darüber hinaus sollten die amerikanischen Patienten auch stärker mit generischen Arzneimitteln versorgt werden.

Die Pharmazeutische Industrie war geschockt. Die relativ hohen Arzneimittelpreise in den USA, Europa und Japan dienten insbesondere zur Finanzierung der Forschung und Entwicklung von neuen Präparaten. Die Kosten für die Entwicklung eines neuen Arzneimittelwirkstoffes bewegten sich damals in der Größenordnung von 500 Mio. DM. Es war das zentrale Argument der Pharmaindustrie, dass die Arzneimittelpreise von Originalpräparaten während der Patentlaufzeit entsprechend hoch sein müssten. Bei einer starken Konkurrenz von Generika brachen nach Ablauf des Patentschutzes die Preise sofort ein, und man konnte in der Folgezeit mit diesen Präparaten kein Geld mehr verdienen bzw. nicht mehr die hohen Aufwendungen für Forschung und Entwicklung finanzieren. Die Pharmafirmen reagierten verschieden: Manche erwarben Verteilerorganisationen, um den nächsten Schritt der Wertschöpfungskette kontrollieren zu können; andere erwarben Generikahersteller, um ein paralleles Geschäft zu Originalpräparaten aufzubauen.

Bei der Celanese war inzwischen Joe Patterson für das Life Science-Geschäft, d. h. für Pharma und Landwirtschaft, zuständig geworden. Als ehemaliger Fasernmanager glaubte er, dass die Celanese eine besondere Erfahrung im Managen von sogenannten Commodities wie Kunststoffen, Fasern und Chemikalien habe. Er war überzeugt, die gleichen Mechanismen für den Vertrieb von Generika anwenden zu können. Dormann bat die Celanese, Ausschau nach einem Generikahersteller zu halten, der parallel zu dem Hoechster Pharmageschäft, das in der H-RPI zusammengefasst war, ein Generikageschäft in den USA entwickeln sollte. Umfangreiche

Studien führten dann schließlich dazu, dass man sich für den Erwerb von Copley entschied.

Copley Pharmaceuticals war Anfang der 80er-Jahre von Jane Hirsh und ihrem Mann Mark Hirsh gegründet worden. Sie hatten 1992 einen Umsatz von ca. 50 Mio. US$. Die Produktion befand sich in einem alten Gebäude, und man war gerade dabei, in ein neues Produktionsgebäude umzuziehen. Der Standort des Unternehmens war in Providence/Rhode Island. Copley war an der Börse notiert, und während die einzelnen Gespräche begannen, stieg der Kurs unaufhörlich.

Im Hoechster Vorstand gab es viele Widerstände gegen den Erwerb von Copley; denn inzwischen war der Kaufpreis für eine 51%ige Beteiligung an Copley auf über 500 Mio. US$ angestiegen. Die dringendsten Fragen hatte man bezüglich des Zustandes der technischen Anlagen. Einige Jahre zuvor hatten die amerikanischen Generikahersteller große Probleme, da einige von ihnen in sogenannte „generics scandals" verwickelt gewesen sind. Die Anlagen, in denen die Generika hergestellt worden waren, entsprachen nicht den GMP-Bedingungen, und es kam zu Verunreinigungen der Arzneimittel. Manche Anlagen mussten auch geschlossen werden.

Der Erwerb von Copley war ein Nordamerika-Projekt und wurde vor allem von Dormann und Drew betrieben. Der Pharmabereich in Hoechst wurde in die Verhandlungen und in den Due Diligence-Prozess nicht eingeschaltet, sogar bewusst davon ferngehalten. Das Management des Geschäftsbereiches Pharma war gegen das Projekt. Im Oktober 1993 stimmte dann letztendlich der Pharmabereich dem Projekt unter der Bedingung zu, dass der technische Zustand der Anlagen in Ordnung sei und keine späteren Probleme daraus resultieren könnten!

Das wurde von Dormann im Vorstand bestätigt und auch festgehalten. Jürgen Dormann soll auf dieser Vorstandssitzung gesagt haben, dass er die volle Verantwortung übernehmen würde, wenn das Projekt schiefginge. Copley sei seiner Meinung nach der richtige Schritt, um den amerikanischen Markt in Zukunft besser bearbeiten zu können.

Das Unglück nahm dann seinen Lauf. Einige Wochen später erschütterte der sogenannte „Albuterol-Skandal" Copley. Es stellte sich heraus, dass in einem Arzneimittelspray Verunreinigungen waren, die vor allem bei Kindern in den USA zu tödlichen Nebenwirkungen geführt hatten. Es war das eingetreten, was viele bei Hoechst befürchtet hatten, nämlich dass aufgrund der schlechten technischen Produktion cross contaminations entstehen würden. Der Kurs der Copley-Aktie brach ein, und die ganze Firma war damit beschäftigt, den entstandenen Schaden zu bewältigen. Man konnte sich kaum um neue Zulassungen kümmern.

Zwei Jahre später, als Karl Engels dann CEO der Hoechst Celanese war und Ernie Drew im Vorstand der Hoechst AG saß, stellte sich heraus, dass die Due Diligence-Berichte, in denen die Probleme beschrieben waren, von der Rechtsabteilung der Hoechst Celanese unterdrückt worden waren. Sie wurden später dem Vorstand zur Kenntnis gegeben, aber kein Vorstand wollte sich dazu äußern.

Dormann: *„Was ist denn Copley? Da haben wir 500 Millionen Dollar ausgegeben, ja. Rausgeschmissen. Fein, einverstanden. Das war eine Fehlentscheidung. Drew hing aber nicht persönlich drin. Überhaupt nicht. Die Entscheidung Copley zu kaufen – da übernehme ich die Verantwortung. Das war ein Fehler. Sie müssen es nur in Relation bringen. Copley ist eine kleine Firma mit 100 Millionen Dollar Umsatz oder so gewesen."*

Das ganze Abenteuer Copley dürfte die Hoechst AG also mindestens 1 Mrd. DM gekostet haben. Die Sache war im Wesentlichen betrieben von zwei Leuten, nämlich Drew und Dormann: Der eine wollte beweisen, dass man auch in den USA ein gutes Generikageschäft entwickeln kann, wenn man es betreibt wie ein Commodity-Geschäft für Chemikalien, und der andere wollte zeigen, wie man das Image des Konzerns verbessern könnte, indem man im Pharmageschäft eines forschenden Arzneimittel-Unternehmens vorausschauend und visionär ein Generika-Geschäft ansiedelt. Das war im Prinzip richtig, wie später andere Pharmakonzerne gezeigt haben. Die Übernahme von Copley war allerdings Dilettantismus pur. Copley wurde im Jahr 2000 verkauft.

4.3 Die Hoechst-Roussel Pharmaceuticals Inc. (H-RPI)

Das Pharmageschäft in Amerika wurde über die gemeinsame Gesellschaft von Hoechst und Roussel Uclaf, die Hoechst-Roussel Pharmaceuticals Inc. (H-RPI), unter der Leitung von Dr. Hubert Hückel geführt. Die H-RPI war ein 50:50-Joint Venture zwischen Hoechst und Roussel. Alle Entscheidungen wurden in einem Verwaltungsrat getroffen, der paritätisch besetzt war. Darüber hinaus betonte die H-RPI immer wieder, dass sie ein eigenständiges amerikanisches Unternehmen sei und deswegen in besonderer Weise nicht von ihren Eigentümern, nämlich der Hoechst AG und der Roussel Uclaf S.A., dominiert werden dürfe. Die H-RPI verfügte über eine eigene Forschung und Entwicklungsabteilung und sollte eigentlich der verlängerte Arm von Hoechst und Roussel in den USA sein. Die Grundidee war, dass Produkte, die in den Laboratorien der Hoechst AG und der Roussel Uclaf S.A. entdeckt worden sind, von der H-RPI für den amerikanischen Markt entwickelt werden sollten. Da die Zulassung der Produkte durch die Federal Drug Administration (FDA) für den weltweiten Erfolg besonders wichtig war, kam der H-RPI eine Schlüsselstellung zu. Produkte, die jedoch in Hoechst oder in Paris entwickelt worden waren, wurden in aller Regel natürlich auch in Europa produziert. Diese wurden dann zu Transferpreisen an die H-RPI abgegeben und auf dem amerikanischen Markt verkauft. Die H-RPI setzte alles daran, um eigene Produkte zu entwickeln, die sie dann in ihren nordamerikanischen Anlagen auch produzieren wollte. Die H-RPI verfügte über wenig Grundlagenforschung, aber über eine gute klinische Entwicklung, weil hier die klinischen Daten für die FDA-Zulassung erarbeitet werden mussten.

Ein Fasernforscher übernimmt das Pharma-Management

Als es um die Nachfolge von Hubert Hückel ging, bestand Dormann darauf, dass das Management der Hoechst Celanese entsprechend eingebunden wurde. Sehr bald kam er mit dem Vorschlag, dass jetzt einmal ein Nicht-Pharmamanager die H-RPI leiten sollte. Durch Joe Patterson ließ Dormann Jack Herdklotz vorschlagen, der bisher Leiter der Fasernforschung in der Celanese gewesen war. Jack Herdklotz war ein äußerst sympathischer Mann, der natürlich vom Pharmageschäft keine Ahnung hatte. Entsprechend der Hoechster Matrix-Organisation hatte der Regionalvorstand Dormann eine entscheidende Rolle bei der Besetzung, und so wurde ein total unerfahrener Fasern-Forscher der Hoechster Pharma-Chef in den USA.

Allerdings sollte er Gelegenheit erhalten, sich in Deutschland mit den Spezifika des Pharmageschäfts vertraut zu machen. Die Leitung der Geschäftseinheit Vasotherapeutika in Wiesbaden war neu zu besetzen, und Jack Herdklotz übernahm diese Position, Der äußerst sympathische und angenehme Jack Herdklotz kam auch sofort nach Deutschland, um sich über den Zeitraum von 1–2 Jahren in den Pharmabereich einzuarbeiten. Er wurde auf diese Weise auch Mitglied im Managementteam des Geschäftsbereichs Pharma und war ein geschätzter Kollege, obwohl er keinen Beitrag zum Geschäft leisten konnte. Leider entwickelten sich bei seiner Frau gesundheitliche Probleme, sodass sein Aufenthalt in Deutschland von persönlichen bzw. familiären Problemen überschattet war.

Joe Patterson übernahm im Vorstand der Hoechst Celanese das gesamte Arbeitsgebiet Life Science, als Hubert Hückel in Pension ging, und Jack Herdklotz wurde zum Leiter der H-RPI ernannt. Joe Patterson kam ebenfalls aus dem Faserngeschäft der Celanese und verstand weder etwas vom Pharma- noch vom Agrogeschäft. Bei dem Agrogeschäft konnte er keinen Einfluss ausüben, denn dieses wurde von Gerhard Prante global betreut, und das Nordamerika-Geschäft wurde von Maurice Delage aus Regina/Kanada hervorragend geleitet.

In der wundersamen Welt eines großen Konzerns waren also plötzlich zwei Fasernforscher für das Pharmageschäft im größten Pharmamarkt der Welt zuständig.

Die Business Unit ZNS

Die H-RPI setzte es dann durch, dass ein Forschungsprogramm auch für das Zentrale Nervensystem (ZNS) aufgelegt wurde. Im Rahmen der Business Unit-Organisation des Pharmabereiches entstand so in Bridgewater in New Jersey die Business Unit ZNS. Die H-RPI glaubte, ein Molekül zu haben, das sich zur Behandlung der Alzheimer-Krankheit eignet. Dieses Produkt wurde *Mentane* genannt und war der Hoffnungsträger der H-RPI. Obwohl Unsummen von Geld über mehrere Jahre in die klinische Entwicklung gesteckt wurden, gelang es nie, einen überzeugenden

Beweis für die Wirksamkeit zu finden. Der Versuch, *Mentane* und/oder ähnliche Produkte für die Behandlung von Störungen im Zentralen Nervensystem zu entwickeln, wurde von vielen Fachkollegen in Frankfurt und Paris nur belächelt. Es gab keine signifikanten Ergebnisse; allerdings wurde jede kleinste Wirkung, die sich bei einem Patienten zeigte, bei der H-RPI als großer Erfolg vermeldet. Da die H-RPI den größten Teil ihrer finanziellen Ressourcen für die Entwicklung von *Mentane* einsetzte, litten darunter die Entwicklungsprodukte der Hoechst AG und der Roussel Uclaf S.A.

Es gab bei den wichtigen Hoechst- und Roussel-Produkten immer wieder Verzögerungen, weil klinische Daten bei der H-RPI nicht rechtzeitig bearbeitet oder teilweise falsche Unterlagen bei der FDA eingereicht worden waren. Der Pharmabereich hatte oft das Gefühl, dass die H-RPI eigentlich kein Interesse hatte, die Produkte ihrer Mutterfirmen zu entwickeln. Dieser Effekt wurde natürlich noch verstärkt, als Jack Herdklotz die Leitung der H-RPI und zugleich der Business Unit ZNS übernahm und auch Joe Patterson immer wieder gerne über das Wundermolekül *Mentane* referierte. Die Entwicklung für ein erfolgversprechendes Antibiotikum wurde so schlecht bearbeitet, dass die Weiterentwicklung eingestellt wurde, weil man keine Chance auf eine Zulassung bei der FDA sah.

Der Generikamarkt in den USA und volle Distributions-Pipelines

Die Pharma-Distributions-Pipeline der H-RPI war bis Ende 1993 wohl gefüllt, und im Herbst 1994 merkte der Geschäftsbereich, dass dieser sogenannte „Pipeline-Effekt“ in dem nordamerikanischen Pharmageschäft immer größer wurde. Dieser Pipeline-Effekt war eine besondere Art des amerikanischen Geschäftes. Die Großhändler bekamen im Frühjahr oder Sommer mitgeteilt, dass man plane, mit Beginn des folgenden Jahres die Preise zu erhöhen. Sie hatten jedoch die Möglichkeit, Arzneimittel noch zum alten Preis zu kaufen, was sie dann auch taten. Das führte dazu, dass viele Großhändler immer schon im Herbst große Mengen für das folgende Jahr kauften. 1994 verkaufte die H-RPI so viel Ware zu niedrigen Preisen, dass, wie der Verkaufsleiter einmal sagte, man 1995 eigentlich die Anlagen gar nicht anzufahren brauche. Den Verantwortlichen im Pharmabereich war klar, dass in den nächsten 1–2 Jahren die Blase platzen würde.

Unter der Leitung von Joe Patterson und Jack Herdklotz wurde dieser Effekt noch verstärkt, da sie gewohnt waren, Commodities wie Fasern und Fasernrohstoffe zu verkaufen. Im Commodity-Geschäft gibt es eine einfache Regel: Je niedriger der Preis ist, desto mehr kann man verkaufen. Ein richtiges Commoditygeschäft zeichnet sich dadurch aus, dass man auch unter schlechtesten Marktbedingungen kaum Geld verliert. Diese Kunst beherrschte die Celanese zweifellos. Ihre Chemieanlagen waren einfach und wenig personalintensiv. Auch in Zeiten einer Rezession hat die Celanese normalerweise bei ihren Commodityprodukten kein Geld verloren. In wirtschaftlichen Boomzeiten konnte man dann natürlich mit diesen kostengünstigen Anlagen sehr viel Geld verdienen. Um 1990 herum stieg durch den Einsatz von Methanol in Benzin, hervorgerufen durch eine Gesetzesänderung in Kalifornien, die Nachfrage nach Methanol sprungartig an. Die Preise für Methanol schnellten in die Höhe, und plötzlich war das Methanol der größte Gewinnbringer im Hoechst-Konzern.

Fusionsüberlegungen

Spätestens Anfang 1994 war klar, dass das Pharmageschäft in Nordamerika nicht mehr eigenständig existieren konnte: Die Vorrats-Pipeline war über Monate hinaus verstopft, Ressourcen wurden für eine sinnlose Forschung auf dem Gebiet des Zentralen Nervensystems vergeudet, und das Einführen neuer Hoechst- und Roussel-Produkte wurde durch mangelndes Engagement verzögert. Also musste eine Lösung gefunden werden. Dies war nicht nur Hoechst, sondern auch der Konkurrenz und einigen kleineren amerikanischen Pharmafirmen bewusst, die nur darauf warteten, übernommen zu werden. Jeder wusste, dass Hoechst ein Problem hier hatte, das eigentlich nur durch eine Akquisition gelöst werden konnte.

Als Erstes wurde festgestellt, dass man in Nordamerika über eine stärkere Vertriebsorganisation verfügen müsse, um dort entsprechend mehr Produkte verkaufen zu können. Es war Hoechst Anfang der 90er-Jahre nicht gelungen, mit einer größeren Vertriebsmannschaft den Markt besser zu bedienen. Wenn man die Marge nicht halten kann, muss man die Kosten reduzieren, um das Ergebnis zu behaupten.

Diese Überlegungen waren im Grunde genommen nicht neu. Schon die im Vorstand der Hoechst AG für die Pharma zuständigen Wolfgang von Pölnitz und dann Hansgeorg Gareis waren Ende der 70iger-/Anfang der 80er-Jahre bemüht, das Hoechster Pharmageschäft mit einer amerikanischen Firma zu liieren. Man hatte schon 1979 Kontakt zu einer Firma namens Marion aufgenommen, die wenige Jahre zuvor in Kansas gegründet worden war. Marion entwickelte sich in der kommenden Zeit recht gut und wurde schließlich von Dow übernommen und unter dem Namen Marion-Merrell-Dow weitergeführt. Dow hatte einen Anteil von 75 % an dieser Firma.

Im Sommer 1994 führte eine Untersuchung zu dem Ergebnis, dass drei Firmen potenzielle Übernahmekandidaten seien:

UPJOHN in Kalamazoo/Michigan
SYNTEX in Palo Alto/Kalifornien
MARION-MERREL-DOW in Kansas City/Kansas

Wunschkandidat von Hoechst für eine Fusion schon zu einem früheren Zeitpunkt war die Firma Upjohn. Upjohn hatte einen Umsatz von 2–3 Mrd. Dollar und verfügte über eine gute Forschung. Hoechst hatte mit Upjohn verschiedene gemeinsame Entwicklungs- und Marketingprojekte. Ein wesentlicher Aktionär der Firma war die Familie Parfet, die immer noch einen starken Einfluss im Verwaltungsrat hat. Angeblich soll Parfet sen. einmal sehr verärgert über einen Hoechster Vorstand (wahrscheinlich war es Hansgeorg Gareis) gewesen sein, sodass das Verhältnis zu Hoechst unterkühlt war.

Dormann: *„Aber Upjohn stand nicht zum Verkauf. Das hat keiner getestet. Ja, worüber reden wir dann, wenn es keiner probiert hat. Das ist doch Geschwätz."*

Gerhard Prante, Leiter des Geschäftsbereichs Landwirtschaft, später Chef der AgrEvo, konnte die Lage etwas differenzierter einschätzen:

Für meine Begriffe war der erste große Sargnagel für den Untergang von Hoechst die Akquisition der Celanese. Da hat Hoechst sich auf die Chemie festgelegt, zuvor Stauffer nicht übernommen, für Upjohn war kein Geld mehr da. Upjohn hätte auch ich gerne gehabt wegen der Saatgut- und Biotechnologiegeschichte damals. Das wäre auch für die Pharma gut gewesen. Das war der erste Sargnagel. Und der zweite nach der Akquisition der Celanese die unglaubliche Amerikanisierung von Hoechst.

Tatsächlich gab es 1991/1992 mehrmals Kontakte zu Upjohn. Leider verliefen alle Gespräche im Sande. Upjohn wurde schließlich im Juni 1995 von der Pharmacia AB Schweden übernommen. Der Wert des Aktientausches belief sich auf 7 Mrd. US$. Prante: *„Es liegt eine gewisse Ironie der Geschichte darin, dass auf der einen Seite der Erwerb eines so potenten Unternehmens wie Upjohn, sprich die Stärkung der Schiene Pharma/Landwirtschaft, an dem Erwerb der Chemiefirma Celanese scheiterte, die von Dormann betrieben war, während er später das Unternehmen auf Life Science ausrichten wollte."*

Syntex hatte zu diesem Zeitpunkt einen zu hohen Börsenwert und war damit zu teuer. Syntex wurde dann kurz darauf von der Roche Holding für 5,3 Mrd. $ übernommen. Zu Upjohn war das Verhältnis gespannt, und von Dow wusste man, dass sie sich von ihrem Pharmageschäft in Form von Marion-Merrel-Dow trennen wollte.

4.4 Die Akquisition von Marion-Merrell-Dow

Anfang der 80iger-Jahre machte der damalige Pharma-Bereichsleiter Hansgeorg Gareis den Vorschlag, eine kleine amerikanische Pharmafirma mit dem Namen Marion Laboratories mit Sitz in Kansas City zu erwerben. Marion gehörte einer Familie und hatte sich gut entwickelt. Sie verdiente viel Geld, und der Eigentümer finanzierte sogar sein eigenes Football Team. In Hoechst konnte sich damals niemand mit dem Gedanken anfreunden, viel Geld für eine kleine Pharmafirma auszugeben, die über keine Forschung verfügte, jedoch im Markt mit gutem Marketing erfolgreich war. 1989 übernahm Dow die Aktienmehrheit an Marion, weil sie in das profitversprechende Pharmageschäft einsteigen wollten. Seit 1993 vollzog sich bei Dow eine Strategieänderung, und das Management ließ durchblicken, dass man wohl bereit sei, sich von dem Pharmageschäft, das seit der Akquisition Marion-Merrell-Dow hieß, zu trennen. Da MMD nach wie vor keine gute Forschung hatte, hatten die großen amerikanischen Pharmakonzerne an MMD kein Interesse. Letztlich war die Firma nur für einen Erwerber geeignet, der einen kompetenten Vertriebs- und Entwicklungspartner für den amerikanischen Markt brauchte. Also schauten die Investmentbanker nach Hoechst: Es war bekannt, dass Hoechst immer mehr Schwierigkeiten in den USA bekam und eine bessere Organisation brauchte. 1994 begannen dann bei Hoechst Überlegungen zu einem Erwerb.

Der Aktienkurs von Marion-Merrell-Dow lag im Sommer 1994 bei 14 $ pro Aktie. Dies entsprach einem Firmenwert von 3,5 bis 4 Mrd. $. Es war dies eine Größenordnung, die sich Hoechst leisten konnte. Die Gerüchte wurden immer stärker, dass Hoechst irgendwann Marion-Merrell-Dow übernehmen würde oder, wie die Experten meinten, übernehmen müsse. Im Sommer 1994 begannen erste Gespräche mit dem Management von Dow. Zu Beginn des Jahres 1995 hatte sich die Situation bei der H-RPI natürlich nicht verbessert, und die Gespräche mit Dow wurden wieder aufgenommen. Der Kurs von Marion-Merrell-Dow lag inzwischen bei 22/23 $ pro Aktie. Letztlich erwarb Hoechst MMD zu einem Preis von 7,5 Mrd. $ (27,25 $ pro Aktie).

Die endgültigen Verkaufsverhandlungen fanden zwischen dem 13. und 15. Februar 1995 in einem Hotel in New York statt. Vom Hoechster Vorstand nahmen Frühauf und Seifert teil, von der Hoechst Celanese Schmieder und Drew. Dow wurde vertreten von Bill Stravropoulos, dem CEO, und seinem CFO. Das Management von Marion Merrell Dow war nicht anwesend und wurde am nächsten Tag ins Bild gesetzt. Frühauf und Seifert informierten nach ihrer Rückkehr aus New York den Hoechster Vorstand über das Verhandlungsergebnis. Anschließend flogen Seifert und der Pharma-Bereichsleiter Jean-Pierre Godard wieder in die USA, um sich mit dem Management von MMD, Fred Lyons und Richard Markham, zu treffen. Sie vereinbarten eine grundsätzliche Fusion mit Hoechst und Roussel zu einem neuen Giganten: Hoechst-Marion-Roussel. Dieses Treffen fand ohne die Teilnahme von Ernie Drew statt, der ohnehin keinen Beitrag dazu hätte leisten können. Der war darüber so verletzt, dass er von da an alles tat, um die Fusion zu erschweren.

Jürgen Dormann war erst vom 22.–24. Mai 1995 in Kansas City, d. h. fast 3 Monate, nachdem man sich bezüglich des Erwerbs geeinigt hatte. Bis dahin hatte er Ernie Drew eine unglückselige Rolle spielen lassen: Er machte das Hoechster Management schlecht, wo er nur konnte.

Ohne dass es zugegeben wurde, wusste man bei Hoechst schon, dass Hoechst für 7,5 Mrd. $ eine Firma gekauft hatte, die noch nie ein eigenes Produkt entwickelt hatte. Die Stärke von Marion-Merrell-Dow lag in der Entwicklung und Vermarktung von Lizenzprodukten. Man hatte ein Produkt gegen Allergien, *Allegra*, zu einem Blockbuster entwickelt. In mehreren Forschungsstätten wurden unzählige Projekte bearbeitet und sinnlos Ressourcen verschleudert, und dies eigentlich nur, um die Firma für einen Verkauf zu schmücken: „Wir haben eine starke Forschung, wir sind innovativ!“, so Marion Merell Dow.

Due Diligence

Im Rahmen der Due Diligence wurde relativ schnell festgestellt, dass die allermeisten Forschungsprojekte bei MMD nicht substanziell waren. Es wurden teilweise alte Projekte bearbeitet, die bei Hoechst und anderen Pharmafirmen schon seit Jahren eingestellt worden waren, oder es wurde an Ansätzen geforscht, denen man sowieso keine Chance gegeben hatte. Leider wurde nach der Akquisition auf Druck der Marion-Manager, unterstützt durch Dormann, ein Wettbewerb der Forschungsprojekte gestartet: Jeder Forscher musste seine Projekte präsentieren. Dieser Prozess dauerte ca. sechs Monate und hat die teure Pharma Forschung gelähmt. Ein Komitee entschied danach über die Prioritäten: Die neue gemeinsame Forschungs-Pipeline bestand zu 92 % aus Hoechst-, 5 % Roussel Uclaf- und 3 % aus Marion-Projekten. Beinahe wäre auch ein modernes langwirkendes Insulin-Präparat, Lantus, diesem Auswahl-Prozess zum Opfer gefallen. Lantus erzielte im Jahre 2008 einen Umsatz von über 2,5 Mrd.

Im technischen Bereich überraschte das Untersuchungsergebnis der italienischen Fertigungsanlage in Anagni in der Nähe von Rom. Die Mitarbeiter aus der Hoechster Pharmaproduktion fanden beim Besuch dieser Anlage sehr schnell heraus, dass die Produktionsprotokolle gefälscht waren und nicht den GMP-Vorschriften entsprachen. Als sie die italienischen Mitarbeiter auf diesen Umstand aufmerksam machten, gaben diese den Missstand unumwunden zu. Sie beriefen sich aber darauf, dass sie ihren Vorgesetzten Christian Ertle in Kansas City darauf hingewiesen hätten, dass die Unterlagen nicht in Ordnung seien. Sie würden befürchten, dass die Hoechster Pharma-Experten dies sofort bemerkten. Allerdings hätten sie die klare Anweisung von Ertle aus Kansas City bekommen, alles zu unternehmen, damit das Hoechster Due Diligence-Team diese Fälschungen nicht findet.

Das MMD-Management

In den Pressemitteilungen und Belegschaftsinformationen wurde immer Wert darauf gelegt zu betonen, wie wichtig es sei, das Management für diese Transaktion zu gewinnen. Es war das Ziel, alle Manager bis auf den CEO zu behalten:

Fred W. Lyons, Jahrgang 1936, war Direktor seit 1971, Chairman und Chief Executive Officer seit Januar 1989. Er war Mitglied des Board of Directors von Dow seit 1991. Er war ein äußerst vermögender Mann, der natürlich in Kansas City eine bedeutende Rolle spielte. Aber was ist schon Kansas City im Vergleich mit dem Glamour der großen Städte an der Ostküste. Lyons war Mittelmaß, hatte jedoch das Glück gehabt, die Leitung der kleinen Pharmafirma Marion zu übernehmen, die dann für viel Geld von Dow erworben wurde.

Frank L. Douglas, Jahrgang 1944, war in British Guyana geboren und hatte eine britische Ausbildung. Von 1988 bis 1992 war er Senior Vice-President und Director of Research der Ciba-Geigy. Seit 1992 war er Executive Vice-President der Firma für Forschung und Entwicklung. Er war ein sympathischer Mann, der allerdings, wie sich später herausstellte, keine glückliche Hand bei der Entwicklung von neuen Produkten hatte.

Eigentlich war allen Beteiligten von Anfang an klar, dass die Forschungs-Pipeline von MMD sehr dürftig war. Douglas war von sich recht überzeugt, zumal er eine außerordentlich erfolgreiche Karriere gemacht hatte. In der dann folgenden Diskussion beanspruchte MMD natürlich, Forschung und Klinische Entwicklung unter Frank Douglas zusammenzuführen. Dieses wurde jedoch verhindert. Frank L. Douglas wurde also Forschungsleiter, und er sollte mehrere unproduktive Forschungsstandorte von MMD schließen. Dazu gehörten zwei Standorte in den USA und ein großer Standort in Italien.

Die besten Mitarbeiter in der Pharmaforschung waren bald von ihm demotiviert, einige verließen das Unternehmen. Nach zwei, drei Jahren hatte sich herausgestellt, dass er nicht der Star war, wie viele glaubten, und er erhielt den Spitznamen „Frank Drugless". Von den Mitarbeitern konnten viele von Douglas durchgeführte organisatorische Veränderungen nicht nachvollzogen werden. Der nicht erfolgreiche Pharmaforscher Douglas blieb auch bei Hoechst-Marion-Roussel glücklos, und die einst verheißungsvolle Pipeline der Hoechster Pharmaforscher wurde nach der Übernahme von MMD bis hin zu Aventis Pharmaceuticals immer leerer. Douglas wurde immer von Richard Markham unterstützt, und der Hoechster Vorstand sowie später auch der Aventis-Vorstand waren nicht in der Lage, hier eine Änderung herbeizuführen.

Judith A. Hemberger, Jahrgang 1948: Seit sie 1979 in die Firma eintrat, hatte sie verschiedene Positionen in klinischer Forschung, wissenschaftlicher Kommunikation und Ausbildung inne. Seit 1994 Vice-President, Global Medical Affairs and Commercial Development sowie Advisory Director. 1993 und 1994 Direktorin. Von 1992 bis 1994 Vice-President Global Regulatory und Medical Affairs. Von 1986 bis 1992 Vice-President, Regulatory Affairs und Scientific Communications. Sie war laut Fred Lyons eine überaus gute Managerin, und er kämpfte darum, dass sie in der neuen Organisation eine herausragende Position bekam. Tatsächlich wurde bald festgestellt, dass sie von mäßigem Talent war, und man konnte verhindern, dass sie in eine weitere Führungsposition aufrückte. Sie verließ dann ziemlich schnell das Unternehmen. Für Jürgen Dormann war das wieder ein Beispiel dafür, dass die so vortrefflichen Leute von MMD nicht integriert werden konnten. Es hielten sich hartnäckig Gerüchte auf der MMD-Seite, dass Judith Hemberger ein Verhältnis mit Fred Lyons habe.

Peter W. Ladell, Jahrgang 1944, war President von Marion-Merrell-Dow. Zuvor, von 1992 bis Mai 1993, war er President von Marion-Merrell-Dow International und davor, bis 1991, President von Marion-Merrell-Dow Europe. Davor wiederum, von 1990 bis 1991, war er Vice-President von Marion-Merrell-Dow International und von 1987 bis 1990 Vice-President des Marketing von Marion-Merrell-Dow Europe. Er war ein gebürtiger Kanadier und machte von allen MMD-Managern noch den besten Eindruck, weil er als einziger eine gewisse internationale Erfahrung besaß.

Christian M. Ertle, Jahrgang 1948, war Vice-President Global Operations seit 1992. Von 1973 bis 1991 bekleidete er zahlreiche technische und Management-Positionen bei Dow. Er war ein Chemieingenieur, der von der Produktion von Pharmachemikalien nichts verstand. Gleichwohl wurde er von Fred Lyons mit Unterstützung von Jürgen Dormann und Ernie Drew für die Position des global verantwortlichen Produktionsleiters der neuen Pharmasparte vorgeschlagen. Das konnte verhindert werden. Auch er verließ das Unternehmen, wieder ein vermeintliches Beispiel dafür, dass die neuen Kollegen hinausgeekelt wurden.

Richard J. Markham, Jahrgang 1951, war seit 1993 Direktor, seit 1994 President und Chief Operating Officer der Firma. Davor war er, 1991 und 1992, Senior Vice-President und dann, von Januar 1993 bis Juli 1993, President und Chief Operating Officer von Merck & Co. Inc. Von 1973 bis 1991 bekleidete er bei Merck verschiedene Positionen im Marketing. Er galt als Kandidat für die Nachfolge des damaligen CEO und Chairman von Merck, Roy Vagelos. Seine Zeit als COO bei Merck dauerte nur sechs Monate, und dann verließ er Merck und tauchte bei MMD auf, ein Wechsel von New York nach Kansas City! Es gab viele Gerüchte über den Grund des plötzlichen Ausscheidens: Insider-Handel, Frauengeschichten usw. Dormann, der diese Gerüchte auch gehörte hatte, wischte dies mit der Bemerkung weg, dass Markham ein „Darling der New Yorker Börse" sei, wie ihm seine amerikanischen Freunde mitgeteilt hätten. Damit war der Fall erledigt.

Die Leitenden Angestellten von Hoechst kamen mit ihrem neuen Chef Markham überhaupt nicht zurecht. Die Wut kochte hoch und entlud sich in einem Brief an den Aufsichtsratsvorsitzenden Erhard Bouillon:

Richard J. Markham

„Wir schreiben diesen Brief aus größter Sorge um unseren Bereich Pharma. Seit der Übernahme von MMD (Marion-Merrell-Dow), während des nun schon monatelang laufenden Integrationsprozesses, der diesen Namen nicht verdient, haben sich die Machtverhältnisse gewandelt: Geradezu absolutistisch herrscht Markham, offiziell zusammen mit Godard, der sich jedoch innerlich schon auf seinen baldigen Ruhestand vorbereitet und somit nur noch an kurzfristigen Erfolgen (= Kosteneinsparung) interessiert ist.

Beide betreiben ein Vorhaben, das der Anlass für diesen Brief ist. Das ‚Hauptquartier' der Pharma soll baldmöglichst aus Deutschland an die Ostküste der USA verlegt werden. Da dies zurzeit aus übergeordneten Gründen (Dormann will diese Diskussion nicht in der Öffentlichkeit haben) nicht möglich ist, haben M. und G. sich für die Salamitaktik entschieden. Sehr schnell sollen einige Funktionsbereiche (z. B. Marketing, Drug Regulatory Affairs, Klinische Forschung), die angeblich nur aus Büros und vernetzten Computern bestehen (wo bleiben die Menschen?), nach USA verlegt werden. Dabei soll nur einer kleinen Zahl von leitenden Mitarbeitern das Mitgehen angeboten werden. Nach und nach wird dann am neuen Standort auf- und an den alten, europäischen Standorten Paris und Frankfurt abgebaut, bis hier nichts mehr verbleibt. Erklärtes Ziel ist, in Europa keine Corporate-Funktion mehr zu belassen. Als nächstes werden Labors aus F & E folgen, bis letztendlich in Europa nur noch Länderorganisationen übrig bleiben.

Es braucht nicht erwähnt zu werden, was dies für den Standort Deutschland bedeutet und welche politischen Aspekte ein solches Vorgehen hat. Die in USA aufzubauende Firma wird innerhalb weniger Jahre amerikanisiert werden, womit unsere viel zitierte Internationalität und unser multikulturelles Management nicht mehr existierten.

Die Übergangszeit bei einem solchen Wechsel wäre durch lähmenden Stillstand beim Tagesgeschäft gekennzeichnet. Die Kosten des Wechsels würden in die Milliarden gehen und allen derzeitigen Sparbemühungen Hohn sprechen. Als ob das alles noch nicht reichte, sollen gleichzeitig Standorte von MMD, Kansas City und Cincinnati, aufgelöst und ebenfalls an die Ostküste verlegt werden.

Markham hat naturgemäß keinerlei Bindung an unsere Firma, auch nicht zu MMD, da er auch dort erst kürzlich eingetreten ist, nachdem er bei Merck wegen Insidergeschäften beim Erwerb der Medco und wegen sexueller Übergriffe gehen musste. Der Mann zerschlägt Hoechst Pharma. Die Vorbereitungen laufen in fast konspirativer Weise.

Ergebnisse der Task Forces mit Vorschlägen für die neue Firma werden ignoriert, sodass die vielen Kollegen, die hier mitgearbeitet haben, in die Frustration abdriften. Dies wird bewusst in Kauf genommen, wenn nicht gar begrüßt. Markham lässt keine Gelegenheit aus, die deutsche Art des Managements und die Führung unserer Firma ins Lächerliche zu ziehen. Der Vorstand scheint gespalten: Drew und Dormann sympathisieren mit dem Vorhaben, Seifert und Felcht zweifeln, nehmen aber keine klare Position ein.

Wir wissen, dass der Weg des Schreibens ohne Absender problematisch ist. Nach langem Abwägen hat die Sorge um unsere Firma und die eigene Machtlosigkeit den Ausschlag gegeben. Bitte greifen Sie ein!"

Bouillon war nicht der Mann, der an einem solchen Punkt eingegriffen hätte.

LiquiVent – oder wie der gesunde Menschenverstand endgültig abhanden kam

Einer der Höhepunkte der falschen Entscheidungen von Jürgen Dormann und „seinem" Pharma-Team war das Thema LiquiVent. – Die amerikanischen Pharma-Manager brachten im August 1995 ein Produkt mit dem Namen LiquiVent (Perfluoroctylbromid = POB) der Firma Alliance Pharmaceuticals ins Gespräch. Diese Firma hatte neue Technologien im intensivmedizinischen Bereich entwickelt und suchte einen globalen Partner zur gemeinsamen Weiterentwicklung und Kommerzialisierung. LiquiVent sollte in der Intensivmedizin bei mechanischer Beatmung von Patienten mit akutem respiratorischen Syndrom eingesetzt werden, um in der Lunge den Austausch von Sauerstoff und Kohlendioxid zu fördern. Es handelte sich dabei um einen Stoff, der aus rein anorganischen Chemikalien bestand. Die Amerikaner von MMD hatten diesbezüglich keinerlei Erfahrung. Der Vorschlag bestand darin, sich mit mehreren Millionen Dollar an der amerikanischen Alliance Pharmaceuticals aus La Jolla/Kalifornien zu beteiligen und dann, basierend auf deren Know-how, eine Weiterentwicklung vorzunehmen.

Die Entwickler aus Hoechst, die sich mit dem Produkt beschäftigten, waren einhellig der Meinung, dass dieses Produkt dafür nicht infrage kommt. Die Amerikaner hatten vorgesehen, diese anorganische Chemikalie insbesondere bei neugeborenen Babys einzusetzen, die keine Luft bekommen, weil die Blutzirkulation nicht funktioniert. Dann hätte man sofort die Lunge mit LiquiVent füllen und mit Sauerstoff beladen müssen. Man kann sich vorstellen, dass eine solche Prozedur gerade bei Neugeborenen nicht ganz einfach ist. Die Hoechster wiesen darauf hin, dass es kaum möglich sei, flächendeckend in den USA ein solches Medikament zu vermarkten. Man müsste – über das ganze Land verteilt – Krankenhäuser mit den entsprechenden Apparaturen ausrüsten und Hebammen und Krankenschwestern dafür trainieren.

Der gesunde Menschenverstand, der in diesen Tagen schon abhanden gekommen war, spielte keine Rolle mehr. Die Hoechster Forscher hatten Zweifel an diesem Projekt. Dormann meinte, dass die amerikanischen Kollegen mit ihrer umfassenden Pharma-Erfahrung dieses Projekt vorgeschlagen hätten und dieses somit schon sinnvoll sein werde.

In der anorganischen Abteilung des Werkes Gendorf war dieses Produkt vor mehreren Jahren entwickelt worden. Es wurde damals dem Pharmabereich der Hoechst AG angeboten, der dafür jedoch keine Verwendung hatte. In Gendorf wurde zum damaligen Zeitpunkt etwa eine Tonne dieser Substanz hergestellt. Diese Menge hat die anorganische Abteilung nach USA gegeben. Wahrscheinlich wurde sie sogar verschenkt, um sie billig zu entsorgen. Jetzt, einige Jahre später, wurde sie der Hoechst AG wieder angeboten, allerdings für mehrere Millionen Dollar.

Im Protokoll der 846. Vorstandssitzung vom 19.12.1995 hieß es u. a.:
„Die Registrierung und Ausbietung in den USA wird für Anfang 1998 geplant. Mit der Vertragsunterzeichnung werden 15 Millionen US-Dollar und 5 Millionen Dollar als Lizenzgebühren fällig. In einem Jahr nach Vertragsunterzeichnung werden, in Abhängigkeit von dem Erreichen von bestimmten Meilensteinen im Projektverlauf, nochmals 5 Millionen Dollar als Kapitalbeteiligung und 5 Millionen Dollar als Lizenzgebühren fällig. Mit den dann insgesamt 20 Millionen Dollar als Kapitalbeteiligung hätte HMR 6,8 Prozent an Alliance Pharmaceuticals erworben. Bei erfolgreichem Verlauf des Projekts würden insgesamt 151 Millionen Dollar bis zum Jahr 1999 fällig, die sich auf die Kapitalerhöhung (20 Mio. Dollar), den F & E-Aufwand (81 Mio. Dollar) und die Lizenzgebühren (50 Millionen Dollar) aufteilen.

Der Hoechst-Vorstand hatte einen Gedankenaustausch zu den medizinischen und rechtlichen Aspekten des Projektes und stimmt dem Vorhaben grundsätzlich zu.

Die Haftungssituation und Möglichkeiten zur Begrenzung des Haftungsrisikos sind noch durch ein externes Gutachten darzustellen."

In den kommenden Jahren führte LiquiVent in der sogenannten Blockbuster-Liste immer den Spitzenplatz an. In den offiziellen Mitteilungen von HMR wurde in den kommenden Jahren LiquiVent immer als der kommende Block-Buster bezeichnet. Es sollte damit ein Umsatz von über einer Milliarde Dollar erzielt werden. Dabei hat jeder halbwegs erfahrene Pharma-Manager gewusst, dass es unmöglich sein würde, dieses Produkt zu entwickeln.

Nach ungefähr vier Jahren wurde die Entwicklung von LiquiVent eingestellt. Anfang 1998 erklärte Richard Markham, dass „... *nach unserer Bewertung des Projekts im Hinblick auf unser Gesamtportfolio es eine geringe Priorität hat ...*".

Man schätzt, dass hier mindestens 50 Millionen Dollar ausgegeben wurden. Es ist anzunehmen, dass sich der eine oder andere dabei bereichert hat. Vor allen Dingen haben die Leute ein glänzendes Geschäft gemacht, die eine wertlose Chemikalie der Hoechst AG aus dem Werk Gendorf erworben und diese später für viele Millionen an HMR weiterverkauft haben.

Im Oktober 1998 wurde in den European Chemical News mitgeteilt, dass HMR einen Rechtsstreit gegen Alliance Pharmaceuticals angestrebt habe. HMR hatte Alliance auf einen Schaden von 17 Millionen Dollar verklagt, weil die Kooperation im Dezember 1997 beendet worden war. Dort stand auch zum ersten Mal, dass HMR Alliance 100 Millionen Dollar Abstand und Aktien im Wert von 22 Millionen Dollar bezahlt hätte. Der Präsident von HMR in den USA, Gerald Bell, sagte, dass man sich nicht hätte einigen können. HMR hätte die Kooperation mit Alliance beendet, weil das Produkt, das einstmals zur Behandlung des akuten „respiratory distress syndroms" bei neugeborenen Babys empfohlen worden war, verändert worden sei und Ende 1997 nicht mehr länger in die Entwicklungsstrategie von HMR-Arzneimitteln passen würde.

Dieselben Akteure, ein weiterer Fall: Ramipril

Dormann und Markham sollen Ende 1998 die US-Rechte an dem Herzpräparat Ramipril für 322,5 Millionen Dollar wissentlich weit unter Wert an die US-Pharmafirma King Pharmaceuticals verkauft und für Hoechst einen Schaden verursacht und für die Akteure selbst Vorteile verschafft haben. Ein Mitarbeiter hatte Anzeige gegen die beiden Manager erstattet.

Es hieß, dass Dormann mit dem Blitz-Verkauf die Hoechst-Bilanz aufgebessert haben solle, um sich nach der Fusion mit Aventis den Posten des Vorstandschefs dort zu sichern, und Markham solle mit Erreichen der Gewinnziele einen Millionenbonus erhalten haben. Letzteres bestätigte ein leitender Aventis-Mitarbeiter in einer Zeugenaussage der Polizei. (Das berichtete die Zeitschrift Euro 09/2004.)

Dass die US-Rechte an Ramipril bereits wenige Monate nach dem Verkauf ein Vielfaches jener 322,5 Millionen Dollar wert waren, ist unstrittig. Denn im Frühjahr 1999 wurde das Ergebnis der 1993 gestarteten Hope-Studie veröffentlicht, das Ramipril eine Sonderstellung unter den Herzmitteln bescheinigte. Unmittelbar danach sei das Mittel mindestens vier bis fünf Milliarden Dollar wert gewesen, schätzte Badrudin Rangoowala. Er war 31 Jahre bei Hoechst und bis zum Ausscheiden 1996 Leiter des globalen Marketings für Herz-Kreislauf-Produkte bei HMR und im Lenkungsausschuss der Hope-Studie.

Aber wusste das Hoechst-Management im Dezember 1998 schon, welchen Schatz es in Händen hielt? *„Niemand hat den Verkauf verstanden"*, sagte Rangoowala aus. *„Der Verkauf machte keinen Sinn. Zudem hätte sich Ramipril im Dezember 1998 mit Leichtigkeit an einen etablierten Pharmakonzern mindestens für das Doppelte verkaufen lassen."*

Noch deutlicher wurde der ehemalige HMR-Produktdirektor Heiner Dorfler. King müsse bereits vor dem Kauf das Ergebnis der Hope-Studie gekannt haben: *„Bevor Ramipril verkauft war, kam John Philipp in mein Büro in Bridgewater gerannt und erklärte mir, man müsse die Aktie von King kaufen."* Die Aktie steige demnächst kräftig, King kenne die Daten aus der Hope-Studie und sei im Begriff, Ramipril zu kaufen. Philipp war zu der Zeit im US-Marketing von HMR für Ramipril zuständig. Für ehemalige Hoechst-Mitarbeiter stand damit fest, dass die HMR-Leitung das Ergebnis der fast 58 Millionen DM teuren Studie gekannt hatte. – Angesichts solcher Aussagen war es nur schwer zu glauben, dass zwar King von der Blockbuster-Qualität gewusst hatte, nicht aber Dormann und Markham.

Umweltvorstand Karl Houlubek im Gespräch mit dem Hessischen Rrundfunk auf dem Bio-Reaktor

5. Jürgen Dormann und seine Weggefährten im Vorstand

5.1 Der Superchef als Historiker und Selbstdarsteller

Zunächst Dormanns historische Exegese, die munter ausfällt, aber nicht in jedem Punkt hieb- und stichfest ist:

Richtig. Bei der Entflechtung des IG-Farben-Konzerns ist Hoechst zu schlecht weggekommen. Es waren weniger logistische Defizite. Das war in den Anfangsjahren nicht bedeutungsvoll, da alles, was produziert, auch verkauft wurde. Nach dem Krieg kam es doch nur darauf an, aus allen Rohren zu produzieren. Die Standortvielfalt war nicht so gravierend.

Wir müssen ganz sicher noch einen Schritt zurückgehen. Denn bei der Bildung der IG Farben in den 20er-Jahren spielte ja Hoechst auch keine Rolle. Die Firma wurde gnädig mit aufgenommen, aber war nicht die treibende Kraft. Carl Duisberg von Bayer muss hier genannt werden. Auch von der BASF kam einer, der eine große Rolle gespielt hat.

In der Nachkriegszeit hat sich im Grunde das gespiegelt, was in der Vorkriegszeit die Schwäche von Hoechst schon war. Denn es war eindeutig, dass die Chemie im klassischen Sinne, die großen Prozesse, in Ludwigshafen zu Hause waren. Und es war vorgegeben, dass die Pharmafirma Bayer war. Denn alles, was Pharma war, wurde über Bayer unter dem Bayer-Kreuz vertrieben. Und Hoechst hatte nur von allem Möglichen etwas.

Sie wissen, dass Wintershall Hoechst angeboten war! Da war Winnacker noch im Amt und Sammet war wahrscheinlich schon als Nachfolger benannt. Wintershall war Hoechst angeboten und Hoechst hat abgelehnt. Dann ist sie bei BASF gelandet. Und wo das hingeführt hat? Das war der Ursprung oder der Einstieg in die Öl- und Gasgeschichte, die heute noch ganz wesentlich ist. In diesem Zusammenhang muss man den Schritt von Kuwait, die 25 % des Kapitals von Hoechst für fast nichts zusammengekauft haben, als ein Ereignis sehen. Es wurde seitens des Hoechster Managements nichts daraus gemacht.

Managen ist antizipieren von Zukunft. Was man gemacht hat, man hat rund um die vielen Standorte am Main, die schon ohnehin da waren, von Cassella über Offenbach, über Griesheim, über Hoechst, über Kalle, noch Albert dazu gekauft und manches mehr.

Dominant war in der Phase, möglichst viel zu produzieren und herauszubringen. Und wenn man Kapazitäten suchte und in der Nachbarschaft was fand, hat man es halt gekauft. Das war in den 50er-Jahren und Anfang der 60er-Jahre, Albert und solche Dinge sind in den 60er-Jahren gekauft worden.

In der ersten Ölkrise 1971/72 wurde die Bedeutung der Rohstoff-Frage offenkundig. Und Hoechst hat ja immer unter dem Rohstoff-Thema gelitten. Die Raffinerie von Caltex war gezielt für Hoechst dorthin gelegt, obwohl eigentlich Raffineriestandorte am Main nichts zu suchen hatten.

In Hoechst hat man eigene Versuche gemacht Kohle zu verflüssigen, auch nach dem Krieg. Da sind ein paar hundert Millionen in der Kohlebasierten Crackeranlage auf dem Hoechster Werksgelände vergeigt worden.

Jürgen Dormann

Kuwait realisiert heute, was das Scheichtum damals schon mit uns machen wollte. Es ist ein Irrtum zu glauben, Kuwait hätte in Hoechst nur eine Kapitalanlage gesehen. Die Scheiche hatten ein Konzept und wollten mit unseren Kenntnissen der Petrochemie, bei Kunststoffen und Fasern und Uhde als Ingenieurfirma – das war der innere Wunsch – eine Petrochemie in Kuwait aufbauen.

Das Hoechster Management war so verärgert darüber, dass die Kuwaitis mit über 25 % eingestiegen sind und kein Mensch in Hoechst es gemerkt hat. Einige deutsche Banken, die auch im Aufsichtsrat vertreten waren, haben den Kuwaitis dabei geholfen. 20 oder 25 Jahre später holt Kuwait das nach, was Saudi-Arabien mit Erfolg vorexerziert hat, nämlich den Aufbau einer Petrochemie aus den Rohstoffen. Wir in Hoechst haben damals gesagt, da war Metz auch noch beteiligt: Nein, nein Rohstoffe spielen nicht die Rolle, die Marktnähe macht es. Und die haben wir, und das ist viel besser für uns. Es sei günstiger, die Rohstoffe einzukaufen, als sie selber zu produzieren. So war doch die Philosophie.

Nicht jede verpasste Chance ist notwendigerweise ein Managementfehler. Ein Milliarden-Unternehmen muss eben auch mal gute Leute, die wissen, wo es langgeht, einkaufen. Genau das hätte man machen müssen, dringlichst. Die ganze Rekrutierung inklusive von mir selber ist ein interner Rekrutierungsprozess gewesen. Es ist fast niemand von außen mit einem unabhängigen Blickwinkel hereingeholt worden.

Man stelle sich vor: Ich bin seit 45 Jahren mit diesem Unternehmen und jetzt den Folgeunternehmen Aventis und Sanofi-Aventis verbunden. 1963 habe ich angefangen, kam 1984 in den Vorstand. Das heißt, im Grunde bin ich seit 24 Jahren Vorstand oder Aufsichtsrat oder Verwaltungsrat in diesem Umfeld, unabhängig von anderen Dingen, die ich gemacht habe.

Hoechst hat im Pharma-Bereich in der Nachkriegszeit, auch während des Krieges, wirklich etwas geleistet. Unsere Chance wäre gewesen, nachdem wir mit Bayer ziemlich pari waren in der Größenordnung, auch in den Forschungsergebnissen, zu erkennen, welche Bedeutung die Pharma haben wird und wie es weitergehen soll. Aber dann haben wir ein bisschen spät reagiert. Der Schwerpunkt Forschung brachte zu wenig. Wir hätten mehr auf eine gezielte Marktbearbeitung Wert legen müssen. Das heißt, wir haben noch unter Gareis und Weissermel die These gehabt, wir erfinden was, und dann wird man uns das schon aus den Händen reißen. Das ist aber nicht die Art, wie der Markt funktioniert. Die Betonung auf Marketing und FDA (Food and Drug Administration), die natürlich ein sehr amerikanisches Strukturmodell ist, durch deutsche Chemiker überzeugen zu wollen, die

Zulassungsprozesse schneller ablaufen zu lassen, dies alles ging völlig daneben. Es war so, als ob ein Blinder mit einem Tauben redet.

Gareis ist mit mir zusammen auf Wunsch von Rolf Sammet in den Vorstand gekommen. Wolfgang Hilger und Gareis, das ging überhaupt nicht. Die haben sich nicht verstanden. Normalerweise wird so reagiert: Wenn das Geschäft nicht läuft, dann muss einer halt eliminiert werden. Das wäre für den Hoechst-Vorstand viel zu einfach gewesen. Man kann auch nicht alles an der Person Gareis festmachen.

Man stelle sich vor: Da sitzt ein Vorstand von 14 Leuten, wovon einer sich um die Pharma kümmert, das war der Herr von Pölnitz, und jeder versuchte, dem anderen nicht reinzureden. Aber wenn man ein Forschungsbudget von 4 Milliarden Deutschmark ausgibt und davon 70 % in die Pharma gibt, dann kann man als Vorstand nicht einfach den Herrn von Pölnitz alleine agieren lassen, schon gar nicht als Vorstandsvorsitzender. Sie haben die Ressourcen-Schwerpunktverteilung in der Forschung auf der Pharma, und dann kaufen sie – die Kosmetik. Das war ein Quatsch. Was sollte Hoechst mit seinem Chemie-Verstand mit Rochas und Balenciaga?

Hintergründe zum Einstieg in die Kosmetik ...

Der Einstieg von Hoechst in die Kosmetik hatte wesentlich zu tun mit dem Ehrgeiz eines einzelnen Menschen: Dr. Horst Rodenberg.

Rodenberg, Mediziner und von Hause aus wohlhabend, dadurch unabhängig und sehr unkonventionell in seinem Lebensstil und Habitus, war Leiter des Verkauf Arzneimittel Übersee. Als er sah, dass ihm im GB Pharma der weitere Weg – und damit auch die Vorstandsperspektive – versperrt war, weil ihm ein anderer, hochkarätiger Mann als Leiter des Pharma-Vertriebs (und späterer Leiter des Geschäftsbereichs) vor die Nase gesetzt wurde (Max P. Tiefenbacher), hatte er beschlossen, einen neuen Geschäftsbereich zu gründen bzw. einen solchen Prozess anzubahnen.

Zu der Zeit, Ende der 60er, hatte Hoechst in ein paar lateinamerikanischen Ländern bereits die Vertretung von Schwarzkopf, so u. a. in Kolumbien und Venezuela, dort „Silhuetta" genannt. In Marokko hatte Hoechst den Vertrieb von Beiersdorf (Nivea) übernommen. Daran knüpfte Rodenberg an. Hoechst erwarb 49,9 % an Schwarzkopf, hatte sich unbegreiflicherweise aber kein Vorkaufsrecht für den Fall eines Verkaufs weiterer Anteile durch Hans-Peter Schwarzkopf ausbedungen – ein grandioses Versagen u. a. des damaligen Leiters der Rechtsabteilung, von Hahn.

Durch die Beteiligung an Roussel Uclaf war Madame Rochas ins Spiel gekommen. Mit der Cassella AG war 1971 die Curta GmbH (Jade) Teil von Hoechst geworden. Zuvor bereits hatte Hoechst die Marbert GmbH in Düsseldorf gekauft, und kurz danach wurde dann auch noch eine Kosmetik-Firma in Australien, Prue Acton, erworben – böse Zungen behaupteten, dass dort – die Gründerin war eine sehr attraktive Frau – nicht nur Sachaspekte im Spiel waren.

Um alle diese weit verzweigten und sehr unterschiedlichen Aktivitäten zu koordinieren und an einer „Strategie" auszurichten, wurde die sog. „Leitstelle Kosmetik“ geschaffen, die später zwar formal den Status eines Geschäftsbereichs (GBM) erhielt, der aber im Hause im Grunde nie ein Gewicht hatte und auch nicht ernst genommen wurde.

Die Führung dieser Aktivität war eine einzige Katastrophe. Rodenberg war ein notorischer Besserwisser, der überhall seine Nase hineinstecken wollte, aber letztlich von dem Geschäft nichts verstand. In die Geschäftsleitung von Marbert wurde zunächst ein ehemaliger Pharmavertriebsmann aus dem Ausland (Oschmann), dann ein einstiger Frigen-Verkäufer (Lodbrok) gesetzt, Letzterer wohl mit der Überlegung, als Lieferant des Treibmittels für Sprayflaschen ja eine Affinität zur Kosmetik-Branche zu haben. Nach dessen Pensionierung übernahm wieder ein Pharma-Vertriebsmann (Bredefeld) die Führung von Marbert.

Es dürften zwei Fakten dafür ausschlaggebend gewesen sein, dass Hoechst aus dem Kosmetik-Geschäft nie etwas Vernünftiges gemacht hat: Zum einen wollte die etwas schillernde Kosmetikwelt einfach nicht zu der von nüchternen, rational eingestellten, bisweilen auch ein wenig biederen Naturwissenschaftlern geprägten Welt der Chemie passen (Winnacker hatte sogar von „Nuttenchemie“ gesprochen), zum anderen war man in Hoechst nicht willens, die in der Kosmetikindustrie üblichen Gehälter zu zahlen.

Hilger hatte mit seinem Lobgesang auf Jade vollkommen recht. Jade war eines der erfolgreichsten deutschen Kosmetikunternehmen, hatte seit dem Kriegsende niemals Verluste gemacht. Es war eine „value for money“-Kosmetik, die in Frankfurt-Fechenheim 470 kerngesunde Arbeitsplätze gesichert hatte. Nach der Übernahme durch L´Oréal sind die allesamt eingestampft worden.

Zurück zum O-Ton Dormanns:

Hilger hat das (hier gemeint: die Kosmetik) nicht abgebaut. Gucken Sie mal genauer hin, wer das abgebaut hat: sein Nachfolger. Hilger hat nichts zu Ende gebracht. Das lassen wir jetzt einfach mal so im Raum stehen. Also die Loslösung von Kosmetik und diesen Dingen, da haben wir im Prinzip, Hilger und ich, glaube ich, schon übereingestimmt in der Richtigkeit.

Hilger hat auch eine Organisationsveränderung angestoßen. Das nutzte nichts, das waren auch so halbe Dinge. Wir müssen bei den Fakten bleiben. Die Nr.-1-Position weltweit in der Pharma war vor Hilger – das war im Jahr 1982/83, da war Hoechst Nr. 1, Ciba-Geigy Nr. 2, Bayer Nr. 3, nur in den Umsätzen. Und die Ertragskraft war am höchsten unter Sammet und später dann nochmal, als ich schon dran war, aber das müssen wir jetzt nicht vertiefen. Es war, glaube ich, 1994. Wir müssen trennen zwischen dem fortlaufenden operativen Geschäft und anderen Einflüssen.

Jetzt zum Amerika-Geschäft. Da gibt es viel Mythenbildung. Was war die Überlegung? Dass ich 1984 die Zuständigkeit für Nordamerika übernommen habe, war der ausdrückliche Wunsch von Sammet. Sammet stand hier in der Nachfolge von Lanz. Jahrzehntelang war Lanz zuständig für das Auslandsgeschäft. Als Lanz ausgeschieden war, hat Sammet das selber übernommen. Er hat mir dann, neben Farben und Pigmenten, dem Bereich D, wie der damals hieß, die Zuständigkeit für Nordamerika übertragen, mit der Aufgabe, dort eine breitere Basis zu schaffen. Das habe ich dann mit dem Erwerb von Celanese angefangen. Damit kam Ernie Drew ins Haus. Drew habe ich in den Vorstand geholt, nicht allein, sondern zeitgleich haben wir Horst Waesche aus Japan geholt, und den Claudio Sonder aus Brasilien. Dahinter ist echt ein Muster: Der Vorstand wurde in seiner Zusammensetzung insofern verändert, als drei erfahrene Auslandsmanager, zwei davon Hoechster, einer zuerworben via Celanese, den Vorstand verjüngten.

Günter Metz hat im Auftrag des Vorstandes eine Projektgruppe geleitet und das Portfolio überarbeitet, das Gesamtportfolio. Denn wir hatten gesagt, bei den wichtigsten Arbeitsgebieten muss man eine führende Position erringen und alles, was nicht die Chance hat, nach vorne zu kommen, müssen wir in neue Eigentümerstrukturen führen oder an den Kapitalmarkt geben oder verkaufen oder, oder. Das war alles unter der Leitung von Metz. Und Drew, mit dem ich in Amerika am Beispiel Celanese diese Portfolio-Überlegung durchgeführt hatte, hat mitgeholfen neben vielen anderen – das war eine Gruppe von sechs, sieben Leuten.

Und da hing mehr oder weniger auch Copley dran. Aber was ist schon Copley? Da haben wir 500 Millionen ausgegeben. Rausgeschmissen. Fein, einverstanden. Das war eine Fehlentscheidung. Persönlich hing Drew da nicht drin. Überhaupt nicht. Die Entscheidung, Copley zu kaufen – dafür übernehme ich die Verantwortung. Das war ein Fehler. Man muss es nur in Relation bringen. Copley ist eine kleine Firma mit 100 Millionen Dollar Umsatz gewesen. Celanese hat mit Copley überhaupt nichts zu tun. Von den handelnden Leuten ja, aber nicht unternehmerisch und strategisch. 1987 ging es darum, eine Grundgrößenordnung in Amerika zu haben. Vorher gab es ein ferngesteuertes Verkaufsgeschäft und weder amerikanisches Management noch eine amerikanische Vertriebsorganisation. Die USA waren aber der Wachstumsmarkt. Zu der Zeit wurden in Amerika auch die besten Renditen erzielt. Sie müssen das Jahr 1 oder 2 nach dem Celanese-Erwerb angucken, da kamen 40 % des Hoechst-Ertrages aus der Celanese.

5.2 ... und wie Kollegen und Hoechst-Manager Dormann einschätzten

In den ersten zwei Jahren, als Dormann im Vorstand für den Geschäftsbereich Farbstoffe und Pigmente verantwortlich war, hielt er sich noch sehr bedeckt. Dies wurde erst anders, als er nach dem Ausscheiden von Reintges Finanzvorstand wurde und die Betreuung von Nordamerika übernahm. Als Finanzvorstand brauchten ihn die anderen Vorstände für die Unterstützung ihrer jeweiligen Projekte. Und damit war Dormann neben Hilger zum zweitwichtigsten Mann im Hoechster Vorstand geworden.

Hilger konnte ihn nie leiden, behandelte ihn aber immer mit Samthandschuhen, da er ihm wohl auch nie ganz geheuer war.

Die Akquisition der Celanese im Jahr 1986 war sicherlich sein vermeintliches Meisterstück. Die Vorstandsvorlage war ein Werk von über 50 Seiten. Es enthielt die klare Aussage, dass Hoechst eine größere Aktivität in Nordamerika brauchen würde, um als Weltkonzern langfristig zu bestehen. Es gab viele Widerstände, aber letztlich wurde bekanntlich Celanese zu einem Preis von über 3 Mrd. US$ akquiriert.

1995 wurde Jürgen Dormann vom Manager-Magazin zum „Manager des Jahres" gewählt. Vielleicht trägt das Manager-Magazin letztlich eine Mitschuld daran, dass es Hoechst nicht mehr gibt. Dormann wurde damit in eine Reihe von Managern gestellt, die mit ihrem Ego ihre Konzerne ruiniert haben. Dormann war jedoch auf diesen Titel sehr, sehr stolz. Sogar in der Aufsichtsratssitzung, die in dieser Zeit stattfand, teilte Bouillon mit, dass es doch eine besondere Ehre für die Hoechst AG sei, dass ihr Vorstandsvorsitzender vom Manager-Magazin zum „Manager des Jahres" gewählt worden sei.

Dormanns Wesen änderte sich dann allmählich. Er glaubte wirklich, er sei der beste aller Manager, und seine Entscheidungen wären immer richtig. Dabei hätte doch ein Blick auf die Schlussbilanz vieler seiner prämierten Vorgänger, u. a. Reuter und Schimmelbusch, ihm eher eine Portion Skepsis – und Zurückhaltung – nahelegen sollen. – Es begann nun die Zeit, in der Personalentscheidungen getroffen wurden, die nicht mehr nachzuvollziehen waren: Dormann umgab sich mit Leuten, die ihm in keiner Weise widersprechen würden und deren intellektuelles Potenzial dementsprechend beschränkt war. Das betraf auch Vorstandsmitglieder, die er in den Vorstand hatte berufen lassen. Die Qualität der Arbeit ließ spürbar nach.

Der offizielle Lebenslauf war eigentlich ein einziges Märchen und erweckte den Eindruck, dass hier ein international erfahrener Manager sehr erfolgreich weltweit Unternehmen oder Unternehmensteile geleitet hätte. Leute, die ihn nicht kannten, waren immer wieder erstaunt, wenn man ihnen erzählte, dass Dormann nicht einen einzigen Tag seines Lebens für eine andere Gesellschaft als die Hoechst AG in Frankfurt-Höchst gearbeitet hatte und dass er, außer ganz zu Beginn seiner Laufbahn, auf niedrigem Niveau, niemals direkt operative Verantwortung getragen oder ein Geschäft geführt hatte.

Dormann heiratete während seines Volkswirtschaftsstudiums und wurde gleich Vater von Zwillingen. Das Studentenleben als junger Vater von Zwillingen ist sicherlich nicht stressfrei. Er kam mit 23 Jahren zur Hoechst AG, wo er für kurze Zeit in der Fasernverkaufsabteilung tätig war. Ab 1965 arbeitete er immer im Stab und wechselte nur 150 m zwischen dem sogenannten Hochhaus und dem Vorstandsgebäude im Werk Höchst. Er war ein Meister im Spinnen von Intrigen, verstand es immer hervorragend, sich mit guten Leuten zu umgeben und schaffte schließlich den Sprung in den Vorstand. Und dann erfüllte sich auch sein Lebenstraum, Vorstandsvorsitzender der Hoechst AG zu werden. Auf dem Weg dahin hatte er eigentlich keine Freunde. Er benutzte die Mitarbeiter, wie er sie brauchte. Während alle Vorstandsmitglieder Freunde hatten oder sich Freundschaften zwischen Vorstandsmitgliedern entwickelten, war dies bei Dormann nicht der Fall.

Es ist anzunehmen, dass dies letztlich auch der tiefere Grund war, Hoechst zu zerschlagen. Rolf Sammet hat im Unternehmen viele Freunde gehabt und eine sehr hohe Wertschätzung genossen. Wolfgang Hilger konnten viele nicht leiden, aber man hat ihn respektiert, weil man immer überzeugt war, dass er das Beste für Hoechst wollte und sich an sittlichen Prinzipien orientierte. Dormann hatte keine Freunde und wurde auch nicht respektiert, weil er im Management nur als Opportunist gesehen wurde. Man hatte jedoch Angst vor ihm, weil man wusste, dass er unliebsam gewordene Mitarbeiter schnell auf unwichtige Positionen verschob oder in Frühpension schickte.

Dies alles hat er gespürt, und es war ihm klar, dass er nie in einer Reihe mit Winnacker, Sammet und Hilger gesehen würde. Die ihm fehlende menschliche Ausstrahlung kompensierte er mit einem rational und emotionslos wirkenden Auftritt. Er war ein scheuer, kontaktarmer, nach innen gekehrter Mensch. Manche wollten depressive Züge an ihm erkennen. Zu keinem Zeitpunkt vermochte er dem Bild, das er selber und seine Höflinge mittels Legenden und Mythen von ihm zeichneten (Philosoph, Team-player, Kommunikator, begnadeter Visionär), auch nur ansatzweise gerecht zu werden. Vermutlich litt er unter der Rolle, der er sich selber künstlich aussetzte. Die Triebkräfte seines Handelns waren nicht Gestaltungswille der Sache wegen oder gar Sendungsbewusstsein, sondern ein brennender Ehrgeiz.

Fritz Straub, einst Mitglied der Geschäftsbereichsleitung Pharma und während seiner Zeit im Vorstandsstab (ZDA) Dormann durchaus nahe, zeichnet folgendes „Psychogramm“ von diesem:

Dormann ist im Grunde seines Wesens ein Biedermann von kleinem Karo. Die operativen Manager waren ihm in Bezug auf Auslandserfahrung und Weltläufigkeit und auch in puncto Persönlichkeit/Statur zumeist weit überlegen. Nach dem Erwerb von Marion Merrell Dow und Celanese setzte er ihnen forsche amerikanische Manager an die Seite oder – wo immer möglich – vor die Nase. Und indem er selber sich vor diese dynamischen und agilen Amerikaner spannte und als Chairman im illustren Manhattan turnusmäßig Boardsitzungen leitete – indem er sich also gleichsam zum „Ober-Ami“ machte – identifizierte er sich mit jenen und tauschte sein kleines deutsches Karo gegen deren (vermeintlich) großes Welt-Karo.

Teilnehmer an den Treffen des Vorstands mit den Direktoren des Unternehmens, die Hilger drei- bis viermal im Jahr durchführte, berichten, dass Dormann sich dort so gut wie nie mit originären Beiträgen hervortat. Er hatte aber ein großes Geschick darin, aus vorangegangenen Wortmeldungen im zweiten Teil der Treffen einen eigenen Beitrag zusammenzuklauben. Den trug er dann mit ernstem, bedeutungsschwerem Gestus und in leiser, intellektuellen Tiefgang anzeigender Tonart vor. Es ist erstaunlich, wie viele Menschen, auch im Unternehmen, ihm damals schon auf den Leim gegangen waren.

Dormann war zeit seiner Laufbahn bemüht – und darin erfolgreich –, eine Aura der Überlegenheit, der intellektuellen Erhabenheit, der dem Normalsterblichen verschlossenen Erkenntnisgabe, des Visionären, ja Mystischen zu verbreiten. Wenn in der Londoner City das Wort vom magic Dormann umging, dann dürfte ihn das geschmeichelt haben.

5.3 Rolf Sammet: Das Wichtigste ist ein guter Charakter

Viele Leute stellen sich heute die Frage, wie es passieren konnte, dass ein so großer Konzern wie Hoechst innerhalb von wenigen Jahren verschwindet. Diesen Vorgang kann man nur analysieren und die Frage beantworten, wenn man die Interessenslagen der einzelnen Vorstandsmitglieder versteht bzw. versucht, sie zu charakterisieren.

Der einstige Vorstandsvorsitzende und nachmalige Aufsichtsratsvorsitzende Rolf Sammet hatte folgende Meinung: *„Die fachliche Qualifikation der Vorstandsmitglieder setzen wir voraus. Das Wichtigste aber ist ein guter Charakter. Charakterlose Vorstandsmitglieder können viel falsch machen oder sogar in die eigene Tasche wirtschaften. Das wollen wir nicht.“*

Offensichtlich wurden diese Worte von Rolf Sammet in der Zukunft nicht mehr beherzt; denn die meisten von den dann berufenen Vorstandsmitgliedern hatten nicht mehr diese charakterlichen Eigenschaften. Von 1989 bis 1996 wurden folgende neue Mitglieder in den Hoechster Vorstand berufen:

Utz-Hellmuth Felcht, Ernest Drew, Horst Waesche, Claudio Sonder und Klaus Schmieder. Nachfolgend werden die Vorstandsmitglieder charakterisiert. Dabei werden authentische Aussagen der Kollegen verarbeitet.

5.4 Dormanns Mannschaft: Ernie Drew, der Diabolische

Eine Schlüsselrolle beim Zerschlagen von Hoechst spielte Ernie Drew. Er war zeitweilig neben Dormann der stärkste Vorstand und erfreute sich dessen Gunst. Dormann hat ihn benutzt, unangenehme Entscheidungen durchzusetzen oder seine Vorstandskollegen einzuschüchtern.

Ernie Drew, Jahrgang 1937, wurde am 10.01.1995 in den Hoechster Vorstand berufen. Er glaubte, wie viele amerikanische Manager, dass er besonders führungsstark sei und seine Mitarbeiter motivieren könnte. Wie bei vielen amerikanischen Firmen spielten die *vision* und *mission statements* auch für ihn eine große Rolle. Als er nach Hoechst und damit nach Deutschland kam, glaubte er, sich in einem Entwicklungsland zu befinden. Es gab im Supermarkt kein Sangrita-Pulver für seine Cocktails, und natürlich waren auch die Mitarbeiter nicht entsprechend geführt und motiviert. Er führte für sich das System der „offenen Tür“ ein. Immer wieder wurde er nicht müde zu betonen, dass kein Mitarbeiter freiwillig die anderen Vorstände besuchen würde, da doch deren Türen alle geschlossen seien. Es war kein Geheimnis, dass freiwillig kein Mitarbeiter zu ihm kam, obwohl seine Tür doch immer offen stand. Wahrscheinlich litt er unter schizophrenen Wahrnehmungen.

Wenn man bei den amerikanischen Mitarbeitern nachfragte oder deren Verhalten beobachtete, gab es zwei Typen von Mitarbeitern: die einen, die Drew permanent umschmeichelten und immer nach seinem Wort redeten; das waren auch die,

die sich in leitenden Funktionen befanden und die teilweise zitterten, wenn sie zu ihm bestellt wurden – und die anderen, die ihn hassten und ihm möglichst aus dem Weg gingen.

In den USA wurden solche Mitarbeiter, die ihn entweder geärgert oder eine eigene Meinung geäußert hatten, gefeuert oder kamen, wie sie selber sagten, in die „penalty box". Einer von ihnen war Ed Sullivan. Sullivan war ein langjähriger Celanese-Mitarbeiter, der eine Aufgabe übertragen bekam, ohne dass Drew in den Vorgang involviert war. Nachdem dieser vom Vorstand abgesegnet worden war und es keinen Weg zurück mehr gab, ließ Drew keine Gelegenheit aus, Sullivan schlechtzumachen. Bei dieser Gelegenheit kam es dann zu seinem Ausspruch: *„Na ja, die schlechtesten amerikanischen Manager sind immer noch besser als die besten deutschen."* Ed Sullivan gab zu verstehen, dass er schon seit einigen Jahren in der sogenannten „penalty box" sitze.

Wie in jeder Organisation gibt es natürlich Schmeichler, um nicht das ausdrucksstärkere, aber vulgäre deutsche Wort zu verwenden. In der Hoechster Kultur, die eine offene Streitkultur war, konnte man seine Meinung sagen und auch mit dem Vorstand kontrovers diskutieren. Dies war für Drew undenkbar, und er glaubte wie jeder amerikanische CEO, immer recht zu haben und das letzte Wort haben zu müssen. Es war erstaunlich, wie gute und selbstbewusste Mitarbeiter, die an Drew berichteten, plötzlich ihr Verhalten änderten. Dies ging sogar so weit, dass ein Mitarbeiter, dessen Frau Archäologie studiert hatte, freiwillig für das Ehepaar Drew zwei Wochen lang den Reiseführer auf Sizilien spielte. Der Karriere hatte das nichts genutzt. Drew hat ihn wie viele andere fallengelassen, wahrscheinlich auch, weil er Deutscher war.

Unglaublich war für einige das Verhalten von Reinhard Handte, Bereichsleiter Farbstoffe und Pigmente, der zwar flexibel war, aber doch immer seine Meinung sagte. Als Drew von Holoubek den Geschäftsbereich Farbstoffe und Pigmente übernahm, war das für den Geschäftsbereich eine Katastrophe. Aber auch Handte änderte sich in seinem Verhalten dermaßen, dass ihn viele seiner Kollegen fortan gemieden haben.

Drew machte oftmals Bemerkungen über das, wie er meinte, elitäre Gehabe der deutschen Vorstände. Er meinte damit, dass sie Fahrer hätten und zu viel Geld ausgäben für Sachen, die mit dem Geschäft nichts zu tun hätten. Er hat überhaupt nicht verstanden, dass Dienstwagen vor allem dazu dienten, Managern ab einer bestimmten Hierarchiestufe die maximale Konzentration auf ihre Aufgaben zu ermöglichen, zumal es dazu steuerliche Anreize gab. Drew selbst hatte natürlich in den USA auch einen Fahrer gehabt, als er CEO der Hoechst Celanese gewesen ist und hatte auch kein Problem, mit dem Firmenjet zum Skifahren nach Colorado zu fliegen. Bei seinen Reisen nach China nahm er grundsätzlich seine Frau mit der Begründung mit, dass diese ja dolmetschen müsse und gute Beziehungen in China habe. Die Ehepaare Sonder und Drew flogen zwei Wochen mit einem geleasten Firmenjet durch Südamerika, damit Ernie Drew Lateinamerika besser verstehen sollte.

In den Bereichen, für die Ernie Drew zuständig war, war in kurzer Zeit die Hoechster Kultur zerstört.

Im Feuern von Mitarbeitern war Ernie Drew sehr schnell: Aus irgendeinem Grunde hatte er plötzlich etwas gegen Rainer Grubert, einen Abteilungsdirektor in dem Bereich Chemikalien. Grubert war ein fähiger und verdienstvoller Mitarbeiter mit langjähriger Erfahrung, u. a. einigen Jahren bei der American Hoechst Corporation. Drew drängte ihn zum 30. Juni 1997 aus dem Unternehmen. Er erhielt eine großzügige Abfindung und ging, ohne eine Wettbewerbsklausel zu haben, zum größten Wettbewerber, wo er seine Karriere fortsetzte. Sein Weggang war sicherlich zum Schaden von Hoechst, aber keiner wagte auch nur, an der Entscheidung von Drew zu rütteln, auch nicht der Vorstandsvorsitzende Dormann, der zu der Zeit alle Entscheidungen von Drew deckte.

Ernie Drew

Das sollte sich jedoch ändern. Den meisten war nicht bekannt, dass Jürgen Dormann und Ernie Drew sich im Frühjahr 1997 zerstritten hatten. Der Grund dafür wurde nie bekannt. Es kann sein, dass Drew die gesamte Abspaltung der Spezialchemie und den anschließenden Verkauf an die Clariant nicht verstanden hatte. Auch aus seinem Arbeitsgebiet wurden Teile übertragen, was ihm nicht bewusst war. Die Vorstandsvorlage war nämlich auf Deutsch verfasst, und er hat sie mit Sicherheit nicht verstanden. Auf jeden Fall war klar, dass Ernie Drew in den kommenden Monaten (offizielles Austrittsdatum war der 01.07.1997) Hoechst verlassen würde. Er hatte die Chance, die Leitung des Geschäfts einer Westinghouse-Tochter in den USA zu übernehmen, die an Siemens verkauft worden war.

Am 3. und 4. Juni 1997 fand eine sogenannte Corporate Conference in Peking statt. Auf diesem Treffen mit den Führungskräften des Hoechst-Konzerns verabschiedete Jürgen Dormann seinen Freund Ernie Drew mit folgenden Worten:

„Ich danke Ihnen sehr für die wertvollen Beiträge, die Sie in den letzten Jahren geleistet haben, um Hoechst zu ändern. Und auch danke ich Ihnen für die führende Rolle, die Sie gespielt haben, um das Hoechst-Geschäft in den USA auszubauen. Ich danke Ihnen, dass wir von Ihrer Erfahrung profitiert haben und dass Sie immer ein verlässlicher, warmherziger Kollege waren, mit dem es stets ein Vergnügen war, zusammenzuarbeiten. Nochmals vielen Dank und viel Glück für die neuen Herausforderungen, die Sie angenommen haben."

Diese Worte der Verabschiedung waren eine solche Infamie, dass es jedem, der das hörte, schaudern musste. Letztendlich war fast jedes Wort gelogen.

Im Juni 1997 fand eine Aufsichtsratssitzung statt, an der Ernie Drew ein letztes Mal teilnahm. Er stand gegen 11.00 Uhr auf, verließ wort- und grußlos den Raum, ließ sich zum Flughafen fahren, um das Flugzeug nach Amerika zu besteigen und wurde nie wieder gesehen. – War das der Abgang eines Mannes, der so viel für den Hoechst-Konzern geleistet hatte? Auch in diesem Moment hätte der eine oder andere Vorstand und Aufsichtsrat eigentlich die unheilvolle Rolle von Ernie Drew erkennen müssen, der von Dormann in den Vorstand geholt worden war und eigentlich nichts anderes getan hat, als – beseelt von einem tiefen Hass – Hoechst zu zerstören.

Drews China-*Connexion*

Damit Ernie Drew eine eigene Verantwortung außerhalb Nordamerikas zeigen konnte, wurde er, obwohl noch nicht Vorstandsmitglied, mit der Betreuung von China, Taiwan und Hongkong betraut. Hans Georg Janson musste diese Regionalverantwortung an ihn abgeben. Drew hatte in China erfolgreich Geschäfte entwickelt.Als Hoechst 1986 Celanese erwarb, gab es schon ein beachtliches Celanese-Geschäft mit China. Celanese hatte sehr, sehr gute Kontakte zur Regierung und zu den Behörden in China. Man hatte dort auch größere Investitionen getätigt, Fabriken gebaut. Unter anderem war eine Beraterfirma engagiert, die London Export hieß. Einige Sätze zum Hintergrund dieser Firma, dann versteht man das Folgende besser:

Der Besitzer und Gründer war ein Amerikaner, Perry, der unter McCarthy gelitten hatte. Er hatte 1948/1949 Amerika verlassen, ging nach China und war dort ein enger wirtschaftlicher Berater von Mao. Später hat er dann seine Firma London Export gegründet. Diese entwickelte sich sehr erfolgreich, weil sie viele Kontakte zu den kommunistischen Führern hatte.

London Export hat Celanese geholfen bei ihren Projekten, und eine Mitarbeiterin der Firma, damals eine junge Frau, hat bei der Gelegenheit den damaligen Vorstand Drew kennengelernt. Drew hat sich scheiden lassen und jene Dame, Katy, geheiratet. [Im Ehevertrag musste sich Katy verpflichten, auf Kinder und Haustiere zu verzichten – „no pet, no child“ – was allerdings nur bis zur Geburt von Kevin hielt.] Zunächst Celanese und später dann auch Hoechst profitierten in China von den guten Kontakten der Frau Drew.

Anfang der 90er-Jahre wurden die ersten größeren Reisen nach Peking unternommen; hochkarätige Empfänge mit den chinesischen Behörden wurden arrangiert, gute Kontakte auf sehr hoher Ebene – dank London Export und eben Frau Drew – geknüpft. 1993 endete plötzlich die Zusammenarbeit mit London Export, und Hoechst hatte sich eine andere Firma als Berater ausgesucht. Das war die Firma Asia Link.

Die Chefin von Asia Link war Tin Liu, und diese war die Tochter des letzten Staatspräsidenten unter Mao, des Herrn Liu, der von den Roten Garden zu Tode geschlagen wurde. Ihre Mutter war eine sehr bekannte Frau, die immer in Rivalität zur Frau von Mao stand, weil sie die Welterfahrenere war. Die Konflikte waren unvermeidlich, und die Rechnung wurde während der Kulturrevolution präsentiert. Später ging sie mit ihrer Tochter Tin Liu in die USA. Tin Liu studierte in Harvard, kam dann zurück und gründete ihre Beraterfirma, die sie geschickt Asia Link nannte. Sie hatte schnell dank ihrer Beziehung zur kommunistischen Partei renommierte internationale Kunden gewonnen. So wurde Asia Link auch die Beraterfirma von Hoechst. Hoechst hatte die Absicht, eine Holding einzurichten, was zur damaligen Zeit eigentlich nicht möglich war. Sie erreichte es, und so hatte Hoechst als erste deutsche Firma eine Holding-Gesellschaft in China für die Beteiligungen, die man aufbauen wollte. Tin Liu hat dann arrangiert, dass Dormann, Drew und Seifert mit einigen anderen Bereichsleitern einen Empfang beim Staatspräsidenten Jiang Zemin hatten.

Seifert, Drew, Dormann, Jiang Zemin, Chemieministerin, in der Halle des Volkes, Peking

Nachdem Seifert bei Hoechst ausgeschieden war, hat er ein paar Jahre später zufällig auf dem Flug von Hongkong nach Frankfurt Stephen Perry, den Sohn vom Gründer von London Export, getroffen und ihn gefragt, warum London Export so schnell in Ungnade gefallen war und plötzlich über Nacht durch Asia Link ersetzt wurde. Asia Link war wahrscheinlich besser als London Export, aber warum dieser abrupte Wechsel? Er hat Seifert erzählt, Herr Drew habe Ende 1994 verlangt, dass seine Frau Katy einen Anteil von 33 % an der Firma London Export bekommt oder es anderenfalls keine Aufträge mehr gäbe. Punkt. Das habe er abgelehnt, und damit war London Export bis auf einen Vertrag, der zuvor mit der Hoechster Pharma geschlossen worden war, draußen.

Im September 1992 organisierten Drew und Katy die erste Reise einer Hoechster Delegation nach China. Seifert war als einziges Vorstandsmitglied dabei, weil die Geschäftsbereiche Pharma und Landwirtschaft Projekte mit chinesischen Partnern diskutierten. Man hatte Gelegenheit, in den Ministerien Gesundheit, Landwirtschaft und Chemie den Hoechst-Konzern vorzustellen. Die Strategie war immer „trade against technology". Man wollte erreichen, dass Hoechst Produkte in China verkaufen kann und im Gegenzug dafür Technologie für deutsch-chinesische Joint Ventures nach China bringt.

Der Besuch in Peking war hervorragend organisiert. Es fiel auf, dass immer eine Flotte von mindestens fünfzehn Mercedeslimousinen vor dem Hotel bereitstand und die Hoechster unter Polizeischutz und mit Sirenen durch Peking zu den einzelnen Ministerien gebracht wurden. Man glaubte, dass dies eine besondere Geste der chinesischen Regierung sei, um die Hoechster Delegation überall schnell hinzubringen. Auch Ernie und Katy Drew erweckten immer den Eindruck, dass die Chinesen das alles für die Hoechster tun würden. Später sagte Jürgen Bäuerle, Geschäftsführer in Peking, dass Drew immer großen Wert auf standesgemäße Autos bei den jeweiligen Chinabesuchen gelegt habe und dies keinesfalls eine besondere Bevorzugung der chinesischen Regierung war, sondern dass Hoechst immer sehr viel Geld für diesen Luxus bezahlen musste. Ernie Drew wollte damit offensichtlich seiner Frau, aber auch den Hoechstern, imponieren.

Der Repräsentant von Hoechst für Hongkong und die Volksrepublik China zu jener Zeit war Alfred Schmitt. Er wurde schnell in den vorzeitigen Ruhestand versetzt, und ein Chinese namens Tang aus der Organisation der Hoechst-Celanese übernahm die Aufgaben des Geschäftsführers in Hongkong und in der Volksrepublik China. Dieser Wechsel in der Geschäftsführung wurde von Dormann als ein großer Erfolg gefeiert. In der Vorstandssitzung, in der der Wechsel beschlossen wurde, machte Dormann klar, dass nun durch die Betreuung von Ernie Drew erstmals ein englisch sprechender Chinese für diese für Hoechst so wichtige Region zuständig sei. In den nächsten zwei Jahren wurde es relativ still um Tang, der direkt an Ernie Drew berichtete. Es häuften sich merkwürdige Vorfälle, sodass die Hoechster Revision nach Hongkong geschickt wurde. Der Revisionsbericht war so geheim, dass er dem Vorstand nie zugänglich gemacht wurde, wie ein anderes Vorstandsmitglied berichtete.

Tang erzählte später seine Geschichte: Er war als Sohn chinesischer Eltern in Malaysia geboren, aber nun durch und durch Amerikaner, und sprach kein Wort Chinesisch. Er war als Chemieingenieur in den Chemieanlagen der Celanese in Texas beschäftigt. Drew schickte ihn und seine Familie gegen seinen Willen nach Hongkong, weil er zeigen wollte, dass er sofort einen Chinesen für diese Aufgabe gefunden hatte. Da er über keine allgemeine Management-Erfahrung verfügte und auch die chinesische Sprache nicht beherrschte, war er für die Aufgabe in keiner Weise vorbereitet und ihr auch nicht gewachsen. Drew ließ all diese Argumente nicht gelten und hatte ihn wider besseren Wissens nach Hongkong geschickt.

Die Story, dass nun ein Chinese die Geschicke von Hoechst in Hongkong und der Volksrepublik China erfolgreich leitete, war überhaupt nicht wahr und endete letztlich in einem Fiasko, das von Dormann und Drew vertuscht wurde. Dem armen Tang wurden Verträge vorgelegt, die er alle in gutem Glauben unterschrieb, so Gehaltserhöhungen für seine Direktoren. Die Hoechst Hongkong wurde regelrecht von ihren Mitarbeitern geplündert. Dormann, dem die Revision als Vorstandsvorsitzender unterstand, gab Anweisung, den Revisionsbericht über diese Vorfälle nicht zu verteilen. Tang wurde abberufen, und nach der Rückkehr nach Dallas verschwand er in der Organisation der Hoechst-Celanese an untergeordneter Stelle.

Das Agieren von Hoechst in China, insbesondere mit Ernie Drew, war sehr bizarr. 1993 wurde die in Amerika lebende Schwester von Katy Drew, Lin Lin, von Hoechst China mit Billigung von Jürgen Dormann eingestellt. Sie wechselte natürlich von den USA nach China, und Hoechst hatte für sie und ihren Mann den Umzug bezahlt. Einige Monate später wechselte Lin Lin von der Hoechst China zur Asia Link. Es handelte sich um eine abgekartete Sache, die Drew eingefädelt hatte, weil Katy Drew es so wollte.

Tin Liu

Tin Liu war später noch im Aufsichtsrat der Aventis China (Sanofi-Aventis China) und half der Firma auch gelegentlich. Es wurde von Mitarbeitern von Asia Link erzählt, dass die Schwester von Katy Drew nach einigen Monaten bei Asia Link wieder ausgeschieden und mit ihrem Mann, einem Künstler, nach USA zurückgekehrt sei. Sie habe so viel Geld erhalten (offiziell als Entschädigung von Asia Link), dass beide fünf Jahre damit problemlos leben konnten. Sicherlich hat Hoechst das bezahlt, wenn auch indirekt.

Mit Ernie Drew, der von Jürgen Dormann geholt wurde und als großartiger Manager hingestellt wurde, begann die große Korruption auf Vorstandsebene. Nach chinesischer Sitte ist es ganz normal, dass man für einen Auftrag Provisionen bezahlt. Eingeweihten war klar, dass ein beachtlicher Teil der Hoechster Zahlungen an den Auftraggeber zurückfloss. Tin Liu besitzt übrigens eine Villa neben der Villa der Drews in Santa Barbara, Kalifornien.

Ernst Schadow, Karriere mit Rückenwind

Ernst Schadow, Jahrgang 1942, erwarb sich einige Sporen, als er in der Hoechster Verfahrenstechnik einen bestimmten Fließreaktor optimierte. Er kam dann ohne weitere Berufs- oder Betriebserfahrung zu Wolfgang Hilger in die Zentrale Direktionsabteilung, wo er von 1979–1984 als sein Referent tätig war. In dieser Zeit starb die Frau von Wolfgang Hilger nach einem langen Krebsleiden, und in dieser für Hilger bitteren Phase seines Lebens wurde Ernst Schadow so etwas wie sein Vertrauter.

1984 übernahm Schadow für einige Wochen die Leitung einer Produktionsabteilung im Werk Höchst, um dann Ende 1985 die Bereichsleitung Anorganische Chemikalien übertragen zu bekommen. Seine Karriere vom Vorstandsassistenten zum Bereichsleiter der Grundstoffchemikalien des Hoechst-Konzerns vollzog sich innerhalb von 18 Monaten. Im Herbst 1987 wurde beschlossen, Ernst Schadow zum 1. 1. 1988 in den Hoechster Vorstand zu berufen.

Ernst Schadow

Schadow: Ich traf damals auf einen nach dem Senioritätsprinzip geleiteten Vorstand, der vom Alter her überwiegend bei 60 Jahren war und der eigentlich jede Kompetenz, die dort angesiedelt war, von der Pike auf erworben hatte. Als erstes Arbeitsgebiet bekam ich die „Technik der Werke" übertragen, ein riesiges Ingenieurressort von 12.000 Mitarbeitern mit einem Riesen-Handwerkerstamm, der völlig separat zu den Entwicklungen der Unternehmen gehalten wurde. Da kam mir zustatten, dass ich ein Diplom in Maschinenbau an der TU Darmstadt hatte; ich habe dann weiter Chemie studiert, übrigens auch in Chemie promoviert, nicht in Maschinenbau, obwohl dieser Dr.-Ing. das nicht zeigt. Das spielte natürlich auch bei der Berufung eine Rolle.

Bei den Diskussionen im Vorstand hat niemand in das Fachgebiet des anderen hineingeredet. Der Betreffende hat seine Meinung zu einem Problem oder einer Chance, die sich da eröffnete, kundgetan, und die anderen haben ihm zugehört. Ich hatte zu Anfang immer die Vermutung, die reden außerhalb der Vorstandssitzung alles so ab, dass das hier nur die letztgültige Zustimmung ist. Ich merkte auch, du bist da ja nie dabei. Dann habe ich auch mal links und rechts gefragt, nachdem ich ein bisschen ein persönliches Verhältnis entwickelt hatte. Ich begann dann auch Fragen in deren Arbeitsgebiete hinein zu stellen und merkte, dass die Kollegen das nicht wollten, dass es nicht lief. Sie empfanden es als zeitraubend, weil sie es eh besser wussten.

Justus Mische, kultiviert bis missmutig

Justus Mische, Jahrgang 1938, kam am 08.06.1988 in den Hoechster Vorstand, wo er nach einer langen Karriere im Fasernbereich (er war der jüngste je ernannte Verkaufsdirektor) das Ressort Personalwesen übernahm. Er war ein netter, kultivierter, angenehmer Vorstand, der sich meistens in operativen Fragen sehr zurückhielt. Gelegentlich äußerte er auch einmal eine gegenteilige Meinung. Justus Mische hatte ein gutes Renommee bei der Stadt Frankfurt, weil er Hoechst natürlich auf allen lokalen und regionalen Veranstaltungen vertrat. Er war Kunstliebhaber und so ein geschätzter Kunde der Frankfurter Galerien. Als 1995 der Vorstand in ein neues Bürogebäude auf der südlichen Mainseite wechselte, durfte er im Auftrag des Vorstandes Bilder für 800.000 DM für die neuen Räumlichkeiten erwerben. Diese gingen später mit zu Aventis nach Schiltigheim bei Straßburg. Die Bilder vermittelten traurige Stimmungen und wurden vor einigen Jahren zu einem geringen Preis verkauft.

Im Grunde hatte er Angst vor Wolfgang Hilger und später auch vor Jürgen Dormann. Er litt jahrelang unter psychisch bedingten Magenproblemen, was ihn oft missmutig machte.

Mische auf die Frage, wie es sein könnte, dass eine Person im Vorstand, wenn auch der Vorsitzende, die Macht hätte, den Konzern aufzulösen:

Sie kennen doch das Aktiengesetz. Da liegt doch nach deutschem Recht eine gemeinschaftliche Verantwortung im Vorstand. Sie sind ja witzig. Was heißt hier Macht? Nennen Sie es doch mal ganz schlicht Einfluss und Überzeugungskraft. Glauben Sie, dass Herr Dormann als einzige Person – ich übertreibe jetzt etwas – gegen den gesamten Vorstand und den Aufsichtsrat die Zerschlagung – in Anführungszeichen – des Konzerns beschlossen hat? Zunächst mal ganz schlicht und einfach: die Beschlüsse sind rechtlich einwandfrei zustande gekommen. Denn der Vorstand hat irgendwann einmal beschlossen, und der Aufsichtsrat hat aufgrund des Vorschlages des Vorstandes auch beschlossen. Also von der Seite her ist es geradezu naiv zu unterstellen, dass solche Prozesse nicht in der Weise vonstatten gegangen wären, wie es Aufsichtsräte und Vorstände laut Gesetz nun einmal einzuhalten haben.

Die Aktionäre haben – vermögensmäßig betrachtet – keinen Nachteil gehabt. Die Kurse sind ganz gut gelaufen. Ich will versuchen, Folgendes zu sagen: Irgendwann hat es Mitte der 90er-Jahre eine Situation gegeben, wo der Vorstand – ich sage jetzt bewusst: nicht der Herr Dormann – sich überlegen musste, wie geht es mit Hoechst weiter, und zwar vor dem Hintergrund von Veränderungen in der Weltchemie – Stichworte Novartis, ICI, Astra-Zeneca und, und, und. Diese Phase der Veränderung in der Weltchemie lief ja vorweg. Ich würde sagen, wir waren als Hoechst nicht besonders progressiv. Wir waren nicht die Ersten, die einen solchen Prozess in Bewegung gebracht haben. Wir haben aufmerksam links und rechts geguckt. Ich erinnere mich an eine Tagung in Venedig, wo ein berühmter ICI-Vorstandsvorsitzender lauthals gesagt hat, wenn die Chemie sich nicht verändert, geht sie unter. Wir haben gedacht, der spinnt. Und dann hat er plötzlich losgelegt.

Die Globalisierung nahm ihren Lauf, und anders als bis dahin, wo es zu einem völlig unbestrittenen Paradigma gehörte: Die Chemie ist ein Multiproduktunternehmen, ein Tausendfüßler im übertragenen Sinne, wo die Risikosituation durch eine Vielfalt von Produkten und Marktsegmenten, die ein Chemieunternehmen bedient, abgesichert ist, nicht nur produktmäßig, sondern auch regional. Die Chemie war in Deutschland vor dem Krieg und nach dem Krieg eine der am weitesten internationalisierten Industrien, weit vor Auto, weit vor Maschinenbau. In dieser Phase, als erkennbar wurde, dass Globalisierung kommt und dass Chemiekonkurrenten sich neu strukturieren, und zwar nicht nach dem Modell „in einer Firma ist alles“, sondern „in einer Firma ist nur Pharma“; bei Novartis ging das los mit

Pharma plus Landwirtschaft. Es war ja auch unser Modell Life Sciences. Das ging dann relativ schnell kaputt.

Aber der eigentliche Kerngedanke war, man hat nicht mehr alles unter einem Firmendach, sondern man hat sich globalisiert und dort Stärken gesucht, z. B. bei der Pharma, z. B. bei den Massenkunststoffen, z. B. bei den Farben etc. Und nach dieser Wahrnehmung haben wir uns dann Mitte der 90er-Jahre Fragen gestellt. Da war Dormann Vorstandsvorsitzender, und der ist das auch nicht gegen unseren Willen geworden.

Günter Metz, der Weltläufige

Günter Metz, Jahrgang 1935, war geschmeidig; manche sagen, er sei ein Opportunist gewesen. Da er nicht Nachfolger von Rolf Sammet werden konnte, wurde er stellvertretender Vorstandsvorsitzender bei Wolfgang Hilger. Das Sympathische an ihm war, dass er nie ein Hehl daraus machte, dass er sich nicht sonderlich für die Firma engagierte. Er wurde Präsident der CEFIC in Brüssel, wo er bald alle guten Restaurants kannte. Er traf seine vielen Freunde aus der chemischen Industrie zum Golfen oder lud sie zu den Salzburger Festspielen ein und wurde so, wie Jürgen Dormann es bei seinem Jubiläum formulierte, ein hervorragender Botschafter von Hoechst.

Seine Mitarbeiter konnten nie auf ihn zählen, und jeder wusste, dass man sich auf Günter Metz nicht verlassen konnte. Zu seinen unmittelbaren Mitarbeitern pflegte er zu sagen: *„Sie werden hier bezahlt, um Ihre Probleme selbst zu lösen.“* Diese hatten somit keine Chance, diesbezüglich von ihm Hilfe zu erwarten.

1993 erkrankte er sehr schwer, sodass manche schon nicht mehr mit seiner Wiederkehr in den Hoechster Vorstand rechneten. Als er dann doch wieder zurückkam, war sein bis dahin schon geringes Engagement für Hoechst gänzlich geschwunden. Er hatte keine Scheu zu sagen, dass er froh war, überlebt zu haben und wollte fortan das Leben nur noch genießen. Günter Metz, der früher schon nie widersprochen hatte, war nun ein willfähriges Werkzeug von Jürgen Dormann.

Unstrittig sind seine Verdienste im Zusammenhang mit der Aktionärsrolle der Kuwaitis. Mittels seiner Intelligenz und seines diplomatischen Geschicks hatte er den Großaktionär jahrelang in Schach gehalten und von störender Einflussnahme auf die Unternehmenslenkung abgehalten. Nach Metz ist eine gute Kooperation mit den Kuwaitis daran gescheitert, weil die Hoechster mit denen einfach nicht wollten oder nicht konnten. Es war kein Interesse da. Metz: *„Man hat gesagt, die blöden Kerle da, die sitzen doch nur im Aufsichtsrat rum. Und da müssen wir einmal im Jahr hinfahren, weil sie halt so und so viel Prozent haben. Die technisch Orientierten bei uns haben sie nicht als Partner erkannt nach dem Motto: Gucken wir mal, die haben Rohstoffe und Geld, und wir haben Know-How und Marktposition, ob wir da vielleicht was machen könnten.“*

Günter Metz, der mit Jean-Marc Bruel, einem Vorstandsmitglied von Rhône-Poulenc befreundet war, hat bei der Fusion zwischen Hoechst und Rhône-Poulenc eine wichtige Rolle gespielt. Die Fusionsverhandlungen zur Aventis hat er gemeinsam mit Dormann durchgezogen. Auf der anderen Seite saßen Fourtou und Bruel. Als Dank dafür durfte er in den Aufsichtsrat der Aventis S.A. wechseln und bis 2004 Aufsichtsratsvorsitzender der Celanese AG werden.

Lassen wir Metz zu Worte kommen:

Es gibt Leute, die behaupten, mit der Zerschlagung der IG Farben ist Hoechst schlecht weggekommen, Bayer war noch eine konsolidierte Einheit, die BASF noch besser. Das stimmt nicht. Jetzt sollten wir mal Hoechst nicht kleinreden. Es war lange Jahre das größte Chemieunternehmen weltweit, ganz gewiss in der Bundesrepublik. Wir haben heruntergeschaut auf die BASF, weil die immer noch mit Kohlechemie oder sonst was herumgemacht haben, Bayer war auch nicht sonderlich beeindruckend. Bei Bayer hat man gesagt, die bringen in der Pharma nichts zustande. Hilger hat versucht, Hoechst gut zusammenzuhalten. Aber es hat ihm natürlich der internationale Zug gefehlt.

Wer sollte in die Fußstapfen von Lanz als Außenminister getreten sein? Diese Position gab es nicht mehr. Es gab niemand mehr, der das konnte. Später, aber das war sehr viel später, habe ich mich dann bemüht. In der Zwischenzeit war niemand Kompetentes da.

Sammet-Lanz war eine Idealkombination für ein Chemie-Weltunternehmen. Dann kam – von Hilger hochgezogen – Dormann. Der konnte Englisch und war Finanzmann und weltläufig. Und dann, man könnte es fast bösartig sagen, was bei Hilger zu viel Technik und Naturwissenschaft waren, das waren bei Dormann zu viel Finanzen und Strategie-Spinnereien. Das ist jetzt übertrieben, aber vom Trend her richtig.

Dormann hat damals schon eine sehr starke Position gehabt. Zum Beispiel der Kauf der Celanese, das war nicht Hilger, das war Dormann. Genau betrachtet war es ein Riesenaufwand an Kapital, und es ist nie ein Dollar Dividende rübergekommen. Blackstone hat dann viel später die Dollar gemacht.

Der Störfall Griesheim war eigentlich unbeachtlich. Nur hat er verhindert, was vielleicht wieder gut gewesen wäre, dass Hilger Aufsichtsratsvorsitzender wurde. Ein Aufsichtsratsvorsitzender Hilger und ein Vorstandsvorsitzender Dormann, das wäre auch optimal gewesen. Dann hätte Hilger noch die Bremsfunktion gehabt.

Karl-Gerhard Seifert, der Auffällige

Karl-Gerhard Seifert, Jahrgang 1946, wurde 1988 in den Vorstand berufen. Mit damals 41 Jahren war er der Jüngste im Vorstand. Er hatte eine bemerkenswerte Karriere hingelegt, mit zwei ungewöhnlichen „Etappen-Sprüngen“: Vom Bereichsreferenten in der Zentralen Direktionsabteilung wechselte er, noch keine 40, ohne operative Zwischenstation, direkt in die Leitung dieser Stabsabteilung. Und aus jener wiederum wurde er, ohne die sonst übliche Bewährung in der Leitung eines Geschäftsbereichs oder Ressorts, direkt in den Vorstand berufen.

Karl-Gerhard Seifert

Schnelligkeit ist ein wesentliches Merkmal nicht nur von Seiferts Karriere, sondern auch seiner Persönlichkeit: Mit 25 hatte er in Chemie promoviert, danach absolvierte er in den IBM-Labors in den USA ein Post-Doc-Programm. Seifert begreift, urteilt und entscheidet schnell, quält sich nicht mit tief schürfenden Hinterfragungen. Er ist ein wenig ein „Hoppla-jetzt-komm-ich-Typus“ und ein Mensch, der das Glück anzieht, auch das des günstigen Augenblicks. Er ist bodenständig geblieben, ein „hessischer Bub“, war nie versucht „abzuheben“. Menschen, die ihm loyal zugearbeitet haben, hält er die Treue. Aufgrund dieser Charaktereigenschaften war er in der Belegschaft und bei den Arbeiternehmer-Vertretern beliebt und angesehen. Er war dort eindeutiger Favorit für die Hilger-Nachfolge. – Seifert berichtet:

Ich kam Ende 1972 zu Hoechst, war kurz in der Forschung. Dann ging ich in die Produktion. Ich habe damals die ersten Computer- oder Prozess-Steuerungen eingeführt in die Produktion, was reiner Zufall war. Ich bin dann meinen Vorgesetzten aufgefallen und wurde nach Brasilien geschickt, sollte einen ganz maroden Betrieb umstrukturieren. Ich bekam 6 Millionen D-Mark mit als Kostenvoranschlag, ich sollte das damals umbauen. Die Inflation hat so gut für mich gearbeitet, ich konnte machen, was ich wollte, ich habe nie mehr ausgegeben als 3 Millionen D-Mark. Die Zentrale in Hoechst konnte das nicht nachvollziehen, wie das funktionierte. Nach zwei Jahren war ich dann der tolle Betriebsführer, der zum ersten Mal in der Geschichte der IG Farben, wie man mir sagte, einen genehmigten Kostenvoranschlag nicht ausgeschöpft hat; die meisten wurden überzogen. Und ich habe gesagt, ich habe alles gemacht und habe nur 3 Millionen gebraucht. Aber tut mir einen Gefallen und gebt mir einen neuen Kostenvoranschlag für 3 Millionen D-Mark. Das wusste ich damals nicht, das habe ich erst später erfahren, in der monatlichen zentralen Bereichskonferenz, wo die Bereichsleiter mit dem Vorstand saßen, wurde das besonders erwähnt, dass ein junger Betriebsführer zum ersten Mal einen Kostenvoranschlag zur Hälfte zurückgibt und dafür einen neuen beantragt. Ich nehme mal an, das war damals Dormann aufgefallen, der mich dann holte.

Im Nachhinein ist ein bisschen schwer zu erklären, weshalb Ernst Schadow vor mir bereits am 1. Januar 1988 in das wichtige Gremium, den Vorstand, kam, hat aber etwas mit Kollegen-Konkurrenz zu tun. Das war für mich, glaube ich, schon eine unglaubliche Enttäuschung. Ich hatte drei, vier Jahre ZDA-Leiter auf dem Buckel, welche wirklich die schlimmsten Jahre meines Lebens waren und an die ich auch kaum noch Erinnerungen habe, weil sie nur Hektik und Stress bedeuteten. Dann haben wir in dieser Zeit noch die Cordes-Entführung gehabt. Mit dem Herrn Maus habe ich teilweise Tag und Nacht verhandelt, wie man heute weiß. 603 Tage habe ich mich um unseren Kollegen und seine Familie gekümmert, der in Beirut in Geiselhaft saß. Ich bin dann mit Bundesminister Schäuble nach Damaskus geflogen, und wir haben ihn rausgeholt. Herr Schadow, der nebenbei eine elegante Karriere gemacht hat, war erst mein Mitarbeiter, dann Bereichsleiter, dann Vorstand: da war ich kurz davor zu kündigen. Das habe ich nie erzählt. Aber als ich im November 1987 das Protokoll schreiben musste, dass der Vorstand beschließt, Herrn Schadow in den Vorstand zu berufen, bin ich mittags nach Hause gegangen und habe gedacht, jetzt musst du dir irgendwas überlegen, irgendwas stimmt hier nicht mit dir. Dann bin ich in den Taunus gefahren, bin eine Stunde spazieren gegangen und habe beschlossen, nicht zu kündigen. Dann kam ich also Mitte 1988 in den Vorstand. Eigentlich hatte ich damals kein Ressort. Das habe ich später gelernt, das war so ein bisschen der Einfluss von Herrn Sammet noch, der mich im Vorstand haben wollte. Hilger, glaube ich, hat mich da nicht sofort gesehen. Aber Hilger ist sehr beständig, der war froh, dass er sich an einen gewöhnt hatte, der war mit mir zufrieden, und dann musste er sich einen neuen Leiter der Zentralen Direktionsabteilung suchen, weil die keinen geeigneten Nachfolger gehabt haben. Ich habe dann Utz-Hellmuth Felcht vorgeschlagen. Für den gab es jedoch andere Pläne.

Ja, ich habe meine Karriere Dormann zu verdanken. Er hat mich als Leiter der Zentralen Direktionsabteilung gefördert und mich auch am 1. 1. 1984 zu seinem Nachfolger gemacht, als er in den Vorstand berufen wurde. Wir waren bis Mitte 1995 als Vorstandskollegen ein gut eingespieltes Team. Ich habe immer unterstützt, dass er den Vorstandsvorsitz übernimmt. Allerdings entwickelte er dann ein merkwürdiges Verhalten, wie es gelegentlich anderen Managern auch ging, die den Höhepunkt ihrer Karriere erreichen. Er konnte nicht mehr zuhören, traf falsche Entscheidungen, insbesondere Personalentscheidungen und akzeptierte keine Kritik mehr. Anfang März 1996, es war der Geburtstag meiner Frau, kam es zum großen Krach am Rande einer Konferenz in Indien. Seit dieser Zeit haben wir kaum noch miteinander gesprochen. Hoechst war mir ziemlich egal, und ich suchte nur einen Ausweg in einen anderen Job. Dies habe ich dann geschafft, indem ich die gesamte Feinchemie an die Clariant verkaufte und dort 1997 Vorstandsvorsitzender wurde. Manche haben gesagt, ich sei deshalb der Totengräber von Hoechst gewesen. Mag sein, aber das Grab hat Dormann mit seinen Weggenossen vorher ausgehoben.

Utz-Hellmuth Felcht, der Entroster

Utz-Hellmuth Felcht, Jahrgang 1947, galt als guter Wissenschaftler, der seine Karriere in der Forschungsorganisation begonnen hatte. Dazu war er ein Kämpfer und hielt mit seiner Meinung nicht hinter dem Berg. Er wurde 1986 in die Zentrale Direktionsabteilung versetzt und dort zum Direktor befördert. Danach übernahm er die Leitung der Zentralforschung. Anschließend wechselte er in den Vorstand der Hoechst Celenese nach USA. Dort hieß sein Chef Ernie Drew, mit dem ihn schließlich eine heftige Abneigung verband. Das Verhältnis wurde auch nicht besser, als Drew später in den Hoechster Vorstand kam. Felcht gehörte dem Vorstand seit 1991 an und unterstützte ab 1996 nicht mehr die Strategie von Dormann, tat allerdings auch nichts dagegen. Er wechselte dann zur SKW Trostberg AG und kam über diese Station zur Degussa, wo er schließlich Vorstandsvorsitzender wurde. – Felcht im Originalton:

Es wäre interessant, einen Rechtsanwalt zu fragen, ab wann man eigentlich aus der alten Schule plaudern darf. Oder muss man das Wissen für die Ewigkeit mit ins Grab nehmen? Wenn es da eine Frist gäbe, dann könnten viele Themen natürlich freier behandelt werden. Es gab Sachen, da konnte man einfach nicht zustimmen, wenn man abends noch in den Spiegel gucken wollte".

Ich glaube schon, dass am Anfang, ich sage mal in den ersten zwei Jahren, der Vorstand unter Herrn Dormann sehr vernünftig gesagt hat, wir müssen was tun. Wir müssen Strukturen verändern, wir müssen schneller werden, wir müssen beweglicher werden. Da war dieses berühmte Wort „entrosten" von Dormann. Da gab es noch viel Schwung und Elan. Und dann begann aber doch, sage ich mal, eine Polarisierung im Vorstand. Ich glaube, das wird Ihnen auch jeder bestätigen. Es gab einerseits sicherlich Leute, die wollten nicht so weit gehen wie Herr Dormann in den Veränderungen. Und dann gab es Leute, die wollten wie Dormann offensiv sein. Ob alle immer gewusst haben, was der Herr Dormann wollte, das wage ich zu bezweifeln.

Für mich hat sich im Laufe der Zeit schlicht und einfach die Erkenntnis durchgesetzt, dass ich diesen Weg so nicht mitgehen wollte, auch nicht mitgehen konnte. Meine Rolle bei diesen Veränderungen wurde systematisch gestutzt, weil Herr Dormann wohl erkannt hatte, dass ich in vielen Angelegenheiten anderer Meinung war als er. So bin ich letztlich der Einzige gewesen, der freiwillig aus eigenem Beweggrund – lange vor Ablauf der damaligen Amtsperiode – weggegangen ist.

Die ganze Wahrheit werden Sie wahrscheinlich nie herauskriegen, weil es sich auch um Interna handelt. Viele der Sachen, die passiert sind, werden von den unterschiedlichen Leuten mit Sicherheit unterschiedlich beurteilt. Das ist auch nichts Ehrenrühriges. Ich bin ziemlich sicher, dass Herr Dormann sagt, das war der einzige richtige Weg.

Drew war ein Deutschenhasser par excellence, was er, selbst als er schon in Deutschland im Vorstand war, ungeniert in der Fabrik gesagt hat. Drew war aber auch der, der Dormann benutzte, um Veränderungen knackiger Art durchzuführen.

Es war halt so: Wenn der gesamte Vorstand den Weg von Herrn Dormann mitgeht und der gesamte Aufsichtsrat den Weg unterstützt, dann kommt man irgendwann in eine Situa-

tion, bei der man sich fragt: Was kann ich hier noch bewirken mit meiner anderen Meinung? Und wenn man dann sagt: Das kann ich nicht mittragen und will ich nicht mittragen, dann muss man gehen.

Einen Großteil der Dormann-Zeit war ich Arbeitsdirektor. Das heißt, wenn einer wusste, was die Arbeitnehmer wissen und was sie nicht wissen, dann war ich das. Und die Arbeitnehmervertreter wussten ganz genau, was kommt. Das ist ihnen doch mehrmals erzählt worden. Die haben es einfach nicht glauben wollen. Nehmen wir den Verkauf der Feinchemie an Clariant. Dass Hoechst nur 45 % besitzen würde, stand in dem Vertrag, ganz deutlich, dass also Hoechst nicht mehr die Mehrheit haben wird. Die 45 % waren überdies von den Stimmrechten her beschränkt. Spätestens da hätten die Arbeitnehmer erkennen müssen, dass damit diese Feinchemie weg ist. Im Aufsichtsrat gab es aber keinen Widerspruch.

Deswegen ging Seifert doch weg, hin zu Clariant. Der hat doch klar gesehen, dass es bei Hoechst den Bach runter geht. Mit dem Rest von Hoechst war kein Staat mehr zu machen. Dann wurde das Pharma-Management ausgetauscht, es kamen die Amerikaner rein, die angeblich besseren Pharma-Manager. Als Waesche die Pharma übernahm, hieß es auf einmal, dank der neuen Managementführung wird der Pharma-Bereich jedes Jahr zwei Blockbuster herausbringen. Reiner Mumpitz. Damals gab es eine Statistik von dem ehemaligen Forschungsleiter von Sandoz, dass in den letzten 10 Jahren die großen Pharma-Firmen im Durchschnitt nur 0,25 Blockbuster pro Jahr herausgebracht haben. Ich habe damals die Frage gestellt, weil für die Forschung zuständig, wieso sollen wir jetzt auf einmal achtmal besser werden als der internationale Durchschnitt? Wo soll denn das herkommen? Da ist mir gesagt worden, das machen die amerikanischen Pharma-Manager schon.

Wahrscheinlich wurde im Laufe dieses Prozesses – es hieß ja erst, wir stehen auf drei Beinen, wir machen drei Bereiche: Industrie, Landwirtschaft, Pharma – deutlich, dass Dormann mehr in Richtung der sanften Chemie gehen will, nämlich Landwirtschaft und Pharma und weniger die Industrieseite bevorzugt. Und erst dann begannen die ersten Abspaltungen von Industriegeschäften, mit Clariant, einem der größten. Und da waren es auf einmal nur noch zwei Beine. Celanese wurde zwar noch gebraucht als Cash-flow-Lieferant, um den Ausbau der Pharma zu forcieren und die schwache Pharma-Seite Mitte der 90er-Jahre zu kaschieren. Dann auf einmal hieß es, wir sind nur noch Landwirtschaft und Pharma. Damals habe ich schon gesagt: Und irgendwann sind wir nur noch Pharma oder wie? Und so kam es dann auch. Ich war zwar schon weg. Dann wurde auch das Landwirtschaftsgeschäft verkauft. Das war geplant. Die Verkäufe waren doch alle nur dazu da, um Ergebnis zu machen.“

Warum hätte eine Holdingstruktur, die wir ersonnen hatten, nicht erfolgreich auf Armeslänge Herberts weiterführen können? Herberts hatte eine Spitzenstellung in der Wasserlacktechnologie. Herberts war die erste Firma, die Wasserlacke eingeführt hatte bei den Autos. Da muss man bloß Leute haben, die was davon verstehen und sich dafür interessieren. Ich glaube, dass der Hoechster Vorstand insgesamt nicht den Mut hatte zu sagen (wenn sie es überhaupt wollten, das weiß ich gar nicht): nein: Wir wollen nicht, dass

Hoechst immer kleiner wird, sondern wir wollen die richtigen Leute an die richtigen Plätze setzen, und dann kriegen wir das auch wieder hin.

Dormann hatte immer Angst vor feindlicher Übernahme. Und ich habe immer gesagt, wer soll denn so ein Konglomerat wie die Hoechst AG übernehmen? Das macht kein Mensch. Nur wenn man ganz klar aufgestellt ist, wird man ein Übernahmekandidat, wie Schering es zum Beispiel geworden war. Alles andere weg, nur noch rein Pharma, das ist klar: Wenn man eine schöne Nischenproduktion hat, wird man irgendwann übernommen, wenn man nicht groß genug ist.

Hoechst hätte den anderen Weg gehen können. Davon bin ich überzeugt. Aber die führenden Leute oder die Mehrheit der führenden Leute, sage ich vorsichtig, hat diesem Weg zugestimmt. Und so ist es halt gekommen. Heute empfinde ich das ohne Weltschmerz. Ich war 21 Jahre bei dem Unternehmen, 99 % der Leute, die ich kennengelernt habe, waren anständige, gute Leute. Sie müssen heute mal gucken, wo überall Hoechster sind; ein Löscher, ein Linzbach, ein Köhler, beste Leute – ehemalige Hoechster.

Prof. Hilger war sicherlich ein harter Knochen. Aber erstens hat er die wirtschaftlich erfolgreichsten Jahre für Hoechst dargestellt. Das muss man auch mal sagen. Zweitens hat er durchaus Weitsicht bewiesen, denn unter Hilger ist Celanese gekauft worden, nicht unter Dormann.

„Einer, der wirklich noch Rückgrat hatte im Vorstand von Hoechst war Felcht“, so urteilte Ingolf Hornke vom Sprecherausschuss der Leitenden Angestellten, der lange Jahre im Aufsichtsrat von Hoechst saß. Der habe sich frühzeitig etwas anderes gesucht. Als Felcht Dormann informiert hatte, dass er das Unternehmen verlässt, stand das schon am nächsten Tag in der Zeitung. Das habe Dormann derartig aufgeregt, allerdings nur vordergründig, dass er ihn fristlos entlassen habe. Er hätte das Unternehmen innerhalb von drei Stunden zu verlassen. Das waren Dormanns Methoden.

Daraufhin sei Hornkes Nachfolger, der Sprecherausschuss-Stellvertreter Konrad, zu Martin Frühauf gegangen und habe protestiert: *„Das macht der Aufsichtsrat und nicht der Vorstand.“* So konnte das Thema Felcht zu einem vernünftigen Ende gebracht werden, zu einem ordentlichen Abgang. Der Rausschmiss innerhalb von drei Stunden war passé.

Horst Waesche, der Beweinte

Horst Waesche, Jahrgang 1940, hatte eine Ausbildung als Landvermesser an der Landwirtschaftsschule Witzenhausen absolviert. Er arbeitete einige Jahre als solcher in Ecuador und trat dann in die Firma ein, die in Ecuador die Hoechster Interessen vertrat. Die besagte Firma wurde dann ganz von Hoechst übernommen, und Horst Waesche wurde ein Hoechster Angestellter. Er bekleidete mehrere Positionen in Afrika und Fernost für den Geschäftsbereich Landwirtschaft und arbeitete schließlich unter der Leitung von Jürgen Dormann in der Zentralen Direktionsab-

Horst Waesche

teilung. Von dort ging er als Industrieleiter zur Hoechst Japan und übernahm 1987 nach der Pensionierung von Alfred Dienst die Leitung der Hoechst Group in Japan. Da er über wenige Fachkenntnisse im Industrie- und keine im Pharmageschäft verfügte, war er für die Hoechster Geschäftsbereiche ein idealer Gesprächspartner. Er hatte sehr früh seine Rolle als „Hausherr in Japan" begriffen, der die Infrastruktur im Lande betreute, damit die Hoechster Bereiche ihr Geschäft gut entwickeln konnten.

Sein Hauptanliegen war, den Namen „Hoechst" in Japan bekannt zu machen. Er war besonders stolz, als es Hoechst gelang, ein Hoechst-Schild mit Brücke und Turm auf dem Tokioter Flughafen Narita anzubringen. Waesche engagierte sich sehr dafür, ein Forschungszentrum in Kawagoe zu errichten, weil er glaubte, damit talentierte Japaner bei Hoechst anwerben zu können.

Auf die meisten Menschen wirkte er sympathisch. Er hatte einen intellektuellen Habitus, und da er seinen Kopf immer zur Seite legte, vermittelte er außerdem den Eindruck eines sehr guten Zuhörers. Dies tat er aber deswegen, weil er als Kind einmal eine Mittelohrentzündung hatte und auf dem rechten Ohr taub war.

Horst Waesche hatte, wie oben erwähnt, seine Rolle in Japan als „Hausherr" gefunden. Er war zwar in dieser Funktion frustriert aber dennoch bereit, bis zu seiner Pensionierung in Tokio zu bleiben. Seine Frau glaubte, eine begabte Malerin zu sein, und jede Vertretung in Fernost konnte Bilder von ihr für die Geschäftsräume kaufen. Später, als Horst Waesche im Hoechster Vorstand war, erzählte sein Fahrer oft, dass er ihre Bilder von einer zur anderen Ausstellung fahren musste.

Waesche besaß keine besonderen Fachkenntnisse, und seine Managementfähigkeiten galten allgemein als beschränkt, da er in den letzten 10 Jahren als Landeschef immer nur die sogenannte „Hausherrenfunktion" wahrgenommen hatte. Dies hatte ihn am Anfang sehr demotiviert, und er pflegte jedem zu sagen, der es hören wollte oder nicht, dass er ja nun nur als „Hausherr" hier sei (in dem jeweiligen Land), damit die Hoechster Geschäftsbereiche ihr Geschäft machen könnten, und das würde er halt so lange tun, bis man ihn pensioniert.

Die Berufung von Horst Waesche in den Hoechster Vorstand zum 26.04.1995 hat bei vielen der jüngeren Bereichsleiter und Volldirektoren einen bitteren Geschmack erzeugt. Sie konnten diesen Schritt nicht verstehen, aber ihre Frustration halbwegs beherrschen, weil Horst Waesche doch ein lieber, netter Kerl war, der keinem etwas angetan hatte und jemals antun würde. Hier waren einerseits die Bereichsleiter, die ein Geschäft in der Größenordnung von mehreren Milliarden DM zu verantworten hatten und die dadurch, dass sie meistens in unmittelbarer Nähe des Hoechster Vorstandes arbeiteten, mit Problemen überhäuft wurden. Nun wurde jemand in den Vorstand berufen, der in den letzten 10 Jahren nichts Besonderes für den Konzern geleistet hatte, außer den Namen „Hoechst" in Japan bekannt zu machen. Im Gegensatz zu seinem Vorgänger Alfred Dienst hatte Waesche nicht einmal Japanisch gelernt und war nicht in die japanische Gesellschaft und die japanische Kultur eingetaucht. Das ist insofern etwas putzig, als Dormann Waesche quasi als „Asiaten" in den Vorstand berufen hatte. Er wollte unbedingt aus den Regionen Nordamerika, Südamerika und Asien je einen Repräsentanten im Vorstand haben. Mangels eines „echten" Asiaten wurde Waesche als dienstältester Asien-Delegierter gleichsam als Ersatz-Asiate ausgewählt.

Horst Waesche wollte in die Hoechster Unternehmensgeschichte eingehen als der Entdecker des indischen Subkontinents. Hoechst hatte in der Vergangenheit bedeutende indische Aktivitäten aufgebaut, insbesondere im Bereich Pharma, wo man auch ein Forschungszentrum betrieb. Kurz nach seiner Berufung in den Vorstand gab Waesche in Singapur ein Interview: Jetzt, seit seiner Zuständigkeit auch für Indien, plane Hoechst von 1995 bis zur Jahrtausendwende in dem Land eine Milliarde Dollar zu investieren. Die Vorstände, welche die indischen Verhältnisse kannten, waren darüber, gelinde gesagt, verwundert, weil eine solche „Strategie" weder im Vorstand diskutiert worden war noch auch nur in der Nähe von Realismus lag. Es ist, war allemal zu der Zeit, schlicht unmöglich, jährlich 200 Millionen Dollar in Indien zu investieren. Mitarbeiter der BASF scherzten auf dem Rückflug von China nach Deutschland, dass man gerade einen Subkontinent überfliege, in dem der Konkurrent beträchtliche Summen investieren wolle. Die „Strategie" aber stand nun im Raum. Folglich wurde ein Mitarbeiter ausgesucht, der das Zeug für einen zukünftigen Hoechster Vorstand hatte und beauftragt, nun Indien für Hoechst zu entwickeln. Flugs nach dessen Ankunft in Indien begann die Zerschlagung von Hoechst. Nichts wurde in dieser Zeit in Indien investiert. Der Mitarbeiter, Dr. Bernhard Hofmann, bekleidet heute nach einigen Umwegen eine wichtige Funktion bei der BASF.

Was entscheidend war: Horst Waesche hatte eine Eigenschaft, die ihn für Dormann unersetzlich machte: Er war diesem bedingungslos hörig. Was immer Dormann sagte, wurde von Waesche kritiklos hingenommen und mit der ihm eigenen spezifischen Eigenschaft, eine gewisse professionelle und intellektuelle Nachdenklichkeit zu zeigen, weiterverbreitet.

Waesche war seinen Aufgaben weder fachlich noch mental, womöglich auch intellektuell, nie gewachsen. Seine Erkrankung und schließlich sein vorzeitiger Tod hatten vermutlich mit seiner Überforderung zu tun. Bei seiner Trauerfeier erstickten Dormanns Worte in Tränen.

Claudio Sonder, der Globalisierer

Noch viel schlimmer sollte es bei der Berufung von Claudio Sonder in den Vorstand kommen.

Claudio Sonder, Jahrgang 1942, hatte deutsch-jüdische Eltern, die wohl 1938 nach Brasilien ausgewandert waren. Er galt allgemein als ein skrupelloser Opportunist, der keine Freunde im Hoechster Management hatte. Er kam Anfang der 80er-Jahre für zwei Jahre in die Hoechster Direktionsabteilung, wo er die Kunst der Intrige vervollständigte. Sein Nachfolger in dieser Position war Gil Epstein. Sonder kehrte als Industrieleiter nach Brasilien zurück. Seine große Stunde kam, als Wolfgang Waldhoff, Gesamtleiter der Hoechst do Brasil, am 21.08.1983 beim Tennisspielen einen tödlichen Herzinfarkt erlitt. Zur großen Überraschung wurde Claudio Sonder Vorsitzender der Geschäftsführung der Hoechst do Brasil. Man glaubte wohl damals, dass ein Brasilianer aufgrund der schwierigen wirtschaftlichen und inflationären Situation im Lande die Geschicke der Gesellschaft besser leiten würde als ein Deutscher.

In den Folgejahren entwickelte sich die Hoechst do Brasil zyklisch, wie sie das immer getan hatte. Claudio Sonder war ein Meister in der verfälschenden Darstellung: Selbst die größten Verluste der Hoechst do Brasil konnte er anhand von eindrucksvollen Schaubildern immer positiv darstellen. Meistens war die Regierung an der schlechten Lage der Hoechst do Brasil schuld.

Die Hoechster Bereichsleiter wollten nicht mit Claudio Sonder zusammenarbeiten. Man konnte ihn aber auch nicht öffentlich kritisieren, da man leicht in den Geruch des Antisemitismus geriet. Dies war ein Schutzschild, den Claudio Sonder immer hervorragend zu nutzen verstand.

Das Industriegeschäft wurde Anfang der 90er-Jahre von Günter Martin übernommen, der mit seiner pragmatischen Art ein vernünftiges Verhältnis zu den Hoechster Geschäftsbereichen entwickelte.

Claudio Sonder baute sich in der Umgebung von São Paulo ein neues Haus, wobei es ein offenes Geheimnis war, dass dieses vorwiegend von Hoechst bezahlt worden war, weil es sich dabei angeblich um Sicherheitseinrichtungen gehandelt habe.

Nachdem Ernie Drew in den Vorstand gekommen war, zeigte Claudio Sonder seinem Freund Ernest Drew Südamerika. Die Familien Drew und Sonder charterten ein Flugzeug und flogen dann zwei Wochen lang alle Länder Südamerikas ab. So sollte Ernie Drew, dem alle Länder südlich des Rio Grande ein Horror waren, Verständnis für Südamerika entwickeln. Es war die Zeit, wo man solche Auswüchse tolerierte; unter Sammet oder Hilger wäre so etwas nicht möglich gewesen.

Sonder wurde schließlich Bereichsleiter für Kunststoffe in Höchst und am 01.05.1996 in den Hoechster Vorstand berufen. Dormann hatte jetzt auch einen Südamerika-Repräsentanten im Vorstand: Der Vorstand war nunmehr „globalisiert".

Nun war es also doch geschehen, und die nächste Frustrations- und Demotivationswelle rollte über engagierte Mitarbeiter, die sich bis dahin noch Hoffnung auf einen Vorstandsposten gemacht hatten. Es begann dann eigentlich die Zeit, in der auch das Topmanagement unterhalb der Vorstandsebene keine großen Ambitionen mehr entwickelte, und viele resignierten. Den meisten Topmanagern war klar, dass die weitere Entwicklung des Unternehmens bei einer solchen Zusammensetzung des Vorstands nicht gut ausgehen würde.

Im Herbst 1997 entschied Dormann, dass Sonder künftig für das restliche Chemiegeschäft zuständig sein sollte. Dies teilte er auch Utz-Hellmuth Felcht mit trockenen Worten mit, der darüber unglaublich verärgert war. Wahrscheinlich war das auch der Zeitpunkt, wo Utz-Hellmuth Felcht innerlich beschlossen hatte, Hoechst zu verlassen.

Am meisten litt wohl Gerhard Prante unter Claudio Sonder. Sonder übernahm 1997 von Waesche die Zuständigkeit für das Landwirtschaftsgeschäft. Gerhard Prante ging irgendwann so weit, dass er sich bei Dormann beschwerte und drohte, von Hoechst wegzugehen, wenn keine Änderung eintreten würde.

Letztlich hat sich für Claudio Sonder sein geschicktes Verhalten bezahlt gemacht: Er wurde Vorstandsvorsitzender der Celanese AG, die 2004 an den amerikanischen Finanzinvestor Blackstone verkauft wurde. Es ist davon auszugehen, dass Claudio Sonder bei diesem Deal mehrere, wahrscheinlich zweistellige, Millionen Euro erhalten hat.

Die wahrscheinlich größte unternehmerische Fehlentscheidung, die Claudio Sonder traf, war die Bildung eines Joint Ventures mit der Rhodia in Brasilien. Hoechst hatte mit der CBS ein teilweise recht erfolgreiches Fasergeschäft in Brasilien aufgebaut. CBS war eine Mehrheitsbeteiligung von Hoechst mit einem brasilianischen Partner, der Anfang der 90er-Jahre aufgekauft wurde. In der CBS in Osasco, einem Vorort von São Paulo, wurden Textilfasern und auch technische Fasern hergestellt. Die Fabrik wurde in den vielen Jahren immer als Aufstiegsmöglichkeit für gute Manager gesehen. Anfang der 90er-Jahre geriet das Faserngeschäft in eine Krise, und Sonder forcierte die Fusion mit der brasilianischen Rhodia, die das Faserngeschäft von Rhône-Poulenc in Brasilien betrieb. Dieses Joint Venture wurde nie in aller Ausführlichkeit im Vorstand diskutiert, sondern blieb Geheimsache zwischen Metz und Thomsen, die in ihren jeweiligen Funktionen dieses Projekt unterstützten. Claudio Sonder war zu jener Zeit Geschäftsführer der Hoechst do Brasil und die treibende Kraft für dieses Joint Venture, mit der Folge, dass er dann der Präsident dieser neuen Gesellschaft wurde.

Mit der Geschäftsführung wurde ein Herr Bläsing betraut, der bis dahin in der Geschäftsführung der Hoechst do Brasil das Faserngeschäft verantwortete. Dieses Joint Venture wurde von allen als ein großartiger Erfolg herausgestellt. Bläsing wurde in eigener Sache auch Schriftsteller. In dem Buch „Words from CEO“, das von McKinsey herausgegeben wurde, beschreibt Bläsing, wie die Bildung dieses Hoechst-Rhodia Joint Venture auf eine wundersame Weise zwei verlustbringende Geschäfte in ein erfolgreiches Unternehmen zusammenbringt. Dieses Joint Venture lief von Anfang an so schlecht, dass sich Günter Martin, der später die Aktivitäten von Clariant in Südamerika übernahm, stets weigerte, in irgendeiner Weise daran mitzuarbeiten. Bis 1996 brachte dieses Joint Venture allein der Hoechst AG einen Verlust von ca. 300 Mio. DM ein. Es wurde dann zurückabgewickelt; die Verantwortlichen wurden aber nie zur Rechenschaft gezogen.

Im Jargon der Mitarbeiter wurden Sonder und Waesche auch „Bonsai-Vorstände“ genannt. Man nannte sie nicht nur so, weil beide von kleinerer Statur waren, sondern weil man auch davon ausging, dass sie jeden Morgen von Dormann entsprechend zurechtgestutzt wurden, damit sie seine Meinung vertreten.

Klaus-Jürgen Schmieder, der Millionensassa

Neben Ernie Drew war wahrscheinlich Klaus Schmieder, Jahrgang 1948, die charakterlich schwächste Person, die in den 90er-Jahren in den Hoechster Vorstand berufen wurde.

Während Schmieders Tätigkeit in den USA wurde Copley erworben, was bekanntlich ein Flop war, und auch der Erwerb von Marion-Merrell-Dow (MMD) fiel in diese Zeit. Schmieder betrachtete 1995 MMD als sein Projekt, weil er darin eine große Chance sah, sich als zukünftiges Vorstandsmitglied zu profilieren. Es gab sofort Ärger, als Joachim Mahler mit einem Pharmateam die Due Diligence von Deutschland aus begleitete. Schmieder, der von dem Pharmageschäft nichts verstand, war sofort eifersüchtig auf Mahler, und es gab kurz nach dem Erwerb von MMD den ersten Streit.

Am 01.05.1996 wurde Klaus Schmieder in den Vorstand berufen und übernahm dort das Finanzressort von Martin Frühauf.

Drew und Schmieder brachten dann das amerikanische Element in den Hoechster Vorstand, das vor allen Dingen hieß: Geld. Er war klar der Meinung, dass deutsche Vorstände das Recht hätten, so viel zu verdienen wie die amerikanischen, vielleicht nicht ganz so viel, aber 8–10 Miol. US$ p. a. seien wohl gerechtfertigt. Mit Ernie Drew hat er dann immer wieder versucht, dieses Ziel zu erreichen, was von Dormann wohlwollend begleitet wurde.

Im Herbst 1996 gab Klaus Schmieder ein Presse-Interview, in dem er viele Luftblasen produzierte. Aber in der damaligen Zeit wurde jede dieser Nachrichten positiv aufgenommen, und der Aktienkurs von Hoechst stieg um eine D-Mark an. Stolz verkündete Schmieder am folgenden Tag, dass er an einem Tag den Unternehmenswert des Hoechst-Konzerns um einige hundert Millionen gesteigert habe. Diese Episode zeigt, dass einige Herren im Hoechster Vorstand den gesunden Menschenverstand verloren hatten.

In der Zeit bis Anfang 2000 wurde Schmieder sichtlich immer nervöser, und wie man an seinem roten Gesicht sah, schien er an Bluthochdruck zu leiden. Die zwei Jahre von 1997 bis 1999 setzten ihm sehr zu, da viele der Ideen sich nicht verwirklichen ließen und die Probleme bei Hoechst sich steigerten. Wie die F.A.Z. am 26.10.1998 schrieb, galt er als einer der engeren Vertrauten des Vorstandsvorsitzenden Jürgen Dormann.

Nach der Fusion mit Rhône-Poulenc sollte Finanzchef von Aventis Patrick Langlois werden. Er war ein hervorragender Finanzmann, und es war klar, dass er in dem neuen Unternehmen Aventis die Position des Finanzvorstandes übernehmen würde. Klaus Schmieder hatte gegen ihn keine Chance, und so war es kein Wunder, dass Klaus Schmieder mit dem Titel eines „Chief Administration Officer“ im Vorstand von Aventis abgefunden werden sollte. Wie man erzählt, war Klaus Schmieder ursprünglich gar nicht für die erste Besetzung des Vorstands von Aventis vorgesehen. Auf Drängen von Jürgen Dormann erhielt er dann jedoch die genannte

Position eines „Chief Administration Officer“ und sollte für die Integration zwischen Hoechst und Rhône-Poulenc zuständig sein, was Anfang 1999 wohl keiner verstanden hat. Nach einigen Monaten hat er diese Funktion wieder verloren, und als Aventis offiziell an den Start ging, tauchte sein Name bei Aventis nicht mehr auf.

Als dann Messer Griesheim im Jahr 2000 von Alliance Capital Partners und Goldman Sachs erworben wurde, wechselte Klaus Schmieder in die Leitung der Messer Griesheim GmbH. Diese Position entsprach letztlich der Position eines früheren Hoechster Bereichsleiters und war für Klaus Schmieder, der einmal Nachfolger von Jürgen Dormann werden wollte, eine klare Degradierung. Sein enges Verhältnis zum Chef und seine immer blinde Unterstützung Dormann gegenüber haben ihm nicht geholfen. Auch er wurde, wie viele andere, von Dormann missbraucht und dann fallengelassen. Immerhin ist er heute Vorstand bei Air Liquide.

Heinz Konrad, Utz-Helmuth Felcht, KlausTrouet, Ingolf Hornke, Wirtschaftsminister Günter Rexrodt

6. Bouillon, das soziale Gewissen des Chemieriesen

Dormann hatte postum ganz griffig formuliert: *„Mit der Abwanderung von Hoechst war eine Kultur tragende deutsche Sozialfabrik weg."* Seit den Zeiten von IG-Farben, also schon seit den 20er-Jahren des 20. Jahrhunderts bemühte sich die deutsche Großchemie stets um eine arbeitnehmer-freundliche Sozialpolitik einschließlich Vermögensbildung und Wohnungsbau, bis hin zu vorbildlichen Wöchnerinnen-Heimen auf dem Werksgelände. Lebendes Beispiel dafür ist Wolfgang Metternich, der Histocom-Historiker. Er wurde auf dem Hoechster Werksgelände geboren. Die Hoechst AG hatte in der Bundesrepublik etwa 9.000 Wohnungen und hat vielen Arbeitnehmern, die sich in ihrem Leben das nie haben träumen lassen, zu Wohneigentum verholfen. Das war Tradition bei Hoechst und zu besichtigen im Höchster „Heimchen", in der Zeilsheimer Kolonie oder in Sindlingen, was da im Umfeld gebaut worden war, das sind Hoechster Wohnungen.

Erhard Bouillon

Was der Personaldirektor und spätere Aufsichtsratsvorsitzende Bouillon unter Sozialpolitik verstand, hat er in dem Sonderdruck „Grundsätzliches zur Sozialpolitik bei Hoechst" zusammengefasst. Sozialpolitik ist danach weder inhaltlich noch in ihrer formalen Gestaltung überall einheitlich. Sie hat sich einzupassen in ein kulturelles, geistesgeschichtliches, staatsrechtliches und auch religiöses Umfeld und ist eingebettet in den gesellschaftspolitischen Prozess, welchen der Wandel menschlichen Denkens, Urteilens und Handelns mit sich bringt – wie in allen übrigen Lebensbereichen, so auch im Betrieb. Überall und immer setzt Sozialpolitik aber voraus: Sensibilität im Hinblick auf menschliche Empfindungen und Verhaltensweisen, auch Ordnungssinn und langfristige Übersicht. Sie braucht Flexibilität und Fantasie – aber auch Engagement!

An anderer Stelle streicht Bouillon den „Respekt vor unterschiedlicher Motivation" heraus. Der Antrieb zur Arbeit basiert demnach auf unterschiedlichen Gründen. Der eine wird in ihm Lebenserfüllung empfinden. Er strebt nach Gestaltungsspielraum, vielleicht Macht oder Ansehen und sucht den Erfolg in der Sache. Für den anderen mag Arbeit notwendiges Übel sein, um den Lebensunterhalt zu verdienen, seine Vorstellung von angemessenem Lebensstandard zu verwirklichen.

Wertfrei akzeptiert betriebliche Personalpolitik beide Haltungen zur Arbeit: Die Einstellung eines stärker betonten „Leben, um zu arbeiten" ebenso wie das überwiegende „Arbeiten um zu leben". Jeder hat Anspruch auf die ihm eigene Motivation. Handschriftlich ergänzte der Schöngeist und Cellospieler aus Passion den Text in der Broschüre mit einem chinesischen Sprichwort: „Solange Du dem Anderen sein Anderssein nicht verzeihst, bist Du noch weit weg vom Wege der Weisheit."

Teilhabe am Ertrag des Unternehmens ist die sozialpolitische Antwort auf die fixe Idee von der angeblichen Ausbeutung des Menschen. Gratifikationssysteme, die in Abhängigkeit von betriebswirtschaftlichem Erfolg stehen, – sei es die Dividendenhöhe, der Jahresüberschuss, möglicherweise gekürzt um die notwendige Verzinsung des Eigenkapitals, oder eine andere Bezugsgröße – sind eine sinnvolle Ergänzung der tarifvertraglich oder einzelvertraglich vereinbarten Regeleinkommen. Die Bedeutung solcher veränderlicher Zahlungen im Verhältnis zum Gesamteinkommen steigt zweckmäßigerweise mit dem Maß an Einflussmöglichkeiten auf den Unternehmensertrag, den der Mitarbeiter besitzt. Sie ist deshalb für die Belegschaft ganz allgemein und für die verschiedenen Führungsebenen unterschiedlich hoch.

Die Bereitschaft zur Zusammenarbeit mit Arbeitnehmervertretern ist für den Erfolg langfristig angelegter Sozialpolitik selbstverständlich – und nicht zeitlich begrenzte Taktik. Grundlage jeden Kompromisses ist der gegenseitige Respekt vor der unterschiedlichen Auffassung. Abweichende Positionen dürfen nicht zu Feindschaft zwischen den sie vertretenden Personen führen. Im Gegenteil: Der menschliche Kontakt zwischen den Persönlichkeiten, die Träger der Sozialpartnerschaft sind, die Begegnung auch ohne den Anlass offizieller Verhandlung erweitern das Verständnis für die Haltung des Gesprächspartners und legen die Grundlagen für Vertrauen und Glaubwürdigkeit.

Der Situationsbericht des Vorstandsvorsitzenden – zweimal jährlich im zeitlichen Zusammenhang mit der vorangehenden Aufsichtsratssitzung – macht einen weiten Kreis der Führungskräfte mit Problemen und Perspektiven des Unternehmens vertraut und bietet anschließend Gelegenheit zum Meinungsaustausch über Abteilungsgrenzen und Verantwortungsbereiche hinweg. Ähnliches gilt für Betriebsversammlungen und Betriebsräteversammlungen, für die Zusammenkunft betrieblicher Vertrauensleute und die Abteilungsbesprechung. Bei keiner anderen Gelegenheit erhalten Betriebsräte einen so detaillierten Einblick in Probleme und Perspektiven des Unternehmens wie bei dem einmal jährlich stattfindenden einwöchigen Betriebsratsseminar in Eltville/Rheingau. Mit Vorzug wird man hierfür Referenten möglichst hoher Führungsebenen des Unternehmens gewinnen. Dies gilt für den Vortrag vor Betriebsräten ebenso wie für das sogenannte „Eltviller Gespräch", bei dem – vor Nachwuchsführungskräften von Mitgliedern des Vorstands und den Leitern der Geschäftsbereiche zu Fragen der Unternehmenspolitik Stellung genommen wird. Der Sport als sinnvoller Ausgleich zur geistigen Arbeit sollte übrigens in den Programmen mehrtägiger Seminare nicht fehlen.

Betriebliche Sozialpolitik wird ein gewisses Maß an Solidarität bieten für unverschuldet in Not Geratene. Sie wird mit lenkender Hand gegebenenfalls fehlende individuelle Einsicht und einen unzureichenden Zeithorizont bei der Entscheidung des Einzelnen über seine soziale Sicherung ergänzen. Sie hat die vielen unentbehrlichen kleinen und trotzdem teuren Dienstleistungen anzubieten, die das Leben im Betrieb erleichtern. Sie wird Hilfe leisten, wenn es darum geht, den Lebensspielraum des Mitarbeiters zu erweitern.

Staatliche Systeme der Vorsorge für das Alter sind oft unzureichend – sei es, weil sie lediglich einen Anspruch auf minimale Versorgung im Alter erfüllen oder aus allgemeinen sozialpolitischen Erwägungen auf ein angemessenes Verhältnis zwischen Lebens- und Pensionseinkommen für alle Einkommensschichten verzichten. Hier haben betriebliche Einrichtungen ihren ergänzenden Sinn – vor allem auch deshalb, weil nicht in jedem Fall das jugendliche Vertrauen in die eigene Kraft gleichzeitig auch den Blick auf die Notwendigkeit der Vorsorge für das Alter oder die Eventualität der Invalidität freihält. Auch die Absicherung gegen das Risiko der Krankheit kann gegebenenfalls mit Vorteil auf der Ebene der Betriebsgemeinschaft vorgenommen werden.

Nicht die Risiken des Mitarbeiters allein sollten durch betriebliche Systeme gemildert werden. Bei der Altersversorgung wird man Witwen- und Waisenrente in den Leistungsplan einbauen, und das Leistungsrecht aus betrieblichen Krankenkassen schließt selbstverständlich den Schutz der Familienangehörigen mit ein.

Neben dem, was der Mensch kraft Bildung und Ausbildung vermag, macht ihn nichts unabhängiger als Vermögen. Zuerst der Besitz eines eigenen Heimes und dann das Eigentum von Kapitalanteilen am Unternehmen sind die konkreten Formen der Selbstverwirklichung in einer freien Gesellschaft. Die Förderung des Erwerbs von Wohnbesitz und die Hinführung zur abstrakteren Sparform durch Belegschaftsaktien sind ein bedeutsames Ziel unternehmerischer Gesellschaftspolitik durch betriebliche Sozialpolitik.

Auch die Integration von Firma und Belegschaft in das Umfeld hat bei Bouillon einen hohen Stellenwert. Wenn die Jahrhunderthalle in Höchst das kulturelle Leben im Rhein-Main-Gebiet bereichert, so ist dies ein Beispiel hierfür. Gleiches gilt für die Unterstützung bei der Wiederbelebung der einstmals und heute wieder schönen Altstadt Höchst. Die Herrichtung und zweckdienliche Nutzung des alten und des neuen Schlosses als Firmenmuseum beziehungsweise Gästehaus des Unternehmens konnte vielen privaten Eigentümern den Sinn solcher Renovierungsbemühungen vor Augen führen und war so ein Initial mit breiter Wirkung. Der Versuch, eine der ältesten Porzellanmanufakturen Deutschlands neu zu beleben und über schwierige Anfangsjahre hinweg zur Rentabilität zu führen, hat sich gelohnt und ein weiteres Stück Tradition in unsere Zeit hinübergerettet. Zu erwähnen ist schließlich die wachsende Anziehungskraft des jährlich stattfindenden Schlossfestes in der Nähe des Stammwerkes, das vor allem organisatorische, aber auch eine bescheidene finanzielle Unterstützung des Unternehmens genießt.

Personal- und Sozialpolitik im Unternehmen, an seinen inländischen Standorten und in seinen Gesellschaften im Ausland, hat überall unterschiedliche Ausprägung. Was die Anpassung an den Wandel der Zeit anbelangt, so haben wir zu bewahren, was als „Stil des Hauses" in der Sozialpolitik bezeichnet werden könnte. Vielleicht gelingt es auch, diese „ethischen Minima" unserer Arbeit fruchtbar werden zu lassen, für Verhältnisse, in denen sie bisher fehlen.

Zum sozialpolitischen Stil des Hauses gehörte auch eine Art Interessensvermengung von Arbeitgeber- und Arbeitnehmerseite, an der gerade Bouillon aus wohl verstandenem Unternehmerinteresse, aber auch wegen seiner religiös-ideologischen Weltanschauung, deren Vehikel die katholische Soziallehre war, mitgewirkt hat. So haben das Betriebsräte und Personalchefs von Bayer und BASF immer wieder beobachten können.

„Die drei großen Chemiefirmen – das ist die Sicht des ehemaligen Leiters der Konzern-Personalverwaltung der BASF, Hans-Hermann Dehmel – *waren sehr unterschiedlich. Bayer war und ist wohl auch immer noch sehr elitär auf der einen Seite. Die BASF war immer egalitär, das sehen Sie schon an der Sportförderung. Spitzensport in Leverkusen, Breitensport in Ludwigshafen. Und Hoechst war immer in der Mitte. Man wusste nicht so richtig, nach welcher Seite – links oder rechts. Das wirkte sich auch in der Zusammenarbeit aus bei den Personalleuten. BASF und Bayer harmonierten immer sehr gut, ein hervorragender Austausch. Hoechst hat sich eigentlich immer – ich muss jetzt ein bisschen untertreiben – zurückgehalten. Man ließ sich nicht gerne in die eigenen Karten gucken.*

Da gab es Chemie-Kränzchen in verschiedenen Hierarchiestufen, in denen man sich über Entwicklungen auf dem Personalsektor austauschte. Da waren noch Henkel und Chemische Werke Hüls mit zwei oder drei Leuten dabei, und die beiden Großen waren mit fünf Leuten von der BASF sowie drei oder vier von Bayer vertreten. Von Hoechst erschien niemand."

Dehmel hat durchaus traumatische Erfahrungen aus den 78er- und den 80er-Jahren: *„Da wurde mir vorgehalten, guck mal, der Herr Bouillon, wie der seine Betriebsräte, seine Arbeitnehmervertretung, im Griff hat. Und ihr Döspaddel nicht. Bei der BASF gab es ständig Probleme, Diskussionen. Bei Hoechst lief es ruhig ab. Auf der Arbeitnehmerseite wurde das genauso gesehen. Die BASF-Arbeitnehmervertretung hatte immer ein engeres Verhältnis zu den Bayer-Leuten. Zu Hoechst sagte unser Betriebsratsvorsitzender, was die da machen, das kann nicht gut gehen. Unsere führenden Betriebsratsleute und die von Hoechst lagen oftmals nicht auf einer Wellenlänge."*

Dehmels Zeit war geprägt insbesondere durch seinen Betriebsratsvorsitzenden, der intelligent, aber auch eindeutiger Vertreter von Arbeitnehmerinteressen war. Er sagte: *„Wir als Arbeitnehmer haben unsere Interessen, die müssen wir definieren, und die müssen wir auch artikulieren. Und ihr habt eure Interessen, und die stehen öfter mal dagegen. Wir müssen uns oben treffen. Aber wenn wir unten schon nur auf eure Interessen reagieren, da kommt nie etwas dabei heraus. Also ganz klare Strukturierung: Wir von der Arbeitnehmerseite machen unsere Sache, ihr macht eure Sache, und irgendwo müssen wir zusammenkommen, und das sind wir auch immer. Aber unten schon vor dieser Interessen-Artikulation irgendwas zu machen – mit mir nicht".*

1994 gab es in der Chemischen Industrie eine große Auseinandersetzung, bei der die Arbeitnehmervertretung der BASF in der Tat anders aufgestellt war als die Kollegen von Bayer und Hoechst. *„Denn wir waren sehr stark, hatten auch ein eigenes Mei-*

nungsbild. Innerhalb der Belegschaften hatten wir einen höheren Organisationsgrad als bei Hoechst oder bei Bayer. Dieses Bewusstsein der gewerkschaftlich Organisierten war und ist in Ludwigshafen weit höher ausgeprägt."

Die BASF hat eine Struktur der sogenannten betrieblichen Vertrauensleute, die praktisch zu über 90 Prozent auch gewerkschaftliche Vertrauensleute waren. *„Wir hatten im Vergleich zu Hoechst und auch zu Bayer ein zusätzliches Instrument, das waren bei uns die Vertrauensleute; die vergleichbar sind einem kleinen Betriebsrat in einer kleinen Abteilung; die haben die Verbindung zum Betriebsrat hergestellt. Das Entscheidende war, dass in dieser Diskussion, in der es um Entgelt ging, Herr Kley damals Arbeitsdirektor war, und 1993 gegen Ende des Jahres sickerte durch, dass er eines Tages die Entgeltveränderung machen und die Sozialleistungen kappen will, also mit dem Rasenmäher so eine Böschungsfuge. Und das gab dann ab April 1994 beginnend eine große Auseinandersetzung. Da hatten wir innerhalb von zwei, drei Monaten große Demonstrationen, eine im April vor Z10, das ist das Betriebsratsgebäude, das bei uns außerhalb des Werksgeländes liegt; und dann eine sehr große am 10. Juni vor dem Feierabendhaus. Damals waren Herr Dr. Strube Vorstandsvorsitzender und Herr Kley Arbeitsdirektor. Und mit diesen Vertrauensleuten, das waren die Meinungsträger, haben wir uns, auch gegenüber meiner Organisation, quergestellt. Zum damaligen Zeitpunkt, als Hoechst und Bayer Leverkusen schon Verhandlungen geführt hatten bezüglich der Änderung der Entgeltsysteme, mit der IG BCE zusammen, haben wir, dies zu dem damaligen Zeitpunkt abgelehnt. Der Hintergrund waren die schlechte wirtschaftliche Situation und die allgemeine Stimmung. Da schien es uns nicht geboten, dass wir jetzt hier etwas verändern. Das war das Entscheidende, das Ernstgenommenwerden. Das hat sehr nachhaltig gewirkt.*

Die BASF-Betriebsräte wurden schon 1972 aufmüpfig. Da hat man versucht, die Wirtschaftsbetriebe in eine Servicegesellschaft auszugründen. Die Wirtschaftsbetriebe sind heute noch bei der BASF. Also Kernbereich, Küchen, das Hotel, die werden heute noch nach IG BCE-Tarifvertrag bezahlt, wenigstens ein Teil. Bei den Betriebsratswahlen gab es immer zwei Standardsätze: Wir wollen die BASF als Ganzes erhalten und wir wollen keine betriebsbedingten Entlassungen. In Ludwigshafen wurden praktisch seit 1960, 1965 bis zum heutigen Tag keine betriebsbedingten Entlassungen ausgesprochen. Und das ist bis zum heutigen Tage immer wieder vereinbart. Da sind wir auch stolz."

Bei der BASF gab es ähnliche Gedanken und Überlegungen wie bei Dormann und anderen. *„Jeder hat auf Dormann geguckt und gemeint, vielleicht machen die was falsch. Wir als Belegschaftsvertreter wollten die BASF als Ganzes erhalten, denn der Verbundstandort ist sehr schnell in Gefahr, wenn etwas herausbricht. Der Verbund hat große Vorteile. Wenn man einen wesentlichen Teil herausnimmt, kann er schnell zusammenklappen. Man nehme nur mal die Textilfarben. Wir haben die Textilfarben mit denen von Hoechst und Bayer zusammengelegt. Das waren schon große Prozesse, die unter Umständen dann die Gesamtchance dieses Standortes zunichte machen. Wenn sie größere Teile herausnehmen aus dem Verbund und machen sie zu, dann müssen die verbleibenden die Lasten tragen. – Um es deutlich zu sagen: So etwas wie in Hoechst wäre bei uns nie passiert."*

7. Jahre der Unsicherheiten und des Umbruchs

7.1 Managementfehler zu allen Zeiten – Der Umbruch kam

Bei einer Geschichte über den Zerfall des Hoechst-Konzerns stellt sich die Frage nach dem Zeitpunkt, ab dem das Hoechster Glück möglicherweise kippte. Eine wesentliche Weichenstellung, so meinen einige Vorstandsmitglieder, war die Übernahme des Chefpostens durch Wolfgang Hilger 1985. Andere sehen im Kauf der amerikanischen Celanese einen Ansatz dafür. Kenner meinen auch, dass die durchaus gegebene Chance einer engeren Kooperation mit Upjohn und eine mögliche Beteiligung dort nicht genutzt wurden. Schwerer wiegen wohl die fehlgeschlagene Kooperation mit Monsanto – hier wurde Dormann klassisch aufs Kreuz gelegt, wohl auch die recht leichtfertig verplemperte Fusion mit Bayer, bestimmt die Borniertheit fast aller Vorstände und Aufsichtsräte, gewiss auch Selbstherrlichkeit auf allen Top-Ebenen, auch unheilige Allianzen von Management und Arbeitnehmervertretern, mit Sicherheit der Kampf von Dormann gegen Seifert und schließlich die politische Unbedarftheit der deutschen Riege bei den Verhandlungen mit den weit besser geschulten, stärker motivierten und strategisch überlegenen französischen „Wunschpartnern". Aber alles der Reihe nach!

Es gab im Unternehmen durchaus größere Vorbehalte gegen Wolfgang Hilger. Er war ein verschlossener Typ, unnahbar, verbreitete Kälte um sich, war von tiefem Misstrauen gegen fast jeden erfüllt, zugleich besserwisserisch, kümmerte sich um kleinste Details (war „der Erste Sachbearbeiter im Unternehmen", wie gespöttelt wurde), vor allem aber nicht durchsetzungsstark. Positiv fiel in die Ära Hilger der Aufbau eines strukturierten Führungskräfte-Auswahlsystems (der sogenannte „Goldfischteich"). Sein Werk war auch die Untergliederung der Geschäftsbereiche in *Business Units*. Leider blieb diese umfassende Reorganisation auf die Geschäftsbereiche beschränkt. Die notwendige Anpassung der Ressorts und Zentralen Service-Abteilungen an die Dezentralisierung der operativen Einheiten hatte Hilger nicht angepackt.

Mit Hilger wollte niemand gern zu tun haben. Die Entscheidung, dass er Nachfolger von Rolf Sammet werden solle, wurde 1984 gefällt. Es gab nur wenige Kandidaten für diese Position: Günter Metz oder Hans Georg Janson. Metz war zwar sehr umgänglich; aber allgemein war bekannt, dass er sich nicht engagierte und den Dingen seinen Lauf ließ. Verdienste hatte er erworben, indem er die Kuwaitis davon abhielt, mit ihrer 25-prozentigen Beteiligung störenden Einfluss zu nehmen. Hans Georg Janson war voller Emotionen und wäre mit Sicherheit auch keine gute Wahl gewesen. Also fiel die Wahl auf Wolfgang Hilger, und um die menschliche Komponente deutlich zu verbessern, wurde Günter Metz stellvertretender Vorstandsvorsitzender. In dieser Funktion trat er aber kaum in Erscheinung.

Das Verhältnis von Hilger zu seinen Vorstandskollegen war in vielen Fällen gespannt: Mit dem Pharmavorstand Hansgeorg Gareis verband ihn eine heftige

Abneigung, die wohl schon aus Zeiten des gemeinsamen Studiums in Bonn herrührte. Karl Holoubek, ein honoriger, fachkompetenter und in seinem einstigen Geschäftsbereich hoch angesehener Mann, der für den Farbenbereich und Umweltschutz zuständige Vorstand, wurde von Hilger vielmals beschimpft; er hat sich leider nie richtig gewehrt. Uwe Jens Thomsen, der für den Bereich Tenside und Hilfsmittel zuständige Vorstand, der auch für die Region Südamerika zuständig war, nahm er nicht ernst. Das beste Verhältnis hatte Hilger zu seinem früheren Kollegen Heinz Harnisch aus dem Bereich Anorganische Chemikalien, den er auch dann in den Vorstand holte. Erhard Bouillon unterstützte Wolfgang Hilger und hatte Einfluss auf ihn, aber nur am Anfang. Martin Frühauf war sowieso ein unabhängiger Geist, und er nahm Wolfgang Hilger eigentlich nicht sehr ernst. Jürgen Dormann kam erst 1984 in den Vorstand. Er plante den Aufstieg zum Vorstandsvorsitzenden und legte sich mit Hilger nicht an. Im Grunde genommen konnten sich beide nicht leiden. In den kommenden drei Jahren gingen dann der Finanzvorstand Hans Reintges und der Ingenieurvorstand Hans Schlachter in den Ruhestand.

Ingolf Hornke

Zu den cleversten auf der Arbeitnehmerbank im Aufsichtsrat gehörte stets der promovierte Chemiker Ingolf Hornke. Er war 30 Jahre bei Hoechst, hatte viel Verständnis für Hilger, der für ihn der beste Vorstandsvorsitzende aller Zeiten bei Hoechst war. Er sei von vielen verkannt worden, besonders auch aus der obersten Hierarchie. Hilger hatte eine phänomenale Auffassungsgabe. Sein Fehler war, so Hornke, dies zu schnell zu erkennen zu geben. Wenn irgendeiner in einer Konferenz seine Sache vorgetragen hat, wusste Hilger schon nach der Hälfte des ersten Satzes, was der sagen wollte. Er war dann ungeduldig, hat das Gespräch abgebrochen und selbst die Antworten gegeben. Das haben viele nicht richtig verstanden, nicht verdaut, schlecht verarbeitet. Hinzu kam: Er hat sehr schnell bei Vorlagen die Schwachpunkte entdeckt und dann gesagt, das Ding taugt nichts – zurück.

Wie aber haben die Leute reagiert, wenn sie ihr Gesicht nicht verlieren wollten. Sie behaupteten: Der will nicht. Das war letztendlich die Situation. Und so hat er auch einige der Vortragenden, wenn die irgendwas gebracht haben, was nicht niet- und nagelfest war, vor versammelter Mannschaft nicht ohne Peinlichkeiten dahin geführt, dass sie sich in Zukunft besser vorbereiten sollten. Hornke: *„Von der Seite her war er wohl der Beste.“*

Hornke hat Winnacker als Aufsichtsratsvorsitzenden erlebt, Sammet erst als Vorstandsvorsitzenden und später als Aufsichtsratsvorsitzenden. Sammet habe in manchen Punkten keine Zukunftsvisionen gehabt. Hornke:

Als Sprecherausschuss-Vorsitzender habe ich ihm mal vorgeschlagen, wie wäre es denn, wenn wir rechtzeitig in japanische Autofirmen versuchten reinzukommen mit unse-

ren hoch entwickelten Farbbädern. Da hat er mich ausgelacht und gesagt, also wissen Sie, Herr Hornke, davon verstehen sie nichts. Die Japaner werden mit ihren Autos nie einen Markt in Europa finden. Eine absolute Fehleinschätzung. Zehn Jahre später, als die Japaner in Europa über Werke verfügten, hat Herberts nachgezogen.

Sammet hat weitere gravierende Fehleinschätzungen geliefert, als es darum ging, die Rückwärtsintegration zu sichern, nämlich in den Gasmarkt einzusteigen. Da hat er ganz klar gesagt, wir würden über die Spotmärkte immer besser und preisgünstiger bedient als bei einer noch so intakten Rückwärtsintegration. Die BASF ist den anderen Weg gegangen, der war richtig. Genauso war es mit dem Aufbau der Petrochemie in den arabischen Ländern. Da war Sammet der Meinung, die werden nie zum Laufen kommen, weil die zu faul seien, um erfolgreich zu arbeiten. Er hat jedoch seine Amtsperioden durchgestanden und ist dann noch Aufsichtsratsvorsitzender geworden, wie es in der chemischen Industrie üblich war.

Und dann kam Hilger. Er hat die konsumnahen Bereiche abgestoßen. Um sie zu pflegen und zu erhalten, war er zu viel Anorganiker. Hilger hat analysiert und klar erkannt, dass man den einzelnen Bereichen mehr Eigenständigkeit gewähren muss und hat die Business Units gegründet. Das geht auf Hilger zurück. Die Business Units, wo jeder einzelne Bereich sich selber organisieren sollte und auch eigenständig stehen musste. Das ist aber weitgehend daran gescheitert, dass sich Seilschaften gebildet hatten, die mit dem Konzept überhaupt nicht einverstanden waren.

Ein Beispiel: Den Farbenbereich leitete zu der Zeit ein gewisser Herr Queck. Hornke nahm als Leitender Angestellter und als deren Sprecher an einer Versammlung des Farbenbereiches teil. Er schlug vor, sie sollten überlegen, die hohen Umweltschutzkosten stärker zu berücksichtigen. Sie sollten ihre einzelnen Produkte durchleuchten, um festzustellen, welche Produkte die hohen Umweltschutzkosten verursachen und welche nicht, um auf diese Art und Weise die Produktpalette zu bereinigen und damit auch eine andere Kostenstruktur zu bekommen. Daraufhin hat Queck ihn aus der Versammlung rausgeschmissen. Das sei eine Versammlung der Farbenleute, und Hornke sei von der Pharma. Er habe sowieso von nichts eine Ahnung. Er solle verschwinden.

Unter Hilger hat der quirlige Leitende vorgeschlagen, den Kunststoffteil, der als Altkunststoff anfällt, zurückzunehmen wie Glas und das in einem Kraftwerk als Sekundärnutzung zu verbrennen. Hornke: *„Da ist mir Umweltvorstand Holoubek mit dem Allerwertesten fast ins Gesicht gesprungen, während Hilger mich anschließend zur Seite genommen und gesagt hat: Ich setze in der ZDA jemand dran, das ist ein interessanter Hinweis."*

Für Hornke, den Sprecher der Leitenden, war auch der Griesheimer Unfall ein Thema. *„Natürlich bin ich auch draußen gewesen und in die Häuser hineingegangen, um zu prüfen, welche Schäden entstanden waren."*

7.2 Der Störfall Griesheim

Das Ende der Hoechst AG begann in der Nacht zum Rosenmontag am 22.02.1993, als im Werk Griesheim aus einem Kessel ein Produkt ausströmte. Der Werksleiter von Griesheim, Gerd Rümmler, erklärte im Hessischen Rundfunk im Brustton der Überzeugung, dass es einen Siedeverzug gegeben habe. Das sei so, als wenn man Milch aufkocht und plötzlich die Milch überschäumt, und es sei die vor dem Werk liegende Straße mit Schaum bedeckt gewesen. Der Geschäftsbereich Farbstoffe und Pigmente teilte mit, dass es in der Nacht bei der Herstellung von Ortho-Nitroanisol einen Siedeverzug gegeben habe, aber inzwischen die Situation unter Kontrolle sei. Am Nachmittag teilte von Winterfeldt dem verantwortlichen Vorstand Seifert (der den zuständigen Vorstand Karl Holoubek vertrat) telefonisch mit, dass die Lage in Griesheim wesentlich ernster sei als gedacht. Die Maininsel und ein bestimmtes Segment in Schwanheim seien mit einer gelben Substanz bedeckt.

Der Betriebsratsvorsitzende des Werkes Griesheim, Wolfgang Vetter, erinnert sich:

Mitbekommen habe ich das erstmals so morgens um 8 Uhr oder um halb acht, als ich in die Firma bin, dass da nachts was passiert ist, denn man hat mich nicht angerufen, was eigentlich zwingend vorgeschrieben war. Irgendjemand von der Werksleitung hätte das machen müssen, der Beauftragte der Werksleitung, entweder der Feuerwehrkommandant oder der Mann, der der Sicherheitsbeauftragte in der Nacht war, oder was weiß ich. Rümmler hat zwar behauptet, die hätten mich angerufen, und ich wäre nicht aus dem Bett. Da habe ich den für besoffen erklärt, ganz klar, dass es das bei mir nicht gegeben hätte. Ich wäre da barfuß hingerannt, so wie ich das erlebt habe. Da bin ich dann hingekommen, und da hat es bösartig ausgesehen.

Wir hatten Kurzarbeit zu dem Zeitpunkt, das ist wichtig zu wissen, in dem Teil der Fabrik. Ich habe gesehen, was da los ist, aber es hat sich im Prinzip um mich keiner gekümmert, um den Betriebsrat auch nicht. Gut, ich habe dann gehört, dass um 9 Uhr eine Pressekonferenz in der oberen Kantine wäre. Da bin ich hingegangen, da haben Würstchen, Brötchen, Kaffee, alles auf dem Tisch gestanden, und die Journalisten sind dann so nach und nach eingetroffen.

Da ist der erste reingestürzt gekommen, das war so der Krisenreporter, Sensationsreporter von RTL. Der hat zu einem anderen gesagt, wo sind denn hier die Toten? Ich vergesse das nie. Da hat der andere gesagt, hier gibt's keine Toten. Da hat der gesagt, warum bin ich überhaupt hergekommen? Ich habe den dann angeguckt und mich vorgestellt und gesagt, hören Sie mal zu, es ist gut, dass Sie hergekommen sind. Gucken Sie sich den Laden mal an, da unten. Mit Toten, das wäre das Schlimmste, was hätte passieren können. Dann würden Sie wahrscheinlich auch nicht hier sitzen und wären auch nicht hier hereingekommen an dem heutigen Tag, denn die Staatsanwaltschaft hätte alles zugemacht.

Also da ist ein Kessel in die Luft geflogen; was heißt in die Luft geflogen, da ist Zeug abgegangen, weil Ventile aufgegangen waren in einem älteren Betrieb. Dieses Produkt ist in den Main und nach halb Goldstein geflogen, zwischen Schwanheim und Goldstein, so in der Mitte rein. Der Schichtführer – Schichtführer ist zu vergleichen mit dem Teilbereichsmeister, damals hieß das noch Schichtführer, hatte vorher noch zu den Kumpels an dem Apparat gesagt: Macht nicht das Ventil auf und verhaltet euch, wie ich euch das jetzt sage. (weil immer in der Presse gestanden hat, die wären besoffen gewesen, Alkohol im Spiel, Rosenmontag) Aber sie haben sich gegen alle Regeln verhalten. Kein Hund weiß warum.

Das Zeug ist in die Luft geflogen, wie viele Tonnen weiß ich nicht, über den Main drüber. Es war, was eigentlich ganz selten ist im Rhein-Main-Gebiet, Nordwind gewesen. In dieser Gegend ist überwiegend Südwestwind. Wenn in Hoechst was passierte, ist das in die Nordweststadt getrieben und von Griesheim westlich in die Richtung. Aber das Zeug ist über den Main drüber. Man hat versucht, das erst zu vertuschen, die Feuerwehr war da gewesen, der spätere oberste Feuerwehrkommandant von Frankfurt. Die sind herumgefahren und haben nichts gefunden, auch nicht auf der anderen Seite.

Und die Hoechster, sprich das Werk Griesheim, haben sich vor den gestellt, denn der wäre politisch erledigt gewesen. Es waren gerade zu dem Zeitpunkt Kommunalwahlen in Frankfurt. Und Frankfurt war rot-grün damals, von Schoeler, und wer weiß ich, wer von dem Gesocks auf der anderen Seite war; Tom Koenigs und so ein paar Kerle. Die haben nichts gefunden, die kamen wieder.

2. v. r. Starnacker, Betriebsrat Werk Gendorf und AR-Mitglied. Mitte: Vetter, Betriebsrat Werk Griesheim und AR-Mitglied. Daneben Esser, Betriebsrat Werk Knapsack. Links im Hintergrund: Erhard Bouillon im Gespräch mit Betriebsrat und AR-Mitglied Oswald Bommel.Vorstand Günter Metz horcht.

Inzwischen habe ich mich dann so hintenherum bei anderen schlaugemacht, was da gewesen sein könnte. Da habe ich erzählt gekriegt, dass das hochgegangen ist, abgegangen ist. Im Nachhinein haben sie gesagt, Gott sei Dank, dass es in die Richtung ist, da hat der Main viel aufgenommen. Es ist auch nicht weit hinein gespritzt, vielleicht so 100 Meter übers Ufer raus in die Siedlung. Die haben dann natürlich alle Pelzmäntel am Fenster hängen gehabt.

Ein Riesenzauber wurde vollführt. Ich habe über acht Ecken gehört, es wäre am besten, wenn es heute Nacht schneien würde, der Schnee würde es zudecken. Der Werksleiter hat dann erklärt, wie es wirklich passiert ist. Wie man einen Topf mit Milch rührt, so hat er es erklärt, auch im Fernsehen, und das schwappt über, dann fliegt halt was fort oder brennt an. Ich habe mir dann erlaubt nachzufragen, habe mir erlaubt, unseren Vorstand anzurufen und habe gesagt, hier, da muss doch mal einer kommen. Ja, der damalige Arbeitsdirektor, ich glaube, es war schon der Mische, war in Berlin. Der Abteilungsleiter Chemie hieß Handte.

Er kam dann nach Griesheim und versuchte die ersten Aufräumungsarbeiten zu organisieren. Ich habe zu dem gesagt, hören Sie mal, wir sind hier in der Kurzarbeit und Ihr wollt fremde Leute hereinholen, holt die Leute aus der Kurzarbeit zurück. Er tat's. Die Leute waren gern in Kurzarbeit, das muss man sagen, das ist ganz gut bezahlt worden.

Reinhard Handte hat sich nicht schlecht aufgeführt. Er hat eigentlich richtig gehandelt. Die Leute sind widerwillig gekommen, wer wollte schon in den Dreck hinein, aus dem Sigri-Bereich. Dann hat man versucht auf der anderen Seite den Kram wegzukratzen und wegzuspritzen oder sonst wie wegzumachen. Die Feuerwehr ist herumgetanzt, jede Menge Freiwillige sind herumgetanzt, es wurden Krisenstäbe eingerichtet.

Ich habe verlangt, dass der Betriebsrat sofort zu unterrichten ist. Das hat zwei Tage gedauert, weil sie angeblich keine Zeit hatten. Ich muss auch sagen, in Griesheim war ein sehr dominanter Personalchef. Der hat gemeint, er wäre der Werksleiter. Der Werksleiter ist von dem geführt worden. Demgegenüber, was ich heute weiß, hätte ich mich auch ein bisschen anders verhalten als Betriebsratsvorsitzender und hätte anders auf den Tisch gehauen. Das habe ich aber nicht gemacht, weil ich nichts wusste. Ich habe auch von dem ganzen Mist nichts verstanden. Seifert kam, hat pausenlos mit Hilger telefoniert.

Hilger kam, wenn ich es noch recht weiß, am Donnerstag aus der Schweiz. Und von der IG Chemie war auch keiner da in der ganzen Zeit, das muss man dazusagen. Vom Hauptvorstand der IG Chemie war niemand da. Die wären dringend vor Ort notwendig gewesen. Denn wir waren ein gut organisierter Betrieb. Bei den Gewerblichen hatten wir 80 Prozent und bei den Angestellten nur, wie überall in den großen Firmen, 25 oder 30 Prozent. Da war niemand da, da hat sich niemand sehen lassen. Die haben alle nachher einen großen Rand gehabt, maroder Betrieb usw.

Ich muss sagen, Griesheim war ein alter Betrieb, aber nicht unbedingt marode. Vielleicht hätte er noch ein bisschen besser gemacht werden können. Es war eben Großkessel-Chemie, keine Feinchemie, wie das heute ist. Aber im Vorfeld hatte es immer schon geheißen von Dormann und seinen Pappenheimern, ach Griesheim, mitten in der Stadt, der marode Laden gehört zugemacht. Wenn er so marode ist, müssen sie eben Geld einschießen, investieren!

Dormann hat gesagt: Der marode Laden mitten in der Stadt gehört doch zugemacht. Dann kamen die Sprüche von „sanfter Chemie". Dormann, unseriös, wie er war, hat mir das mal während des Essens bei Tisch angeboten: Den maroden Laden können Sie für eine Mark haben. Meine Antwort: Hören Sie mal, ich bin zwar als Kind vom Wickeltisch gefallen, aber nicht auf den Kopf.

Der Hessische Minister für Umwelt, Fischer, teilte dem Hoechster Vorstand am nächsten Morgen mit, dass es sich bei dem ausgetretenen Produkt wohl um eine krebsverdächtige Substanz handele und dass Hoechst nun ein größeres Problem hätte. Es wurde ein Arbeitsausschuss eingerichtet, zum Leiter wurde Hariolf Kottmann ernannt (heute Chef der Clariant in der Schweiz), der damals in der Zentralen Direktionsabteilung die Bereiche und Ressorts koordinierte.

Am Dienstagabend forderte die aufgebrachte Bevölkerung eine Unterrichtung durch die Hoechst AG. Der Pfarrer von Schwanheim stellte seine Kirche zur Verfügung. Auf der Versammlung in der überfüllten Kirche vertraten Justus Mische und Karl-Gerhard Seifert die Hoechst AG. Helmut Rupp als Leiter der Business Unit „Feinchemikalien" vertrat den Bereichsleiter. Rupp konnte als Einziger den Sachverhalt vernünftig erklären. Da die Temperatur sich um 0 Grad bewegte, trug er einen roten Schal. Immer wenn technische Erklärungen nötig waren, rief die aufgebrachte Menge: Wir wollen den Mann mit dem roten Schal hören. Als die Versammlung gegen 21.30 Uhr zu Ende war, rief Seifert mit dem Autotelefon Wolfgang Hilger an, der in seiner Ferienwohnung in Haute Nendaz im Wallis weilte. Hilger sollte später erklären, er habe von dem Unfall nichts erfahren, da er weder Fernsehen geschaut noch Zeitung gelesen habe.

Weiter Vetter: *„Dann haben sie ein Büro eingerichtet, es gab Container. Da konnte sich jeder melden, der einen Schaden hat und sagen, die Pelzmäntel hingen am Fenster, und die teuersten Lederschuhe standen draußen auf dem Balkon in der Unfallnacht. Die Autos haben teilweise auch bös ausgesehen, die Wohnwagen, alles. Wir haben alles bezahlt. Was die verlangt haben, hat Hoechst bezahlt. Die haben alle Schuhe getragen – also ich habe auch gute Schuhe getragen – zwischen 250 und 300 Mark zu dem Zeitpunkt. Aber ich konnte ja schlecht sagen, ihr seid ein bisschen bescheuert, das zu bezahlen. Mir war das im Prinzip scheißegal. Das war für die Menschen."*

Am nächsten Morgen, am Aschermittwoch, wurden Frühauf und Seifert in das Hessische Umweltministerium einbestellt. Minister Joschka Fischer wollte dem Hoechster Vorstand beweisen, dass Orthoanisol eine krebserregende Substanz und dass dies seit einigen Monaten bekannt sei. Da die Hoechster auf diesen Punkt gut vorbereitet waren, konnten sie ihm erläutern und beweisen, dass erst im Dezember eine Studie ins Haus gekommen war, die gerade von den Toxikologen geprüft wurde und der Geschäftsbereich nicht über das Ergebnis informiert worden war. Deshalb sei in der ersten Presseerklärung nicht von einer Irreführung der Bevölkerung auszugehen. Bis dahin war Orthoanisol toxikologisch offiziell als „mindergiftig" eingestuft, was Hoechst, durchaus korrekt, der Öffentlichkeit so mitgeteilt hatte. Fischer akzeptierte diese Erklärungen. Man versprach ihm, sofort alles Notwendige zu unternehmen, um den Schaden so gering wie möglich zu halten.

Die Straßen und Bürgersteige wurden abgefräst, Bäume gefällt, Dächer abgewaschen, der Boden im Garten des Kindergartens wurde ausgetauscht und vieles mehr. Am Mittwochabend fand die nächste Versammlung in der Kirche statt, bei der vom Vorstand wieder Mische und Seifert anwesend waren. Durch die Presseberichte waren die Einwohner Schwanheims äußerst aufgebracht. Auf der Heimfahrt von der Versammlung in der Kirche rief Seifert wieder Hilger in seiner Schweizer Ferienwohnung an und versuchte, ihm nochmals klarzumachen, wie ernst die Lage ist.

Am Nachmittag des Aschermittwochs griff auch das Hessische Sozialministerium in diesen Vorfall ein. Heide Pfarr, die damals das Ministerium leitete, ordnete an, dass für die Reinigungsarbeiten am nächsten Tag weiße Schutzanzüge und Gasmasken benutzt werden müssten. Der Chemieunfall in Griesheim sollte richtig inszeniert werden wie ein Atomunfall.

Die Verantwortlichen haben sich allerdings geweigert, dem Reinigungspersonal Gasmasken zu geben, waren aber gezwungen, das Reinigungspersonal zumindest mit weißen Schutzanzügen und einfachem Mundschutz arbeiten zu lassen. Aus diesem Grunde wirkten die Aufräumungs- und Reinigungsarbeiten am Donnerstag noch sehr viel spektakulärer. In der Kürze wurden 250 Arbeiter eingestellt, von denen sicher der eine oder andere ein Asozialer war. Als der erste zusammenbrach, war die Presse sofort da. Der Zusammenbruch hatte eine ganz einfache Ursache: Er war stockbetrunken.

Am Donnerstag früh erschien die Bildzeitung mit der dicken Überschrift „Wo steckt Professor Drückeberger?“. Hilger wurde zum ersten Mal frontal angegriffen, dass er sich nicht um den Chemieunfall in Griesheim gekümmert hätte. Von Winterfeldt sprach dann nochmals mit Hilger und machte ihm klar, dass er, sobald es geht, nach Frankfurt kommen müsse.

Am Freitag kam die Nachricht der Bildzeitung: Lufthansa und Bildzeitung evakuieren 200 Kinder von Schwanheim nach Mallorca.

Am Freitagnachmittag gelang es dann, mit Karl Holoubek, der sich im Urlaub in Südafrika befand, zu telefonieren und ihn über die Vorkommnisse zu informieren. Karl Holoubek traf am Samstag früh gegen 8.00 Uhr in Frankfurt ein und kam sofort vom Flughafen nach Griesheim.

Personalchef Heinz Weinmann: *„Als der Störfall am Rosenmontag passiert ist, das ist das Typische – im Grunde genommen hätten sie die Mannschaft rausschmeißen müssen. Wahrscheinlich hat der eine oder andere mehr gefeiert, als seiner Arbeit nachzugehen. Als ich nach Hoechst kam, habe ich mich immer gewundert, wenn da einer einen Kessel verfahren hatte im Wert von 20.000 Mark, kam er mit einer Abmahnung davon. Also als Privatunternehmen hätte ich ihn rausgeschmissen, auf gut Deutsch gesagt. Ich hätte gesagt, Leute, es wird gearbeitet, ich bezahle euch gut, aber wer besoffen im Werk angetroffen wird oder grob fahrlässig handelt, wird entlassen. Nichts davon geschah.“*

7.3 Die Folgen des Störfalls

Es ist viel über den Griesheimer Störfall geschrieben worden. Es ergab sich daraus dann die Diskussion über die stadtnahe Chemie, und es gab Überlegungen, das Werk Griesheim zu schließen. Der Imageverlust für Hoechst – hervorgerufen durch eine einfache Fehlbedienung, die man leicht durch geringe technische Aufwendungen hätte verhindern können – war erheblich. Ärzte weigerten sich, Hoechster Medikamente zu verschreiben. Der Störfall von Griesheim wurde in die gleiche Reihe gestellt wie Seveso und Bhopal, obwohl es keine Toten oder Verletzten zu beklagen gab. Viele Verantwortliche bei Hoechst waren damals davon überzeugt, dass der Schaden wesentlich geringer hätte ausfallen können, wenn die Öffentlichkeitsarbeit des Hoechst-Konzerns besser funktioniert hätte. Die Abteilung für Öffentlichkeitsarbeit hatte jedoch sehr gute Arbeit geleistet. Allerdings wollte die Öffentlichkeit den Vorstandsvorsitzenden sehen, der sich eine Woche lang verleugnet hatte. Seine Erklärungen, er habe in seiner Schweizer Ferienwohnung kein Fernsehen gehabt sowie keine deutschen Zeitungen gelesen, und er sei nicht informiert worden, wollten nicht überzeugen. Auf den folgenden Pressekonferenzen in den nächsten Tagen beteuerte er immer wieder, dass er nichts gewusst hätte, und er sei nicht informiert worden. Bemerkenswert war auch das Verhalten des Vorstands. Fast alle haben sich exponiert und mitgeholfen, den Schaden so gering wie möglich zu halten, bis auf Jürgen Dormann, der die gesamte Woche auf Tauchstation war. Für ihn war es die große Chance, aus dem Fehlverhalten von Hilger als Gewinner hervorzugehen, was ja dann auch tatsächlich erfolgt ist, als im Mai desselben Jahres die Nachfolge von Wolfgang Hilger geregelt wurde.

Dormann und der Aufsichtsratsvorsitzende Erhard Bouillon hatten in der vorlaufenden Zeit schon Gefallen aneinander gefunden. Hilger störte beide. Hilger ist Bouillon schon zuzeiten als die Hoechst-Welt noch in Ordnung war (Sammet AR-Vorsitzender, Hilger Vorstandsvorsitzender und Bouillon Arbeitsdirektor), auf den Wecker gegangen, weil der Arbeitsdirektor noch einen Geschäftsbereich zusätzlich übernehmen sollte und Bouillon sich mit Händen und Füßen dagegen gewehrt hat. Er zeigte sich zu träge. Hilger: „Mit Mische hat das später vortrefflich funktioniert." Der Arbeitsdirektor wollte mit seiner Katholischen Soziallehre lieber Geld verteilen als wirklich Hand anlegen, wenn es verdient werden sollte. Der Griesheimer Vorfall kam für die internen Machenschaften von Bouillon und Dormann gerade recht, um Hilger ins Leere laufen zu lassen. Der Griesheimer Vorfall war aber auch – rückblickend gesehen – der Anfang vom Ende der Hoechst AG. Hilger hätte auch als AR-Vorsitzender gute und schlechte Jahre gehabt, aber niemals gemeinsam mit irgendeinem Vorstandsvorsitzenden Hoechst an die Wand gefahren. Der Bedienungsfehler eines Chemiefacharbeiters war letztlich der kausale Ausgangspunkt für die Auflösung des weltgrößten Pharma- und Chemiekonzerns. Aber es musste noch viel Missmanagement aufgehäuft werden, um dieses perfekte Untergangsszenario ablaufen zu lassen.

8. Dormann tritt an die Spitze

8.1 Die erste Zeit nach der Amtsübernahme im März 1994

Gerade das gehobene Management von Hoechst, auch der Aufsichtsrat, hat allen Grund, den Vorstandsvorsitzenden Wolfgang Hilger nicht zu schnell in die Vergessenheit zu schieben. Hilger war und ist ihr Mann. Und die Defizite im Umweltschutz, die bei der bekannten Reihe von Störfällen erkennbar geworden sind, können nicht ihm alleine angelastet werden. Direkt hatte er nichts damit zu tun. Andererseits war sein Verhalten der Öffentlichkeit gegenüber durchaus ungeschickt gewesen, als es galt, den Schaden einzugestehen, Besserung zu versprechen und in die Wege zu leiten. Hilger ist ein knorziger Querkopf, dessen Unliebenswürdigkeit fast schon sprichwörtlich ist (Frage an Hilger während eines Werksrundgangs: „Wie viele Leute arbeiten hier?" „Die Hälfte." – Eine PR-Mitarbeiterin bekommt Prokura. Hilger soll das Dokument überreichen. Sie steigt in die Vorstandsetage hinauf. Als der Vorstandsvorsitzende auf sie zukommt, sagte sie: „Jetzt bin ich zum ersten Male in diesen heiligen Hallen!" Hilger: „Das wird auch das letzte Mal sein.")

Doch dürfte Hilger einer der intelligentesten Unternehmensführer der deutschen und internationalen Chemie-Wirtschaft gewesen sein. Als Chemiker kann Hilger Umweltprobleme weit besser einschätzen als die meisten anderen Chemie-Bosse und kann so an alternativen Konzepten selbst mitarbeiten, sie zumindest fachkundig beaufsichtigen. Hilger geht in wenigen Wochen, nach der Hauptversammlung der Hoechst AG am 26. April 1994, in den Ruhestand. Er wird auch nicht in den Aufsichtsrat eintreten können. Die Riege Bouillon-Dormann hat ihn weggeschoben. Bitter genug. Zusätzlich ist im Vorstand eine diskriminierende Hektik ausgebrochen. Hilger ist als Chef noch einige Zeit im Amt, sein Nachfolger Jürgen Dormann noch längst nicht auf dessen Stuhl gelangt, und schon wird eine Neuorganisation des Vorstands für die Zeit mit Dormann an der Spitze bekannt gegeben.

Natürlich muss so etwas geplant sein; auch die Verkleinerung des Vorstandskollegiums um zwei Köpfe ist sinnvoll. Die sehr frühe Veröffentlichung durch den Aufsichtsrat (Bouillon) signalisiert aber keineswegs gediegenes und vorausschauendes Management, das rechtzeitig die Probleme erkennt, die Weichen stellt und eine bessere Zukunft anpackt. Eine so voreilige Bekanntgabe der Umorganisation demoliert nur das Ansehen der Manager in ihren jetzigen Positionen und der Vorstandsspitze selbst, schadet damit dem Unternehmen. Wie glänzend hätte Dormann dastehen können, wenn er mit der Neustruktur einen Tag nach der Hauptversammlung herausgekommen wäre. Eine vertane Chance.

Künftig wird der Vorstand von Hoechst von elf auf neun Herren verkleinert. Die Stellen der aus Altersgründen ausscheidenden Wolfgang Hilger und Uwe Jens Thomsen werden nicht wieder besetzt. Jürgen Dormann, der bisherige Finanzchef und Regionalverantwortliche für die USA, übernimmt den Vorsitz und präsentiert

Dormann am Ziel: Vorstand der Hoechst AG nach der HV am 26. 4. 1994 (von links): Schadow, Seifert, Frühauf, Dormann, Janson, Metz, Felcht, Holoubek, Mische.

auch schon ein Kollegium, dessen Zuständigkeiten einem kräftigen Rütteltest unterworfen wurden. Sein Stellvertreter Günter Metz erbt zum Beispiel die USA-Verantwortung. Das Faserngeschäft sowie Kunststoffe und Folien sind ihm wie bisher belassen. Das Finanzressort wurde dem bisherigen Justitiar, dem durchaus gewieften Martin Frühauf, übertragen. Zu den wichtigeren Veränderungen gehört die Entlastung des bisherigen Umweltchefs Karl Holoubek von diesem Ressort. Es wurde zusätzlich Ernst Schadow aufgeschnallt. Holoubek verantwortet künftig die Bereiche Farben und Pigmente und Tenside und Hilfsmittel.

Schadow, der eigentlich selbst Vorstandsvorsitzender werden wollte, ist nun für das ganze Drum und Dran im Werk Höchst zuständig. Die strategisch bedeutendste Umbesetzung ist die Einsetzung des Forschungschefs als Personaldirektor. Utz-Hellmuth Felcht übernimmt von Justus Mische das Personal- und Sozialwesen zusätzlich zu seiner Funktion als Forschungschef und Leiter des Bereichs Technische Kunststoffe.

Vorstand Hans-Georg Janson hat seine angestammten Bereiche Chemikalien, Kunstharze sowie die Verantwortung für Asien voll in die Zukunft hinübergerettet. Ein Zuwachs an Arbeit und Einfluss ist bei dem Pharma- und Landwirtschaftschef, Karl-Gerhard Seifert, festzustellen. Der Arzneimittelboss bekam noch die Informatik und EDV-Kommunikation (I +K) hinzu.

Pressechef Dominik von Winterfeldt drückte mit folgenden Worten dieser Neuorganisation den Unbedenklichkeitsstempel auf: *„Der gesamte Vorstand ist für alles verantwortlich."* Da kann wirklich nichts mehr schiefgehen, zumindest für Winterfeldt persönlich. Er steckt auch in den Startlöchern. Anfang April will er seinen neuen Job bekannt geben. Zum 1. Juli bekommt Hoechst mit Friedmar Nusch einen neuen Leiter der Abteilung Öffentlichkeitsarbeit. Dormann braucht einen ihm absolut ergebenen PR-Manager.

Der Wechsel an der Spitze des Unternehmens bedeutet nicht allein einen Generationswechsel, sondern schlichtweg einen historischen Bruch. Die Tradition der IG-Farben hat mit dem Ausscheiden Hilgers ein Ende. Hilger stand aufgrund seines familiären Herkommens in dieser Tradition, aber auch nach seinem strategischen Denken und seiner Ausbildung zum höchsten Amte hin.

In den 20er-Jahren zimmerte Karl Duisberg den IG-Farben-Konzern nach amerikanischem Trust-Muster und hatte darin einen Weg gefunden, die deutsche chemische Industrie durch eine frappierende Farbenkrise zu führen. IG-Farben war das Pendant zur ICI und Dupont und lange Jahre erfolgreicher als diese Konkurrenz. Duisberg hatte ein Unternehmenskonzept entworfen, das 50 Jahre und mehr hätte funktionieren können, wenn es den 2. Weltkrieg nicht gegeben hätte. Aber auch in den so genannten IG-Farben-Nachfolgegesellschaften lebten jahrzehntelang IG-Elemente offen erkennbar, aber auch apokryph, mit.

Dazu gehörte das Postulat, dass nur Chemiker an der Spitze des Unternehmens stehen dürfen. Hilger wurde Chemiker, Professor und Vorstandsvorsitzender. Mit ihm räumt nun der letzte Naturwissenschaftler den Chefsessel bei den Chemiegiganten. Die BASF hat seit einigen Jahren mit Jürgen Strube einen Juristen zum Generaldirektor und Bayer mit Manfred Schneider und zuvor schon mit Hermann Josef Strenger einen Kaufmann eingesetzt. Dormann, der nun auf den Stuhl Hilgers rutscht, studierte Volkswirtschaft und leitete in den vergangenen Jahren das Finanzressort bei Hoechst. Schon gut 30 Jahre gehört er dem Konzern an.

Sein selbst gewähltes Motto heißt: Der Mensch irrt, solang er strebt. Dies ist festgehalten im Fragebogen des Marcel Proust, den die F.A.Z. ihm vorgelegt hatte. Dieses Klassiker-Zitat ist nicht sehr geistreich, kann aber durchgehen. Der neue Mann an der Spitze von Hoechst will – zumindest nach außen – eine smarte Tour fahren, lieber als Träumer denn als Technokrat verschrien sein. Er würde gerne schriftstellern und dabei philosophieren. (Warum tut er es nicht?) Zu Recht verabscheut er Diktaturen und Diktatoren. Und wenn er die Gabe dazu hätte – er würde sie sich wünschen – sänge er gerne. Neben Goethe liebt er Kohlmeise und Strandnelke und natürlich fröhliche Kinder. Etwas übertreibt Dormann seine Treuherzigkeit, wenn er dann auch noch Grün als seine Lieblingsfarbe deklariert, ist doch Hoechst durch Rot (Fuchsin/Rotfabriker) groß geworden. Mit Prousts Fragebogen können sich unachtsame Schreiber schnell nachteilig dekuvrieren. Von einem Konzernchef wird Zupackendes erwartet. Der Hinweis auf den Feldzug Alexanders des Großen genügt nicht. Für Hoechst wartet die Aufschnürung des Knotens noch. Ihn zu durchschlagen ist nicht immer die beste Lösung.

Dormann übernimmt von Hilger die Führung des Spitzenunternehmens der deutschen Chemie. Mit über 46 Milliarden Mark Umsatz zeichnet Hoechst als die Nr. 1. Hilger hat nicht nur die Voraussetzungen dafür geschaffen, sondern durch sein klares und vorausschauendes Management die solide Expansion erst möglich gemacht, selbst durchgepaukt, wenn es im Geschäftsjahr 1993 auch noch nicht real werden konnte. 1993 war das erste Jahr, das Hoechst nach der Wiederbegründung nach dem Krieg mit einem negativen Betriebsergebnis abschloss. Das hatte es vorher noch nicht gegeben. 1989 hat die Firma noch 1,4 Milliarden DM Plus gehabt, und auf einmal stehen da 200 Millionen Miese drin. Es war ganz klar, es muss irgendetwas geschehen. Hoechst konnte so nicht weiterfahren.

Hilger verabschiedet sich von den Aktionären mit einer Dividendensenkung. Der Prestigeverlust schert ihn wenig, weil er weiß, dass Hoechst damit am meisten gedient ist, nach dem schweren Jahr 1993. Dormann kann, wenn er gut ist, mit steigenden Gewinnen, verbesserter Marktstellung und höheren Dividenden einsteigen. Hilger, der alte Fuhrmann, hat ihm im besten Sinne des Wortes den Weg bereitet. Umso schwerer dürfte es Dormann fallen, den hohen Leistungsstandard zu halten, Hoechst noch zusätzliche Impulse zu geben. Da empfiehlt es sich ganz bestimmt, weniger zu irren als zu streben.

8.2 Hoechst im Aufbruch

Das erste Jahr Dormanns stand unter dem Motto: Hoechst im Aufbruch. Das spiegelt der Geschäftsbericht für 1994. Die neue Dynamik inkarniert sich im Deckblatt. Ein muskulöser, angenehm gebräunter Inline-Skater mit Sturzhelm setzt zu einem rasanten Endspurt an. Innen guckt weniger dynamisch aber erstmals in einem Geschäftsbericht der Vorstand in seiner Gesamtheit Aktionäre und Mitarbeiter an, die geneigt sind oder sich veranlasst sehen, den Bericht in die Hand zu nehmen. Die Manager haben sich jedoch hinter dem mit Chromstangen und klobigen Pfeilern eingefriedeten Modell des Werkes Hoechst verschanzt. Sie gehen damit eindeutig auf Distanz zum Betrachter.

Aber die Gedanken sind frei. Über dem Braintrust steht geschrieben: „Hoechst ist ein internationaler Verbund innovativer und kundenorientierter Unternehmen, die auf den Gebieten Pharma, Landwirtschaft und industrielle Chemie zu den drei führenden Anbietern in Europa, Amerika und Asien gehören. Wir werden eine im Vergleich zum Wettbewerb überdurchschnittliche Rendite auf das uns anvertraute Kapital erwirtschaften." Gemeinsames Ziel im Hoechst-Konzern sei eine Nettoeigenkapitalrendite von 15 Prozent im Mittel eines Konjunkturzyklus. „Davon waren wir 1994 noch recht weit entfernt. Das Jahr 1995 wird uns dem Renditeziel erneut ein gutes Stück näher bringen."

8.3 Ein Fasern-Mann wird InfraSerfer: Alexander Dahmen

Im Mai 1994 wurde Dahmen zu Metz und Dormann bestellt, und wie es bei solchen Gelegenheiten immer zugeht, regelrecht überrumpelt. *„Sie werden Werksleiter von Hoechst."* Er ist aus allen Wolken gefallen. Er war Bereichsleiter Fasern, hatte damit die Welt gesehen. Er war schön viel herumgereist, sagte er, und wollte das so beibehalten. Dahmen beharrte: *„Ich bin Bereichsleiter. Soll ich Werksleiter werden?"* Dormann: *„Wir haben Sie ausgesucht, und jetzt machen Sie das."* Am 1. Juli 1994 fing er an. *„Ich konnte mein Faserngeschäft kaum übergeben. Ich habe mich in keiner Auslandsgesellschaft verabschiedet oder sonst was, sondern es hieß nur: Sie werden Werksleiter."*

Jetzt stand InfraServ ante portas. Der letzte Werksleiter, den es gegeben hat, war das Vorstandsmitglied Rolf Sammet (auch früher waren die Werksleiter Hoechst immer Vorstandsmitglieder gewesen). Als Sammet Vorstandsvorsitzender wurde, fiel die Position weg.

So hat Dahmen sich durchaus nicht degradiert gefühlt, dass er seinen Bereichsleiterposten aufgeben musste, obwohl er keine Aussicht hatte, über diesen Umweg in den Vorstand zu gelangen. *„Ich war erschrocken, als es auf mich zukam."* Der Geschäftsbereich Fasern hatte bei Hoechst außer einer Forschung keine Aktivitäten gehabt. Fasern waren in Bobingen, in Gendorf, Offenbach, Guben, Bad Hersfeld und weltweit in vielen Werken vertreten. Die Fasern brachten 7 Milliarden DM Umsatz.

Die Aktivität gehörte zu den großen Bereichen des Konzerns. *„Aber in Höchst waren wir nur ganz klein und hatten nur die Bereichsleitung dort."* Dahmen ging es um die Hausmacht in Höchst, die er als Werksleiter glaubte haben zu müssen, aber nicht hatte. Dormann war darüber sehr zufrieden: *„Deshalb werden Sie es. Ich will die Netzwerke, die hier bestehen, auseinander schlagen. Hier muss was geschehen."* So hat Dormann die Axt angesetzt.

Beträge in Mio DM	1994	1993
Umsatz	**49 637**	46 047
davon in Deutschland	**10 869**	10 350
Ergebnis aus Betriebstätigkeit	**2 318**	1 476
Jahresüberschuß (Gewinn nach Steuern)	**1 363**	756
Dividende Hoechst AG je 50 DM Aktie	**10 DM**[1]	7 DM
Ausschüttung	**755**	517
Cash flow aus Geschäftstätigkeit	**4 681**	4 870
Bilanzsumme	**40 577**	39 112
Eigenkapital	**13 790**	13 540
Eigenkapitalquote	**34 %**	35 %
Eigenkapitalrendite nach Steuern[2]	**10,0 %**	5,5 %
Investitionen in Sachanlagen	**3 143**	3 597
Investitionen in Beteiligungen	**347**	1 572
Abschreibungen auf Sachanlagen	**3 233**	3 143
Forschungsaufwand	**3 369**	3 039
Zahl der Mitarbeiter[3]	**165 671**	170 161

[1] Dividendenvorschlag
[2] Bezugsgröße ist der Durchschnitt aus dem Bestand des Eigenkapitals am Jahresanfang und am Jahresende
[3] Stichtag 31.12.

Das Werksmodell war durchaus nicht gedankenlos so öffentlichkeitswirksam vor den Vorständen ausgebreitet worden. Das Thema wird zwei Seiten später noch einmal aufgegriffen. Während Jürgen Dormann auf Seite 3 mit fein blau gestreifter Goldkrawatte die ganz große Linie erläutert („Auf dem Weg zu einer guten Rendite"), hat auf Seite 5 Alexander Dahmen seinen Auftritt. Er weist auf ein weniger eingegrenztes Werksmodell hin und wird mit einem ebenfalls folgenschweren Satz zitiert: *„Wir machen das Werk Höchst zu einem konkurrenzfähigen Produktions-, Forschungs- und Verwaltungsstandort im europäischen Wettbewerb."* Er packte die Sache 1994 an, und irgendwann wird deutlich, dass er es geschafft hat und Dormann nicht.

Nach Griesheim stand Hoechst in der Öffentlichkeit am Pranger. Und als es hieß, Dahmen, Sie werden Werksleiter, hat der Fasernmann die Backen zusammengekniffen: *„Das ist ganz furchtbar, wenn nur das Geringste hier passiert. Wenn 20.000 Leute und mehr an vielen Chemieanlagen arbeiten, da können die noch so sorgfältig sein, passieren kann immer was. Es muss nicht todbringend sein, es muss nicht dramatisch sein. Aber wenn irgendwo Schwefeldämpfe abgehen und sich eine Rauchwolke bildet, dann ist die Umwelt verängstigt",* wusste der etwas dünnhäutige Fasernmann.

Für das Werk insgesamt gab es mehr oder weniger keine Organisation. Dahmen musste alle Mitarbeiter der Ingenieurtechnik übernehmen. Damit wurden dem Werksleiter 5.000 Leute unterstellt. Das waren alles Zentralabteilungen: Lagerverwaltung, Feuerwehr, Werksschutz, die Werksärztliche Abteilung, sämtliche Ingenieure, also Betriebsingenieure und die, die das Kraftwerk betreiben, der ganze Umweltschutz. All das wurde dem Werksleiter unterstellt, weil es hieß, der soll sich um diese Zentralfunktionen kümmern. Die Geschäftsbereiche sollten sich ausschließlich um ihr operatives Geschäft kümmern. Mitnehmen durfte er nur seine angestammte Sekretärin und einen Assistenten.

Dahmen hatte nichts mitzureden bei der Pharma oder auch bei der Chemie. Das war wenigstens klar geregelt. Hier lag auch der Unterschied zu der Zeit, als Professor Sammet den Posten innehatte, oder noch früher, da waren die Werksleiter für alles im Werk zuständig. *„Ich war für 5000 Leute zuständig, die damals zu verschiedenen zentralen Funktionen gehörten, auch die Informationstechnik, die Telefonleitung, alles was in einem Werk funktionieren musste."*

Die Zeit von 1994 bis 1997, als InfraServ dann gegründet wurde, hat er als sehr lehrreich und notwendig empfunden, um den Schritt zur InfraServ überhaupt wagen zu können. Dormann hat bei seinem Start mit diesem „Entrosten und Entfrosten" gesagt, hier muss was geschehen, und es sei auch viel geschehen. In der ersten Hälfte der 90er-Jahre sind im Werk Hoechst 7.500 Stellen abgebaut worden. *„Wir waren ja mal 28.000 gewesen, und das ging auf 20.500 runter. Von den 7.500 wurden 6.600 in den Vorruhestand geschickt, und 900 schieden altersbedingt normal aus. Das war die Lösung, die damals üblich war."*

Werksleiter Dahmen empfand seine Aufgabe als unglaublich schwer. Der Wandel hat sich eben sehr stark auch am Standort Höchst vollzogen, und das haben die

Leute, das ganze Umfeld, mitbekommen. Wenn man gesagt hat, man trennt sich von bestimmten Auslandsgesellschaften, da kriegt hier keiner etwas mit. Der Wandel am Standort war aber schwierig und von Protesten begleitet.

Es war im Werk Höchst bis dahin nicht möglich, Kosten richtig zu ermitteln. Dahmen: *„Wir haben am Standort 800 oder 900 Gebäude gehabt. Da wohnten auch Leute, ohne Mietverträge. Irgendwann bekamen die Bereiche gesagt, wir haben so und so viele Ausgaben gehabt für Energie oder für Wartung und Reparaturen, und das wurde dann auf die Geschäftsbereiche umgelegt. Es wurde einfach abgebucht. Da wusste kein verantwortlicher Bereichsleiter, wie viel Miete er eigentlich bezahlt."* Dahmen begann damit, die Gebäudeflächen zu erfassen. Was ist Bürofläche? Was ist Lagerfläche? Wie werden die genutzt? Es wurden Mietverträge gemacht. Das alles hatte es überhaupt nicht gegeben. Es wurde der Energieverbrauch der einzelnen Gebäude ermittelt etc. etc.

Dahmen musste die ganze buchhalterische Infrastruktur für dieses Werk aufbauen: *„Als ich am 1.7.1994 Werksleiter wurde,* sagte Dormann, *im September möchte ich von Ihnen einen Plan haben, wie es weitergeht. Ich weiß noch genau, ich bin nach Italien in Urlaub gefahren und habe mir die ganze Zeit den Kopf zerbrochen, was machst du mit dieser Werksorganisation."* Nach und nach kam ihm der Gedanke: *„Wir haben Business Units für die Geschäftsbereiche und wir bilden jetzt für das Werk Hoechst Service Units. Wir sind Dienstleister für die Firmen hier am Standort."* Dann entwickelte er das Konzept der Service Units, das vom Vorstand abgesegnet wurde. Anschließend hat er diese Werksorganisation langsam aufgebaut, ohne klare Vorgaben, wie sich das Ganze personell entwickeln sollte. Die Geschäftsbereiche, neuerdings die Kunden, haben damals alle gesagt, ihr seid viel zu teuer.

Wenn früher ein Handwerker in einen Betrieb kam, dann kriegte er an Weihnachten ein kleines Geschenk, damit er im nächsten Jahr, immer wenn man ihn brauchte, wiederkommt. Als Dahmen Werksleiter wurde, drehte sich das um. Auf einmal waren das seine Kunden. Und das war wichtig: Die Entscheidung war getroffen, es müssen die Dienstleistungen des Werkes nicht mehr abgenommen werden: *„Ihr dürft auch draußen zukaufen."* Das hat den Druck auf die Werksstruktur unglaublich erhöht. Es gibt natürlich Leistungen, die können nur vom Werk erbracht werden, z. B. alles was leitungsgebunden ist, Abwasser, die Energien, Dampf, das waren sichere Kunden. Aber alle Handwerkerleistungen konnten von draußen eingekauft werden. Da entstand für die „Hoechster Beamten" ein riesiger Druck. Gerade auch bei der Logistik: Wer kann bestimmte Transporte durchführen? Wer verpackt solche Dinge? Das konnte man auf einmal von draußen holen. Da mussten Dahmen und seine Leute wettbewerbsfähige Angebote machen. Sie mussten um ihre Kunden kämpfen. *„Wir mussten uns überlegen, was können wir denn den Betrieben an Weihnachten für eine Aufmerksamkeit zukommen lassen."* Die Denkweise musste sich bei Dahmen & Co. gründlich wandeln: *„Man muss sich das mal vorstellen, dass Sie Ihrem Handwerker was geben müssen, damit er kommt. Die Betriebe waren darauf angewiesen."*

Es gab auch kein Rechnungswesen. Dahmen: *„Als ich Werksleiter wurde, hieß es, Werk Höchst, wie viel verdient ihr denn im Werk? Das wusste man nicht. Ich habe erst mal jemanden eingeführt, der Buchhaltung verstand. Bei Licht besehen, war die große Konkurrenz auch nicht besser. Dormann hat mal, als dieser Wandel kam, frech gesagt, „wir haben mindestens fünf Jahre Vorsprung vor Bayer und BASF." Bayer hat tatsächlich mit zeitlich fünf Jahren Verzögerung dasselbe gemacht. Die haben ihre Ingenieurtechnik ausgelagert. Wenn man jetzt dorthin kommt, steht der Besucher überall vor Industrieparks. „BASF ist mit dem Verbund nach wie vor am nächsten an den älteren Strukturen, aber die lagern auch aus."*

In Kantinen und Werksküchen mussten die Leute, die dort Kartoffeln schälten, auch nach Chemietarifen bezahlt werden. Das gehörte alles zu „Hoechst alt". Die Gewerkschaft freute sich. Es war alles ein Teig. Die IG BCE kam hin und stellte fest: Mindestlohn ist Mindestlohn, und der gilt für alle. Dahmen: *„Wir haben gesagt, wir müssen auch mal Frauen im Werkschutz einsetzen. Wir wollten nach außen freundlicher werden. Da kamen die Mädchen, die vorher bei Hertie als Verkäuferinnen gearbeitet haben, mit erfreulich niedrigen Lohnvorstellungen, die es bei Hoechst gar nicht gab. Denen mussten wir sagen, die unterste Lohngruppe ist deutlich höher als das, was Sie sich vorgestellt haben."*

Hoechst war in der überkommenen Struktur auch deshalb nicht wettbewerbsfähig, weil alles über diesen einen Kamm geschoren werden musste. Dahmen musste sich umfassende Gedanken machen, wie er das hinkriegen kann. Es ging nicht anders, die Mitarbeiter mussten so bezahlt werden, wie es ihrer Tätigkeit entsprach. Das galt nach oben und nach unten: *„Ich kann auch nicht in den Wettbewerb mit einem externen Sicherheitsdienstleistungsanbieter treten, wenn dieser ganz andere Löhne zahlt, als ich sie bezahlen muss."* Dahmen wagte den Balance-Akt: *„Man kann nicht einem Mitarbeiter, der 2.000 Mark verdient, sagen, du verdienst jetzt nur noch 1.500. Das geht alles nur schrittweise. Man muss sagen, die Erhöhungen fallen anders aus."* Er hat nicht verlangt, dass die Leute auf Einkommen verzichten. Zum Ausgleich sind auch zusätzliche Arbeitsstunden vereinbart worden.

Mit Rückendeckung von Schadow und Dormann konnte Dahmen ein System der Notfallmanager einführen. Leute waren gefragt, die die Kommunikation nach außen darstellen konnten, die genau wissen, wie wird die Presse informiert, welche Dienststellen von der Polizei und den Behörden müssen informiert werden, wie wird die Bevölkerung gewarnt, wenn größere Gefahr droht. Dahmen: *„Dafür haben wir fünf Notfallmanager eingeführt, die rund um die Uhr Dienst gemacht haben, auch nachts anwesend waren, die mussten im Werk schlafen."* Es wurde auch ein Sirenensystem im Werk eingeführt. Es war ein teures System gewesen. Die ganzen Anstrengungen haben sich offenbar gelohnt. Die Kommunikation mit dem Umfeld wurde deutlich besser. Dahmen: *„Dann ist was in den Main geflossen, es war nicht schlimm, aber eine meldepflichtige Sache. Da habe ich mich in mein Auto gesetzt und bin nach Wiesbaden gefahren und habe dem Turnschuhminister gesagt, ich möchte jetzt Folgendes erläutern, das und das ist passiert. Als ich dorthin kam, sagte er mir, wir wollten*

Sie schon einbestellen. Da sagte ich, Sie brauchen mich nicht einzubestellen, ich komme von allein. Das war vorher anders.“

Es kam auch hinzu, dass Dormann sehr geschickt die Frage der „stadtgängigen“ Chemie angesprochen hat. Es ging nicht nur darum, dass Anwohner im Umfeld gefährdet sind. In der Fabrik arbeiteten an die 20.000 Leute, die ebenso gefährdet waren. Dahmen hatte seinen Standpunkt: *„Unsere eigene Sicherheit ist uns genauso wichtig. Deshalb kann man nicht sagen, wenn wir auf der grünen Wiese sind, kann das in die Luft fliegen, aber in der Stadt darf es nicht passieren. Entweder man macht Chemie, die beherrschbar ist, oder man macht sie nicht. Was man nicht beherrschen kann, darf man eben nicht machen. Im Prinzip muss eine Chemie stadtgängig sein, sonst darf man sie gar nicht erst anfangen, aus sicherheitstechnischen Gründen. Das wurde den Leuten im Werk und außerhalb vermittelt, das hat auch geklappt.*

Das war meine Zeit als Werksleiter. Diese Zeit hat geholfen, die Service Units zu gründen, und so wuchs nach und nach diese Organisation. Die Dienstleistungen wurden kalkulierbar. Mit den Kunden wurden Verträge geschlossen, welche Leistungen sie abnehmen zu welchen Preisen. Das ist zwar schwer in Gang gekommen, aber es ist in Gang gekommen.“ Dahmen freute sich.

Alexander Dahmen vor Werksmodell

Die Sache ging weiter. 1996 kam der Strategiewechsel zur Managementholding. Das war mit der alten Hoechst nicht zu machen gewesen, weil alles miteinander verbunden war. Diese Idee wurde 1997 verwirklicht. Die Werksleitung Höchst gehörte zur Hoechst AG. Es war Dormann schon klar, dass es die Hoechst AG in der Form nicht mehr lange geben wird. Alles wurde ausgegliedert in eigenständige Bereiche. Dahmen: *„Also mussten wir auch die Werksorganisation ausgliedern.“*

Dann kam eine schwierige Diskussion auf. Es ging darum, wer kriegt die Immobilien der verschiedenen Standorte? Wer muss die Immobilien mit den Altlasten nehmen? Für jedes Unternehmen, das ausgegliedert wurde, ob Pharma oder sonst was, wäre es eine unkalkulierbare Hypothek gewesen, wenn sie die Altlasten der Werke Höchst oder Gendorf oder Offenbach mit herumschleppen mussten. Der Beschluss dazu war einfach und naheliegend: Die Altlasten kommen in eine Gesellschaft, die die Immobilien und die Altlasten übernimmt, und diese Gesellschaft wird gleichzeitig Dienstleistungsgesellschaft; somit war InfraServ geboren, die Gesellschaft Infrastruktur-Service.

Oberbürgermeisterin Petra Roth urteilte: „Einen hässlicheren Namen hättet Ihr nicht finden können?“ Dahmen hätte gerne Highserv gehabt, aber das war schon vergeben. Der Kollege Boos hat damals auch die ganze Informatik unter dem Namen Highserv ausgegliedert.

Schon Ende 1996 wurde die InfraServ Grundstücks GmbH gegründet, in die alle Grundstücke übertragen wurden. 1997 sollte InfraServ auch eine selbstständige Gesellschaft mit eigener Rechnungslegung usw. werden. Zum 01.07.1997 wurde Dahmen zum Alleingeschäftsführer der InfraServ Verwaltungs GmbH ernannt. Alle großen Standorte wurden von dieser Verwaltungs GmbH betreut; ob das nun Wiesbaden oder Knapsack oder Gendorf war, alles gehörte zu dieser InfraServ hinzu. An jedem Standort wurde eine lokale GmbH & Co. KG gegründet. Der Komplementär war immer die Verwaltungs GmbH.

Die großen Gesellschaften am Standort mussten Anteilseigner an der InfraServ werden, die Hoechst AG nicht. Sie sollte aufgelöst werden. Also Clariant, HMR/Aventis und Celanese. Letztlich waren es sieben Kommanditisten, große Gesellschaften, denen InfraServ gehörte. Dahmen: *„Als ich InfraServ gegründet habe, hat man mir gesagt, in fünf Jahren ist das hier alles tot. Und ich war mir ganz sicher, das ist nicht der Fall. Es kann gar nicht sein. Wenn jemand ein bisschen betriebswirtschaftliches Verständnis hat, dann weiß er, dass man einen Standort, an dem so viele Milliarden investiert sind, nicht einfach zumachen kann"*.

8.4 Die Zerschlagung des Hoechster Fasern-Geschäfts

Das Hoechster Fasergeschäft ist seit Anfang der 50er-Jahre mit dem Namen „Trevira" verbunden. Der Markenname „Trevira" stand für Fasern und Filamente. Über 20 Jahre wurde das weltweite Fasergeschäft aufgebaut. Nach der Akquisition der Celanese 1986 vereinigte der Bereich Fasern konzernweit einen Umsatz von 10 Milliarden DM. Hoechst hatte von ICI eine Polyesterfasern-Lizenz erworben und entwickelte dann das Verfahren. Es wurden Rohstoffwerke in Gersthofen bei Augsburg, in Offenbach und in Vlissingen errichtet. Die Polyesterchips wurden dann zu Fasern und Fäden versponnen. Es gab Produktionsanlagen u. a. in Bobingen bei Ausgburg, in Hersfeld, bei Kaj Silkeborg/Dänemark, in Südafrika, in Brasilien und in den USA.

Rolf Sammet hatte als junger Chemiker und Betriebsleiter an der erfolgreichen Entwicklung des Trevira-Faserngeschäfts mitgearbeitet. Er war ein überzeugter Anhänger der Chemiefaser und wurde nicht müde zu erklären, dass die Polyesterfaser Eigenschaften wie Seide habe, nur viel billiger sei. Im Laufe der Jahre wurde aus der einfachen Polyesterfaser, die anfangs nur im Bekleidungsbereich eingesetzt worden war, eine Faser, die in vielen verschiedenen Produkten Verwendung fand. Es wurden z. B. Geotextilien hergestellt, ein flächiges Gewebe, das man als Untergrund beim Straßenbau, z. B. in Wüstengebieten, oder als Trägermaterial für Dachbahnen verwendete. Es wurden Hohlfasern entwickelt, die u. a. zu Sportunterwäsche verarbeitet wurden. Diese Fasern absorbieren den Körperschweiß und leiten ihn nach außen ab. Es wurden ferner schwer entflammbare Fasern produziert, die wegen der Feuerhaltbarkeit vor allem als Vorhänge im Schiffsbau und in öffentlichen Gebäuden eingesetzt wurden.

Marktkrisen blieben nicht aus, konnten aber insbesondere durch die Schwerpunktbildung auf technische Fasern gemeistert werden. Dieser Anteil wurde stark erhöht und Bekleidungsfasern reduziert, weil Hoechst mit der neu angelieferten Fernostware preislich nicht mehr mithalten konnte. Der große Fasernchef im Vorstand war Günter Metz, der meist nichts von Problemen und Sorgen wissen wollte. Sehr verdient gemacht um die Produktgruppe hat sich Bereichsleiter Heinz Lüdemann. Er war clever im Markt und schnell bei Umstrukturierungen. Er hat auch Stellung genommen gegen den Erwerb der Celanese. Er war weder von der Technik der Amerikaner überzeugt noch von dem hohen Anteil am Commoditygeschäft für Bekleidung. Die Commodities haben die bis dahin recht gute Angebotsstruktur der Hoechster Fasern verwässert.

Dann brach wieder die alte Hoechster Krankheit auf, die Töchter nicht ordentlich zu integrieren. Das war schon im Lacksektor mit den Briten so gewesen und nun auch bei Celanese und den Faseraktivitäten in Deutschland. Es wurde nicht einmal ansatzweise versucht. Da schon war Dormanns USA-Spleen deutlich erkennbar. Fasernverkaufschef Justus Mische schaffte 1988 den Sprung in den Vorstand. An seine Stelle trat Karl G. Engels. Nachfolger von Heinz Lüdemann wurde Alexander Dahmen.

1995 kam endgültig die Drew-Truppe zum Zuge. Bill Harris übernahm die Gesamtleitung des Konzern-Faserngeschäfts. Harris war offenbar ein enger Vertrauter von Ernie Drew, obwohl Bill stets eine panische Angst vor ihm hatte. Harris war seit der Akquisition der Celanese durch Hoechst mit Sicherheit wirtschaftlich unabhängig, denn seine Frau war Chief Financial Officer der Seagram-Gruppe. Bill hatte ein Haus auf Long Island und ein Appartement direkt am Central Park in New York. Er hätte es wirklich nicht mehr nötig gehabt zu arbeiten, doch der Arbeitsplatz garantierte ihm, dass er ungestraft von zu Hause abwesend sein konnte. Er flog unablässig in der Welt herum, und seine Mitarbeiter im Unternehmen hatten dafür zu sorgen, dass er einen angenehmen Abend bzw. eine reizvolle Nacht hatte.

Diese Schluderei fand auch kein Ende, als Metz die Fasernverantwortung an Mische übergeben hatte. Da Bill Harris unter dem besondern Schutz von Dormann und Drew stand, wagte Mische nicht an den Führungsqualitäten von Harris zu zweifeln (wenn er dessen Missmanagement überhaupt bemerkt haben sollte). Damit war das Ende des einstmals sehr erfolgreichen Faserngeschäfts von Hoechst vorgezeichnet.

Als Erstes wurden diese Aktivitäten in Brasilien in ein Joint Venture mit Rhône-Poulenc eingebracht. Da trat Claudio Sonder auf den Plan, denn er, der Landeschef der Hoechst do Brasil, betrieb das Joint Venture, allerdings nicht erfolgreich. Es verschlang Unsummen an Geld. Bis zur Auflösung hat der Hoechst-Konzern damit mehrere hundert Millionen Mark verloren.

Im Zusammenhang mit der Neuausrichtung des Hoechst-Konzerns wurden dann das Faserngeschäft in Mexico und in den USA sowie die Rohstoffanlagen in Deutschland an die Firma KoSa verkauft. Die KoSa war ein 50:50-Joint Venture zwischen der Koch Industry, einer sehr erfolgreichen amerikanischen Privatfirma, und Isaac Saba, einem starken mexikanischen Unternehmer mit ebenso starken Gewinnen. Es wird kolportiert, dass Isaac Saba ein Vermögen von etwa 5 Milliarden US Dollar angehäuft hat. Jener Herr war übrigens auch größter Aktionär der Celanese Mexicana. Als Hoechst 1986 Celanese und damit auch die Celanese Mexicana erwarb, wollte er alles kaufen. Doch das gelang ihm nicht. Celanese Mexicana wurde später als eine Beteiligung der Celanese USA weitergeführt.

In dieser Zeit wurde das europäische Faserngeschäft in der Firma „Trevira GmbH" zusammengefasst. Dazu gehörten die Werke Bobingen, Guben, Neckelmann in Silkeborg/Dänemark und Portalegre/Portugal. Portalegre wurde Anfang der 90er-Jahre erworben, obwohl schon damals klar war, dass sich Hoechst auf dem Gebiet der Fasern nicht mehr vergrößern wollte. Portalegre war außerdem eine heruntergekommene Klitsche an der spanischen Grenze. Sie war von einem Privatmann gegründet, dann von ICI übernommen und wieder verkauft und schließlich Hoechst angedreht worden. Günter Metz stellte das Projekt in Hoechst vor, ließ dabei auch seinen typischen Handbewegungen freien Lauf, wodurch für die meisten Anwesenden klar war, dass er von dem Projekt nicht überzeugt war und ein Ammenmärchen aufgetischt hatte. Auch Dormann war wohl gegen den Ankauf in Portalegre, verhielt sich jedoch, so wurde aus der Sitzung berichtet, merkwürdig indifferent und befürwortete letztendlich das Vorhaben. Tatsache ist, dass Hoechst auch hier nach allen Regeln der Kunst betrogen wurde und sicher den Kaufpreis dreimal bezahl hat.

Die Trevira GmbH sollte als Ganzes verkauft werden. Interessiert zeigte sich wiederum die KoSa, deren Beauftragter, ein gewisser Edward Wilson, es allerdings nicht geschafft hatte, die Verhandlungen erfolgreich zu Ende zu führen. Ein alter Bekannter von Dormann, der mit ihm auch im Verkauf Fasern begonnen hatte, Helmut Rathmann, war in der Zwischenzeit für die indonesische Faserngruppe Multikarsa tätig. Er hatte direkten Zugang zum Firmenbesitzer, Sinivasan, und wurde beauftragt, die Trevira-Gruppe für die Multikarsa zu erwerben. Er führte die Gespräche sehr geschickt, und das Geschäft wurde im Herbst 1997 perfekt. Nur Hoechst lag mal wieder daneben.

Im Vorstand war für den Verkauf Mische zuständig, der jahrelang als stellvertretender Bereichsleiter für das Marketing des Geschäftsbereichs Fasern zuständig gewesen war. Die Multikarsa-Gruppe war durch die gerade begonnene Asien-Krise schon finanziell angeschlagen und nicht in der Lage, den gesamten Kaufpreis zu bezahlen. Da Hoechst, wie zu dieser Zeit überall, unter Verkaufsdruck stand, wurde ein Joint Venture vereinbart, bei dem Hoechst 40 Prozent übernommen hat, die unternehmerische Führung aber auf die Multikarsa-Gruppe überging. Dormann-Freund Rathmann wurde Vorsitzender des Aufsichtsrates und des Gesellschafterausschusses. Letztlich gingen hier wieder Millionen unter.

In Bad Hersfeld wurde als besondere Fasernspezialität „Trevira hochfest" hergestellt. Hochfest waren Gewebeflächen, die man beispielsweise auch für Lkw-Planen gut einsetzen konnte. Dieses Geschäft wurde an die Firma John Mansfield veräußert. Kurz nach dem Erwerb geriet John Mansfield in Insolvenz, nachdem sich bei der Firma erhebliche Asbestprobleme aus der Vergangenheit eingestellt hatten. Die Fasernanlagen in Südafrika fanden lange Zeit keinen Käufer. Sie wurden erst 2001 an einen Finanzinvestor verkauft. Das brasilianische Abenteuer wurde unter großen Verlusten beendet. Der Markenname „Trevira" mit den deutschen Standorten wurde an die nun fast bankrotte indonesische Firma verkauft. Die Trevira GmbH wurde schließlich im Jahr 2000 von einem Privatinvestor erworben und 2003 an die indische Reliance Gruppe weitergegeben.

Bei all diesen unternehmerischen Querschlägen war die Haltung der Arbeitnehmer, der Arbeitnehmervertreter, der leitenden Angestellten und sogar des Managements überraschend. Da wurde immer die alte Mär erzählt, dass der Hoechster Fasernbereich alleine zu schwach sei, um zu überleben, und dass die einzelnen Aktivitäten einen starken Partner bräuchten. Alles Mumpitz. Der Grund für den Niedergang dieser für das Gesamtunternehmen wichtigen Aktivitäten war der permanente Krieg zwischen den amerikanischen und europäischen Kräften seit 1986 bis hin zum Missmanagement des Bill Harris und der amerikanischen Führungscrew. Dann wurde die Geschichte von dem fehlenden „starken Partner" erfunden und alle Aktivitäten ins Ausland verkauft, besser gesagt: verramscht.

9. Schicksalsjahre 1996 und 1997

9.1 Das Projekt *„Hello“* – die geplante Fusion mit Monsanto

„Hello“ war der Codename für die Überlegungen, die Hoechst AG (Happy) mit der Monsanto (Doc) zu fusionieren. Vieles von dem, was bei Hoechst ab Sommer 1996 geschah, war eigentlich nur zu verstehen, wenn man das Projekt „Hello“ kannte. Das Projekt „Hello“ war nur einem sehr kleinen Personenkreis bekannt, und es sickerte auch kaum Information in die Unternehmensöffentlichkeit. Es wurden während der Projektphase „Hello“ an wichtigen anderen Stellen unumgängliche Entscheidungen angestoßen, die nur Sinn ergeben hätten, wenn „Hello“ realisiert worden wäre.

Am 20. August 1996 eröffnete Dormann in Einzelgesprächen Felcht, Mische Schadow und Seifert, dass er mit einigen Vorständen seit zwölf Wochen in Verhandlungen mit Monsanto sei, beide Firmen zu fusionieren. Der Vorschlag wäre bei der Überlegung entstanden, eine Pflanzenschutzmittelfirma für Hoechst zu erwerben, und Monsanto sei doch gerade in der Landwirtschaft eine tolle Firma geworden. Es sei eine 50:50-Fusion geplant, da der Börsenwert von Monsanto ebenso hoch sei wie der von Hoechst. Er selber habe sich schon einige Male mit Robert Shapiro getroffen und verhandelt, und das Verständnis wäre, dass er, Dormann, die Nr. 1a und Shapiro die Nr. 1b des zusammengeführten Unternehmens werden soll. Von Hoechst und Monsanto sollten jeweils drei bis vier Vorstände in den Vorstand der neuen Gesellschaft gehen, wobei zu erwähnen sei, dass Monsanto inzwischen auch die Pharmafirma Searle übernommen hatte. Es sei klar, dass Hoechst den CFO stellen und Monsanto das Landwirtschaftsgeschäft aus den USA heraus leiten würde. Mit Drew, Sonder, Waesche und Schmieder sei das alles seit Wochen besprochen. Das Pharmageschäft würde von Deutschland aus gemanagt werden. Dick Markham sei auch eingeschaltet und habe von Searle einen guten Eindruck. Die Chemieaktivitäten von Monsanto seien nicht interessant und könnten gegebenenfalls verkauft werden. Dormann sagte, dass er Ernie Drew natürlich auch eingeschaltet habe, der Robert Shapiro bereits die Rolle eines stellvertretenden Vorstandsvorsitzenden erläutert habe.

Heute nun müsse er Schadow, Felcht, Seifert und Mische über den Stand der Verhandlungen informieren. Er sei entschlossen, diese Fusion durchzuführen. Sinngemäß sagte er, dass, wenn der Aufsichtsrat einer solchen Fusion nicht zustimmen wolle, er im Oktober 1996 eine Hauptversammlung einberufen würde; denn er sei überzeugt, dass die Aktionäre diese Fusion wollten. Er sprach davon, dass die neue Firma die Gehaltsstrukturen einer amerikanischen Firma haben sollte, und diese Kompensation sei eine der Voraussetzungen von Monsanto gewesen, die Gespräche fortzusetzen.

Die Vorstandskollegen, die in dem Vorstand der neuen Gesellschaft keinen Platz fänden, würden natürlich mit einer guten Abfindung in einer großen Tochtergesellschaft einen Platz finden. Es war, und das ist bemerkenswert, ein Projekt, das lange geheimgehalten wurde und von dem auch nichts durchsickerte. Auf der anderen Seite war der Gedanke, die Hoechst AG mit der Firma Monsanto zu vereinigen, so abstrus, dass sich das niemand überhaupt vorstellen konnte. Die unterrichteten Vorstände machten sich, wie sich später herausstellte, Aktennotizen von diesem Gespräch, da natürlich massiv gegen das Aktiengesetz verstoßen worden war. Jeder hatte Angst vor eventuellen späteren Schadensersatzansprüchen.

Zwischen Hoechst und Monsanto gab es seit vielen Jahren Geschäftsbeziehungen, die jedoch nie erfolgreich waren.

Robert Shapiro, Mastermind eines grandiosen Täuschungsmanövers

Anfang der 70er-Jahre wurde in der Zentralforschung von Hoechst ein neuartiger Süßstoff entwickelt. Er wurde Acesulfam genannt, hatte sehr gute Eigenschaften, war untoxisch und vor allen Dingen sehr stabil. Die klinische Stabilität war so gut, dass das Präparat auch in sauren Getränken wie Coca Cola eingesetzt werden konnte. Das Verfahren war äußerst kompliziert, und über zehn Jahre hinweg gelang es nicht, Acesulfam großtechnisch zu produzieren, da in den einzelnen Verfahrensschritten mit äußerst giftigen und gefährlichen Substanzen wie Flusssäure, Schwefeltrioxid, Blausäure u. a. gearbeitet werden musste. Es wurde eine Pilotanlage gebaut und einige hundert Kilogramm über die Jahre produziert. Dann hat der Geschäftsbereich aber die Lust an dem Produkt verloren, und die Anlage wurde eingestellt.

Die Firma Searle in den USA hatte ebenfalls einen neuartigen Süßstoff namens Aspartam entwickelt. Dieser hatte ausnehmend gute Geschmackseigenschaften, die sogar noch besser waren als die von Acesulfam. Der Nachteil von Aspartam bestand darin, dass es sich in saurer Lösung relativ leicht zu Aminosäuren zersetzt und damit die Süßkraft abnahm. Aus diesem Grunde konnte Aspartam in sogenannten Light-Getränken, wie z. B. in Cola light, nicht eingesetzt werden. Die Hoechster Anwendungstechniker haben jedoch Anfang der 80er-Jahre die Mischungspatente von Aspartam und Acesulfam weltweit angemeldet und zugeteilt bekommen. Mit diesem Mischungsprodukt konnten kalorienarme Getränke gut gesüßt werden und die Süßkraft lange erhalten bleiben.

Aspartam war eine große Erfolgsstory, und jeder kannte die kleinen blauen Säckchen, die in diesen Jahren auf jedem Kaffeetisch zu finden waren. Aspartam wurde unter dem Namen NutraSweet vertrieben und war weltweit patentgeschützt. Der Produktmanager, der dieses Marketingkonzept entwickelt und damit Aspartam zu einem der erfolgreichsten Produkte der damaligen Zeit gemacht hatte, war Robert Shapiro. Robert Shapiro war gelernter Jurist und brachte es dann nach dem Erfolg von Aspartam zum Leiter von Searle/NutraSweet.

Von Pölnitz arrangierte 1984 ein Treffen mit Robert Shapiro in Höchst, um Möglichkeiten einer Kooperation auf dem Süßstoffgebiet zu diskutieren. An diesem Gespräch nahm auch Seifert teil, der damals die Zentrale Direktionsabteilung leitete.

Die Diskussion wurde unfreundlich. Shapiro erklärte immer nur, dass er jetzt das Aspartam so weit entwickeln wollte, dass es keinen Platz mehr für einen zweiten Süßstoff in der Welt geben würde. Er bot deshalb auch an, das Mischungspatent von Hoechst zu erwerben. Das Gespräch war nach 1 1/2 Stunden ohne Erfolg beendet.

Als Monsanto 1985 Searle/NutraSweet erwarb, wechselte Robert Shapiro in den Vorstand von Monsanto und betreute dort das Arbeitsgebiet Pflanzenschutzmittel.

Im Pflanzenschutzbereich von Monsanto war das Hauptprodukt Glyphosate, das als sehr erfolgreiches nicht selektives Herbizid in vielen Ländern erfolgreich eingesetzt wurde. Hoechst entwickelte einige Jahre später ein nicht selektives Herbizid mit dem Namen Glufosinate, das den Handelsnamen BASTA erhielt. BASTA wurde über die Blätter aufgenommen und störte den Stoffwechsel der Pflanze, die dann abstarb. Der Geschäftsbereich Landwirtschaft war davon überzeugt, mit Glufosinate ein Produkt in der Hand zu haben, das man in der Kombination mit gentechnisch veränderten Pflanzen gut einsetzen könnte.

Hoechst und Monsanto wurden zwei Wettbewerber auf dem Gebiet der nicht selektiven Herbizide, und beide entwickelten Strategien, Pflanzenschutzeigenschaften mithilfe der Biotechnologie/Gentechnik im Saatgut zu etablieren.

Im Jahr 1995 wurde Robert Shapiro dann CEO der Monsanto. Die Hoechster, die ihn trafen, waren alle der Meinung, man würde kein gebrauchtes Auto von diesem Mann kaufen.

Maurice Delage und Gerhard Prante

Am 26. August 1996 teilte Dormann mit, dass die Gespräche mit Shapiro weitergeführt worden seien und nur noch ein paar wenige Punkte diskutiert werden müssten.

Schmieder verbreitete inzwischen, dass es einen engen Kreis im Vorstand gäbe, der progressiv sei und das Unternehmen amerikanisch ändern wolle. Der Rest (Schadow, Felcht, Seifert und Mische) seien die Bremser. Schmieder drohte auch damit, dass Dormann jeden rauswerfen würde, der gegen das Projekt „Hello" sei. Für einen promovierten Juristen waren das starke Worte.

Dormann wollte Life Science (Pharma, Landwirtschaft, Ernährung) als Treibsatz für den Shareholder Value (Börsenwert) nutzen. Monsanto war damit inzwischen sehr erfolgreich und bezeichnete sich 1996 als eine „start up"-Life-Science-Firma. Die wissenschaftlichen Fortschritte in den biologischen Wissenschaften, insbesondere Biotechnologie und Gentechnik, hatten in Pharma, Landwirtschaft und Ernährung inzwischen zu vermarktungsfähigen Produkten geführt. Die Annahme u. a. bei Monsanto und Hoechst war, dass für die Life Science-Märkte eine gemeinsame Technologieplattform Wettbewerbsvorteile und Synergien bedeuten würde.

Eine Grundvoraussetzung für das Gelingen von „Hello" war gewesen, dass sich Hoechst von der Spezialchemie und Monsanto sich von der Chemie trennt. Beides ist dann letztlich auch erfolgt. Monsanto hat später die Chemie in Form der Solutia an die Börse gebracht, und Hoechst hat die Spezialchemie an die Clariant verkauft. Aber zu diesem Zeitpunkt, Anfang September 1996, konnte man das alles noch nicht überblicken.

Am 3. September 1996 wurde im Hoechster Vorstand beschlossen, die Feinchemie an die Clariant zu veräußern. Anschließend flogen Dormann, Felcht, Schadow und Seifert nach Mailand, um sich mit dem Vorstand der Lonza AG zu treffen, wie es seit Jahren einmal im Jahr geschah. Utz-Hellmuth Felcht, Ernst Schadow und Karl-Gerhard Seifert setzten sich noch auf dem Marktplatz zusammen und tranken eine Flasche Wein. An diesem Abend diskutierten die drei Vorstände, wie die Entwicklung von Hoechst aussehen könnte: Das Projekt „Hello" würde vorangetrieben, über das keiner von ihnen informiert worden war, und keiner würde auch eine Chance erhalten, in der Zukunft dabei mitzuwirken. Sie diskutierten sehr heftig und waren nach einer Stunde so weit, dass sie beschlossen, dem Aufsichtsrat einen Brief zu schreiben, um auf die unerträglichen Zustände im Hoechster Vorstand hinzuweisen. Sie verabredeten, nach Rückkehr mit Justus Mische darüber zu reden und ihn ebenfalls einzubinden, um deutlich zu machen, dass immerhin vier Vorstände der Hoechst AG diesen von Dormann betriebenen Kurs nicht mittragen würden. Es stellte sich heraus, dass sich alle drei von ihren persönlichen Gesprächen mit Dormann Notizen gemacht hatten. Am nächsten Morgen besichtigten sie die Produktionsanlagen der Lonza in Bergamo und flogen am Abend nach Hause.

Am dann folgenden Tag wurde versucht, Justus Mische von dem Vorhaben zu überzeugen. Der aber wollte sich mit dem Thema nicht auseinandersetzen. Die anderen drei verfolgten das Thema nicht weiter. Aus Feigheit oder aus Angst vor Dormann?

Am 15. 9. 1996 erzählte Gerhard Prante auf Nachfrage seines zuständigen Hoechster Vorstands, dass er im Juni 1996 davon unterrichtet worden sei, dass Hoechst und Monsanto mit dem Ziel verhandeln, die beiden Unternehmen zu vereinigen. Man habe ihm gesagt, dass nur ein kleinerer Kreis von Vorstandsmitgliedern, nämlich Dormann, Drew, Schmieder, Sonder und Waesche, darin involviert seien. Daneben seien Tom Kennedy, Dick Markham und Peter Löscher eingeschaltet. Prante sagte, dass er sich gewundert hätte, dass ein Personenkreis eingeschaltet worden sei, der relativ wenig Erfahrung bzw. keine Ahnung von den Agro-Geschäften hatte. Es habe ein Treffen mit Monsanto am 1. August 1996 in den USA stattgefunden, zu dem der Landwirtschaftsbereich von Monsanto nur die zweite Ebene geschickt hätte. Der im Vorstand von Monsanto zuständige Hendrik A. Verfaillie war nicht dabei. Monsanto habe im Wesentlichen über ihre „missions and visions" und die Entwicklung bis zum Jahre 2010 gesprochen, aber keine konkreten Angaben über die kommenden drei Jahre gemacht. Es seien drei Overheadfolien gezeigt worden. Gerhard Prante habe gefragt, was passieren würde, wenn das Round-Up-Patent in 1999 in den USA abläuft. Er wies darauf hin, dass zum derzeitigen Zeitpunkt Round-Up in Kanada schon 35 % billiger sei als in den USA und sich deshalb der Gewinn, den Monsanto bisher mit dem Produkt erzielt hat, in den kommenden Jahren wesentlich verringern würde. Diese Argumente habe er auch Sonder und Schmieder gegenüber erwähnt, die sie aber nicht akzeptiert hätten.

Gerhard Prante befürchtete, dass die ganze Merger-Diskussion von Monsanto nur initiiert worden ist, um die Hoechster Strategie auf dem Landwirtschaftsgebiet zu erfahren. Denn die AgrEvo mit ihrer Kompetenz bei Pflanzenschutz und Gentechnik war zu diesem Zeitpunkt der einzig ernst zu nehmende Konkurrent von Monsanto in der Herbizidtechnologie. Diesen warnenden Hinweis habe er auch Sonder und Schmieder gegeben.

Nachdem nun mehrere Vorstände über das Projekt „Hello" informiert waren, wurde versucht, verschiedene Quellen anzuzapfen, um herauszubekommen, was in den letzten Monaten gelaufen war. Gott sei Dank war Klaus Schmieder so unvorsichtig, einem erweiterten Projektteam Anfang September 1996 das Projekt „Hello" mit einer Overheadfolie vorzustellen, auf der die Chronologie des Projektes beschrieben war. Darauf war festgehalten, dass im Mai 1996 die Kontakte mit Monsanto auf höherer Führungsebene begonnen worden waren und in den Monaten Juni, Juli und August Diskussionen und Verhandlungen bis hin zu Präsentationen der einzelnen Business Units im August in New York stattgefunden haben.

Schmieder war ganz stolz und bemerkte, dass nur ein kleiner Teil des Vorstandes in diese Überlegungen einbezogen worden sei. Er sagte dies als verantwortlicher Vorstand für Recht und Finanzen, wobei er wohl zu keiner Sekunde an das deutsche Aktiengesetz dachte. Eine Kopie dieser Folie haben alle Vorstände gut aufbewahrt. Man wusste ja nie, wofür sie man noch gebrauchen konnte.

Dormann hatte für die Monsanto-Gespräche höchste Geheimhaltung verordnet. Er kreierte den Decknamen „Hello". Mit diesem Code wurden nur jene Vorstände vertraut gemacht, die auch über den Verlauf der Gespräche eingeweiht wurden bzw. daran teilnahmen. Die Parteien erhielten folgende Decknamen: Hoechst war *„Happy“, Monsanto war „Doc“.*

Projekt „Hello“ – Organization

Steering Committee	Dormann R. Shapiro
Operating Committee	Bob Hoffmann Klaus Schmieder
Project Coordinators:	Larry Rosen (Happy) Steve Stetz (Doc)
Business Team (Valuation/Synergies)	
a) **Happy**	
(1) Pharma Group:	Dick Markham (Chair), Frank Douglas, Rotraud Labs
(2) Agro Group:	Claudio Sonder (Chair), Gerhard Prante, Jürgen Asshauer, Maurice Delage, Hans-Jörg Timner, Berthold Fischer
(3) Industry/Chemical Group:	Utz-Hellmuth Felcht (Chair), Peter Jakobsmeier Hariolf Kottmann, Bill Harris, Bernhard Hofmann
(4) Corporate Group:	Helmut Klös, Jürgen Vormann, Peter Löscher
b) **Happy Advisors**:	Morgan Stanley (John Studzinski, Simon Robey, Caroline Silver); Cooper & Lybrand (Karl-Heinz Maul, Martin Schoiich)
c) **Doc:**	
(1) Pharma Group:	Dick DeSchutter (Chair), Phil Needieman (Technical) Bruce Sents (CFO), Hank Parisotto (Finance)
(2) Agro Group:	Hendrik Verfaillie (Chair), Arnold Donald (Crop President), Robb Fraley (Ceregen President), David Morley (America President), Bill Ziegler (Technical), Bernard Auxenfans (Europe)

(3) Industry/Chemical Group:	Bob Potter (Chair), Frank Reining (Finance) John Hunter (Fibers President), Mike Miller (Speciality Chemicals President)
(4) Corporate Group:	Steve Engelberg (Government Relations, Legal, Administrative Services), Mike Hogan (Doc Controlltroller)
d) **Doc Advisors:**	Goldman Sachs (Gene Sykes, Kevin Kennedy, Shelly Hartman, Holger Bross) Deloitte & Touche (James Quigley)

Nachdem schon viel Geld vernichtet worden war, wurden im Mai 1996 Versuche unternommen, durch eine transatlantische Life-Science-Fusion möglichst alle Fehler der Vergangenheit auszubügeln, zumindest aber zu verschleiern. Es trat der nicht ganz unbekannte Bob Shapiro auf die Bildfläche. Für Dormann war er der ideale Partner und damit Hoffnungsträger für Hoechst und seine Zukunft. Unter sehr zweifelhaften Umständen mutierte er zu einem Verderben generierenden Akteur.

Noch Jahre später scheute sich Dormann, das Thema aufzugreifen und in der notwendigen Ausführlichkeit zu behandeln. Er suchte die Fährte zu verwischen: *„Ich will gar nicht wissen, wer den Unsinn verzapft hat. Also Aushorchen, wer soll da wen ausgehorcht haben, um einseitig Vorteile zu erlangen? Es gab doch über die strategische Positionierung von Hoechst und Monsanto überhaupt keine Geheimnisse.“*

Eine vertrauensvolle Basis fanden Dormann und seine Delegation bei den von ihnen sehr ernst gemeinten Gesprächen, die weit über das Sondierungsstadium hinausgingen, durchaus nicht, merkten es aber viel zu spät. Shapiro und Dormann hatten Diskretion vereinbart und Ehrlichkeit versprochen. So sollten auch streng geheime Informationen ausgetauscht werden können, um die Chancen eines Zusammengehens beider Firmen auszuloten. Es sollte ein ehrliches Geschäft werden. Beide benahmen sich aber wie der Rabe und der Fuchs in der berühmten Fabel. Fuchs Shapiro wollte sich unbedingt den Käse aneignen, den der Rabe hoch im Baum im Schnabel hielt. Er lobte den Raben wegen seines glänzenden Federkleides und schwärmte von seiner schönen Stimme, bat auch darum, dass der Vogel diese melodisch ertönen lässt. Aus stolz geschwellter Brust tat's der Rabe, und der Käse fiel runter. Mit ihm verschwand der Listenreiche.

Dormann: *„Sie kennen den Prante nicht, wie stur der sein kann, wenn er was nicht sagen will.“* Das war auch das angemessene Verhalten, doch mit Dormann nicht durchzuhalten. *„Damals ging es schwerpunktmäßig um die Agro-Seite, wo Monsanto stärker war als Hoechst. Die konnten von uns überhaupt nichts lernen“*, wiegelte Dormann ab. Zum Vorwurf, es seien in die Gespräche zu wenige Hoechst-Vorstände eingebunden worden, nur die Wenigsten hätten „Hello“ und was es damit auf sich hatte gekannt, meinte Dormann: „*Wenn die alle das nicht gewusst haben, mag sein. Man muss auch nicht alles zu jeder Zeit jedem erzählen.*“ Den Einwand, dass der Vorstand gesamtverantwortlich sei, ließ er nicht gelten: „*Im Nichtstun, ja. Aber wenn Sie was tun wollen, schlussendlich: Also die Variante habe ich noch nie gehört, und die stimmt auch überhaupt nicht. Shapiro und ich haben bis zum Ende, bis wir gesagt haben, nein, wir tun's nicht, relativ offen miteinander kommuniziert. Die Idee, die wir später mit Rhône-Poulenc durchgeführt haben, war im Prinzip strategisch nicht anders aufgebaut als die mögliche Zusammenarbeit mit Monsanto.*“

Die weniger ergiebigen Sentenzen Dormanns finden wichtige Konturen durch Aussagen Prantes, der als Fachmann dabei gewesen war. Die Kontaktaufnahme auf höchstem Niveau (Dormann/Shapiro) fand im Mai 1996 statt. Im Juni wurden die Gespräche fortgesetzt, und es begann die Materialaufbereitung zum gegenseitigen Austausch. Im Juli wurden die Informationen für den juristischen Rahmen, in dem die Firmen integriert werden sollten, ausgetauscht und auch über Ertragswerte gesprochen. Dann folgten in London intensive Vorbereitungsgespräche für die Endphase und im August eine umfassende Präsentation in New York.

Mit Agro zu neuen Strukturen

Gerhard Prante hat die ganze Entwicklung bis zum Erbrechen miterlebt und durchgefochten. Er will aus dem Nähkästchen plaudern, in dem sich Skorpione eingenistet hatten:

Shapiro wurde getrieben von dem Bestreben, eine Alleinstellung für Monsanto im Agro-Bereich zu erreichen. Mithilfe der Pflanzenbiotechnologie und -Gentechnik waren Pflanzenschutzeigenschaften (Insektenresistenz und Herbizidtoleranz) in das Erbmaterial der Pflanzen übertragen worden. Die Pflanzenzüchter hatten durch entsprechende Einkreuzungen darauf für den Landwirt wertvolle Sorten entwickelt, insbesondere in Soja, Mais, Raps und Baumwolle. Somit war abzusehen, dass die historisch separaten Märkte Pflanzenschutz und Saatgut dank der neuen Technologien zunehmend zusammenwachsen würden. Monsanto hatte sich eine führende Position in den neuen Technologien erarbeitet und inzwischen erste Saatgutfirmen übernommen. Derjenige, der über das Know-how, also über die Intellectual Property in der Pflanzenbiotechnologie und -gentechnik und über entsprechenden Besitz von Pflanzenzüchtungsmaterial und Züchtungskompetenz verfügte, hatte die Chance, schnell hohe Marktanteile in dem Zukunftsmarkt der Betriebsmittel für die Pflanzenproduktion (Saatgut, neue Eigenschaften z. B. für Pflanzenschutz im Saatgut sowie chemische Pflanzenschutzmittel) zu gewinnen. Insbesondere im Agro-Teil von Hoechst (seit 1994 AgrEvo) hatte man auch seit Mitte der 80er-Jahre die Pflanzenbiotechnologie- und Gentechnik-Forschung vorangetrieben und war Saatgut-Engagements eingegangen.

Monsanto (Glyphosate) und Hoechst (Glufosinate) verfügten über Herbizide, die jeweils ein sehr breites Unkraut- und Ungrasspektrum abdeckten, die jedoch auch toxisch für Kul-

turpflanzen wie z. B. Mais, Soja, Raps, Baumwolle usw. waren. Ein selektiver Einsatz dieser Herbizide war aufgrund des weiten Wirkungsspektrums attraktiv für Landwirte. Eine mithilfe der Gentechnik ermöglichte Toleranz in diesen Kulturpflanzen gegenüber diesen beiden Herbiziden wurde darum intensiv verfolgt. AgrEvo hatte diese Technologie 1995 erstmals in Kanada ausgeboten, Monsanto 1996 in Soja in USA. Damit war in dem zunächst bedeutendsten Markt gentechnisch bedingter Pflanzeneigenschaften, nämlich der Herbizidtoleranz, der potenzielle Hauptwettbewerber für Monsanto die AgrEvo. Aufgrund der vor allem vom Agro-Sektor bei Monsanto getriebenen Life-Science-Strategie hatte Bob Shapiro ein offensichtliches Interesse daran, die Stärke dieses potenziellen Wettbewerbers genauestens kennenzulernen.

Hoechst hatte seine Agro-Sparte durch Zusammenschluss mit Schering wesentlich gestärkt. Seit Januar 1994 war AgrEvo eine der führenden Pflanzenschutzmittelfirmen mit der erklärten Zielsetzung, auch erhebliche finanzielle Mittel in die Pflanzen-Biotechnologie und -gentechnik zu investieren. Dies geschah aufbauend auf den Forschungsaktivitäten und -Kooperationen in diesen Gebieten, die bei Hoechst und Schering seit einigen Jahren vorangetrieben worden waren.

Seit 1988 verfolgten wir in der Landwirtschaft das Ziel, die Aktivitäten durch einen Zusammenschluss wesentlich zu vergrößern. Durch die Autonomie von Roussel Uclaf im Hoechst-Konzern (Zwei-Flaggen-Prinzip) hatten wir weder im Vertrieb noch in der Forschung und Entwicklung gemeinsame Organisationen. Damit hatten Hoechst/Roussel im internationalen Vergleich keine wettbewerbsfähigen Kostenstrukturen. Zum anderen war uns klar geworden, dass wir international einen Marktanteil von wenigstens 10 % vor allem in den entscheidenden Märkten brauchten, einerseits für wettbewerbsfähige Vertriebskostenstrukturen und andererseits, um genügend finanzielle Mittel in die Forschung und Entwicklung (Chemie, Biotechnologie, Gentechnik) investieren zu können. Diese Zielsetzung war im Vorstand nicht unumstritten. Somit wurde ein angedachter Zusammenschluss der Agro-Aktivitäten von Hoechst-Roussel und BASF vom Vorstand nicht genehmigt. Dank einiger neuer Produkte war die Hoechst-Roussel-Agro-Sparte profitabel mit vermeintlich guten Aussichten. Die behaupteten Kostendegressionspotenziale im Vertrieb bei höheren Marktanteilen und die dadurch deutlich höheren Ertragspotenziale wurden als Rechtfertigung für die bei einem Zusammenschuss notwendige aufwendige Ausgliederung nicht akzeptiert. Immerhin hatten die Agro-Leiter von Hoechst und BASF eine eigenständige Agro-Firma mit jeweils 50 %iger Beteiligung vorgeschlagen.

Nachdem der Zusammenschluss der Agro-Aktivitäten zwischen Schering und Sandoz 1991 gescheitert war, kam es zu erneuten Gesprächen zwischen Heinz Schulz/Schering und mir. Wir kannten uns gut und hatten vor den Gesprächen zwischen Schering und Sandoz schon Gespräche für eine Zusammenarbeit geführt. Heinz Schulz hatte den Gesprächsfaden wieder aufgenommen, obwohl der verantwortliche Vorstand, Herr Bruhn, nach dem Scheitern des Sandoz-Projektes zunächst keine neuen Gespräche für einen Zusammenschluss führen wollte. Heinz Schulz und ich haben dann seit August 1992 die Gespräche intensiviert. Die für die Agro-Aktivitäten zuständigen Vorstände Bruhn und Seifert wurden über unsere Gespräche informiert. Ein Gespräch im Herbst 1992 im Hoechst-

Schloss zwischen den Herren Bruhn und Schulz sowie Seifert und mir sollte uns die notwendige Rückendeckung zur Fortsetzung der Gespräche geben. Mit Herrn Seifert war ich einig, dass

1. Hoechst die Mehrheit an der Agro-Firma haben muss,

2. der Agro-Teil von Roussel voll integriert sein muss und

3. die neue Agro-Firma weltweit eigenständig sein muss.

Bis auf die Mehrheitsverhältnisse, die Herr Bruhn bei höchstens 51 % bei Hoechst, ich mit wenigstens 60 % bei Hoechst/Roussel sah, bestand am Ende des langen Gespräches Einigkeit.

Im November 1992 haben wir in Hoechst dem Vorstand die Strategie für eine selbstständige Agro-Firma mit voll integrierter Roussel-Agro und Schering-Agro vorgelegt. Das hat zu spannenden Diskussionen im Vorstand geführt aufgrund der Forderung der vollständigen Herauslösung der Agro-Aktivitäten aus Hoechst und auch aus Roussel. Es bedurfte zweier Vorstandssitzungen für das grüne Licht. Zwischen den beiden Vorstandssitzungen bedurfte es vieler Einzelgespräche mit Vorstandsmitgliedern, die sowohl von Herrn Seifert als auch von mir geführt wurden.

Der positive Beschluss für Verhandlungen mit Schering mit dem Ziel, eine voll integrierte, eigenständige Agro-Firma mit klarer Mehrheitsbeteiligung seitens Hoechst zu schaffen, hatte mehrere Konsequenzen:

1. Herr Frühauf musste dem Leiter von Roussel-Uclaf beibringen, dass der Agro-Teil auszugliedern und in die neue Gesellschaft einzubringen ist. Herr Sakiz forderte dafür eine direkte Beteiligung an der neuen Agro-Firma, was ihm letztendlich auch zugestanden wurde. Rhône-Poulenc kam als Anteilseigner von Roussel-Uclaf noch mit Sperrfeuer, da man einen Zusammenschluss der eigenen Agro-Aktivitäten mit denen von Hoechst und Roussel vorschlug, was ich in Hoechst erfolgreich ablehnen konnte.

2. Mit den Hoechster Auslandsgesellschaften mussten Gespräche über die Herauslösung der Landwirtschaftsaktivitäten geführt werden, was insbesondere in Asien und Lateinamerika auf größte Schwierigkeiten stieß.

3. An den verschiedenen Produktionsstandorten des Hoechst-Konzerns musste eine Separierung der Agro-Produktionsanlagen betrieben werden.

Der mögliche Erwerb der Rhône-Poulenc-Anteile an Roussel-Uclaf ist damals mit der Bemerkung von Herrn Dormann abgelehnt worden: „Ich brauche nicht mehr als 51 % an einem Unternehmen, um es zu steuern“ – eine fatale Fehlentscheidung, wie sich später zeigte, zumal auch die Hoechster Pharma unter den hohen Kostenbelastungen und separaten Entscheidungsprozessen in Hoechst und Roussel-Uclaf litt.

Am 8. Juli 1993 wurde im Hoechster Schloss das verbindliche Abkommen zur Gründung eines voll integrierten und selbstständigen Agro-Unternehmens zwischen Hoechst und Schering unterschrieben, das am 1. Januar 1994 seine Geschäftstätigkeit aufnehmen sollte. Die lange strittigen Beteiligungsverhältnisse waren 43 % Hoechst, 17 % Roussel-Uclaf, 40 % Schering (von denen Schering 5 % kaufen musste, da die Bewertung lediglich eine Beteiligung von 35 % ergab).

„Der Totengräber von Hoechst", Prante, macht aus seinem Herzen keine Mördergrube

Wir sind dann am 1. Januar 1994 mit der Firma AgrEvo gestartet. Auf dem Weg dorthin gab es in Hoechst manche Verquälungen, nicht nur auf der Vorstandsebene, sondern auch in den Landesvertretungen, insbesondere bei den Vertretungsleitern in Brasilien und Japan. Obwohl ich den einen seit 1972 sehr gut kannte, Herrn Waesche in Japan, war er ebenso wie sein Kollege Sonder in Brasilien gegen die notwendigen Ausgliederungen. Von einem dieser beiden Herren gibt es einen Brief, ich sei mit dem, was ich da tue, der Totengräber von Hoechst. Wie der Vorstand je die Herauslösung der Agro-Aktivitäten im Ausland habe genehmigen können, obwohl die Landwirtschaft einen hohen Anteil an den Kostenstrukturen trage, das sei inakzeptabel – man werde dagegen kämpfen.

Eine der zentralen Herausforderungen für die am 1. Januar 1994 gestartete AgrEvo war die strategische Ausrichtung. Während Schering sich im Genbiologischen Institut, einem Joint Venture mit dem Berliner Senat unter Leitung von Prof. Wilmitzer, auf die sogenannte Output-trait-Forschung, speziell den Kohlenhydratstoffwechsel, konzentriert hatte, waren in der Hoechster Forschung der Fokus die Pflanzenschutzeigenschaften (Input-traits) wie Herbizidtoleranz und Insektenresistenz. Außerdem hatte Hoechst bereits 1986 in Saatgutaktivitäten investiert.

Die im Sommer 1995 im Gesellschafterausschuss genehmigte Strategie sah die Weiterentwicklung der AgrEvo von einem Pflanzenschutzunternehmen zu einem Anbieter von Pflanzenschutzmitteln, Saatgut und neuen Pflanzeneigenschaften wie Herbizidtechnologie oder Insektenresistenz im Saatgut vor, also zu einem Pflanzenproduktionsunternehmen. Zur Aussaat 1995 bot AgrEvo die Glufosinat-Herbizidtechnologie im Sommerraps in Kanada aus. Monsanto bot die Glyphosat-Herbizidtechnologie 1996 in Soja in den USA aus. Damit war in Kanada als erstem Land der Welt Pflanzenbiotechnologie marktfähig gemacht worden. Den Stolz darüber brachten die Kanadier mit einer Sonder-Briefmarke mit einer Rapsblüte zum Ausdruck.

Zur Erreichung der in der Strategie festgelegten Ziele waren sowohl Technologie- und auch Saatgut-Akquisitionen erforderlich. Monsanto hatte in der Landwirtschaft die gleichen Ambitionen. Das wurde 1995 und 1996 in verschiedenen Akquisitionsprozessen deutlich, wie bei Dekalb, einem Mais-, Soja- und Gemüse-Saatgutunternehmen, bei Agrocetus, einem Biotechnologieunternehmen in den USA, bei der PGS, einem Biotechnologieunternehmen in Belgien und auch bei Holden-Seeds, dem seinerzeit zweitwichtigsten Mais-Züchtungsunternehmen in den USA nach Pioneer Hybrid. Der vormalige Leiter der Agro-Aktivitäten von Monsanto, Bob Shapiro, war inzwischen der Vorstandsvorsitzende von Monsanto und brachte sich in der Endphase der jeweiligen Akquisitionsprozesse persönlich ein, in denen in den genannten Fällen stets AgrEvo und Monsanto im Wettstreit lagen. Monsanto gewann entsprechend drei dieser Bieterverfahren gegen AgrEvo – sicherlich auch aufgrund des persönlichen Einsatzes von Herrn Shapiro.

Im Frühsommer 1996 wurde ein sehr enger Kreis von Führungskräften über das Projekt „Hello" informiert.

Mit diesem Projekt verfolgten die Herren Dormann und Shapiro die Fusion von Hoechst (Projektcodename Happy) und Monsanto (Projektcodename Doc) zu einem führenden Life Science-Unternehmen (Pharma, Landwirtschaft, Ernährung). Mit der Life Science-Story, bei Monsanto getrieben von den Agro-Aktivitäten, hat Shapiro in den Jahren 1995 und 1996 den Börsenwert von Monsanto trotz Ergebnisrückgang deutlich steigern können. Die von Herrn Shapiro geforderte und von Herrn Dormann akzeptierte Fusionsbasis zu einem Life Science-Konzern sollte der jeweilige Börsenwert und keine übliche Firmenbewertung sein. Somit sollte eine „Fusion unter Gleichen" nach jeweiliger vorheriger Abspaltung wesentlicher Chemieaktivitäten gemäß der Shapiro-Forderung erreicht werden.

Seit Mitte der 80er-Jahre hatte Hoechst mit der Celanese primär in die Chemie investiert und mögliche Pharma- / Landwirtschaftsakquisitionen wie Upjohn nicht realisiert. Monsanto hatte demgegenüber seit etwa Mitte der 80er-Jahre primär in Pharma und vor allem Landwirtschaft investiert, in diesem Bereich insbesondere in die Pflanzen-Biotechnologie und -Gentechnik sowie Saatgutfirmen. Es muss ein großes Ärgernis und eine Beunruhigung für Herrn Shaprio gewesen sein, dass mit der AgrEvo seit Ende 1995 ein entschlossener „Störenfried" bei Biotechnologie/Saatgut-Akquisitionskandidaten auftrat. Dadurch geriet potenziell einerseits die von Shapiro angestrebte Alleinstellung von Monsanto im Bereich Pflanzenbiotechnologie/-Gentechnik und transgenem Saatgut mit Pflanzenschutzeigenschaften in Gefahr und andererseits erhöhten sich die Preise in den Bieterverfahren erheblich. Auch konnte AgrEvo im August 1996 durch die PGS-Akquisition die Pflanzenbiotechnologieposition entscheidend stärken. Mit der PGS-Akquisition erlangte AgrEvo wesentlichen Patentbesitz sowohl für Insektenresistenz als auch für die gentechnisch bedingte Herbizidverträglichkeit. Darum spricht Vieles dafür, dass Herr Shapiro im Frühjahr 1996 ein erhebliches Interesse daran hatte, mit dem Projekt „Hello" insbesondere die AgrEvo-Strategie gründlich zu verstehen, um die Chancen/Risiken für sein Agrobiotechnologie/Saatgut-Monopol als Kern der Monsanto Life Science-Strategie sicherer einschätzen zu können.

Prante, der Shapiro aus dessen Monsanto-Agroleiter-Zeit gut kannte, hat diese Einschätzung der Handlungsmotive Shapiros nach Einweihung in die Zielsetzung des Hello-Projektes den damals eingeweihten Hoechst-Vorständen Dormann, Drew, Schmieder, Sonder und Waesche in Gesprächen erläutert – sie wurde von den Herren in das Reich der Fabeln verwiesen.

Von der AgrEvo-Geschäftsführung wurde nach Unterschrift eines sehr strikten Confidentiality Agreements zunächst nur Prante in die Hello-Gespräche einbezogen; der Teilnehmerkreis wurde im weiteren Projektverlauf um wenige Personen erweitert. Kritische Hinterfragung des Projektes „Hello" war im eingeweihten Hoechst-Vorstandskreis unerwünscht. Man war fasziniert von der von Shapiro auf Basis der Life Science-Story erreichten Wertsteigerung für die Monsanto-Aktie. Auch Herrn Dormann ging es primär um die Steigerung des Shareholder Value für Hoechst – hier trafen sich die Interessen der Herren Shapiro und Dormann.

Beim Hello-Projekttreffen Anfang August 1996 in New York sollten Strategie und Geschäftspläne erläutert werden. Für den Agro-Teil nahm der Chef Verfaillié aber gar nicht teil, sondern lediglich der Forschungschef Rob Fraley. Entsprechend erläuterte Prante weisungsgemäß Strategie und Geschäftspläne, Fraley sprach lediglich anhand weniger Folien über die Monsanto-Position in der Pflanzenbiotechnologie und beim Saatgut. Zu einem weiteren Treffen dieser Arbeitsgruppe von Hoechst und Monsanto ist es nicht mehr gekommen. Das Projekt Hello wurde Anfang Oktober 1996 beendet. Im Dezember 1996 hat Herr Shapiro dann einen entscheidenden Bieterwettstreit um die Firma Holden-Seeds für sich entschieden – der Endkampf fand erneut zwischen Monsanto und AgrEvo statt.

Im Rahmen des Projektes Hello wurde Ende August 1996 der Verkauf der Hoechst Spezialchemie an Clariant beschlossen. Dadurch wurde zweifelsohne die Auslandsorganisation von Hoechst entscheidend geschwächt. Mit dem Platzen des Hello-Projektes war der Hoechst-Konzern somit insgesamt entscheidend geschwächt – das Ende war eingeläutet. Statt der mit dem Projekt Hello erhofften Shareholder-Value-Steigerung waren die Handlungsoptionen für Hoechst wesentlich reduziert – das Ende der einst stolzen Hoechst AG war eingeläutet. In der Unternehmenskonferenz 1997 in Boston musste der Finanzchef von Hoechst, Schmieder, eingestehen, dass mit dem Verlust des Spezialchemie-Cash-flow nach Verkauf dieser Aktvitäten an die Clariant entsprechend höhere Cash-flows von der Pharma und von AgrEvo erbracht werden müssen. Somit nahm das Elend seinen Lauf – dank der von Investmentbankern Herrn Dormann eingeriebenen Fokussierungsphilosophie zur Shareholder-Value-Steigerung.

Im Oktober 1996 schrieb Bob (Shapiro) an seinen „Freund" Jürgen (Dormann): *„Wir haben das Projekt ‚Hello' nochmals diskutiert und kamen zu dem Schluss, dass wir es nicht weiter verfolgen werden."*

Damit war die Blase „Hello" geplatzt; mit dem Ende des nur wenigen Führungskräften bekannten Projektes war die Todesstunde von Hoechst eingeläutet.

9.2 Hallo Bayer – Überlegungen zur Spezialchemie

Seifert hatte Mitte der 90er-Jahre bei der Suche nach Fusionspartnern für die Chemiesparte einen interessanten Ansatz gefunden. Die Sache gelangte aber kaum über ein „Hallo" hinaus. *„Ich habe Bayer vorgeschlagen, wir sollten deren Spezialchemie, welche später Lanxess wurde, fusionieren mit der Spezialchemie von Hoechst."*

Am 21. August 1996 trafen sich Hoechster Vorstände mit Vorstandsmitgliedern von Bayer in Höchst, um mit Bayer auszuloten, ob es Möglichkeiten der Kooperation auf dem Gebiet der Spezialchemie gäbe. Von Hoechst nahmen Seifert und Felcht teil; von Bayer kamen Dr. Oehls, der für den Chemieteil verantwortliche Vorstand, Dr. Loehr, der für die Finanzen zuständige Vorstand und Werner Wenning, der noch nicht im Vorstand war, von dem aber bekannt war, dass er bald in den Vorstand berufen würde. Man versuchte auszuloten, inwieweit die Chemikalien-Aktivitäten von Bayer mit den Hoechster Spezialchemikalien harmonieren bzw. ob es irgendwelche Möglichkeiten für Synergien oder ein gemeinsames Vorgehen geben könnte. Bayer hatte im Bereich der Spezialchemie ein teilweise komplementäres Portfolio zu Hoechst, war allerdings bei den Pigmenten schwächer und hatte auch keine Masterbatches.

In einem Anflug von Übermut, wahrscheinlich aber auch, um die Kollegen von Bayer zu schocken, fragte Seifert: „Warum mergen wir nicht eigentlich die Hoechster Spezialchemikalien mit denen von Bayer und kreieren somit einen 15 Mrd. DM großen Spezialchemikalien-Konzern?“ Seifert hatte das ohne eine Abstimmung mit dem Hoechster Vorstand gesagt. Felcht fand die Idee auch gut, und beide waren noch Jahre später mächtig stolz auf den weitreichenden Vorschlag, der die Chemie-Industrie in Europa wesentlich verändert hätte.

Die Vorstände von Bayer waren sehr überrascht. Loehr griff das Thema auf; Wenning hielt sich zurück, und Oehls schien nicht begeistert zu sein. Die Hoechster Seite erläuterte nochmals, welchen Charme es hätte, eine 15-Mrd.-DM-Gesellschaft zu formieren, die mit Sicherheit in der Welt das beste Portfolio der Feinchemie hätte und jedem Wettbewerber in der Zukunft gewachsen wäre.

Man verabredete, das Thema in den jeweiligen Firmen zu überdenken und sich zu gegebener Zeit wieder zu treffen.

Die Antwort der Bayer AG kam gegen Ende September 1996, nachdem Hoechst längst beschlossen hatte, das Spezialchemikaliengeschäft an die Clariant AG zu verkaufen. Die Antwort aus Leverkusen war, Hoechst könne doch den einen oder anderen Betrieb stilllegen, und Bayer könnte dann die entsprechenden Produkte für Hoechst produzieren. Man ließ in Richtung Leverkusen verlauten, dass ein solches Vorgehen eigentlich nicht die Intention gewesen sei. Danach gab es zu diesem Thema keine Gespräche mehr mit Bayer.

9.3 Verkauf der Spezialchemie an Clariant

Im Dezember 1996 gründete Hoechst eine Stiftung und dotierte sie mit 100 Millionen Mark. Stiftungszweck: Förderung von Kunst und Kultur, Wissenschaft und Lehre. Das von Schadow stark geförderte Projekt konnte schon als Abschiedsgeschenk an die Region interpretiert werden. Hoechst ging stiften und lässt eine falsch verstandene Globalisierungsstrategie ausarten. Der Frankfurter Großkonzern positioniert sich mit der neuen Management-Holding völlig neu und will gleichzeitig viel von der offenbar unliebsamen Vergangenheit abstreifen. Dormann und seine Leute fühlten sich wie Firmengründer für das globale Geschäft, ohne dafür eine gediegene Basis gelegt zu haben. Zwischen Nikolaustag und Heiligabend wurde die große Neuordnung mit zwei strategischen Bereichen bekannt gegeben: Pharma und Spezialchemikalien. Die hehre Perspektive wird auch gleich mitgeliefert: „Unser gemeinsames Ziel ist eine langfristige, nachhaltige Wertsteigerung des Unternehmens. Wir konzentrieren uns auf ertragreiche Kerngeschäfte, bei denen wir weltweit zur Spitze zählen wollen.“

Verkrampfte Verabschiedung: Dormann – Seifert. Linke Faust in der Tasche.

Die Ausgangsstruktur: Der Hoechst-Konzern war dadurch geprägt, dass die Hoechst AG in wesentlichen Geschäftsbereichen (Pharma, Chemikalien, Spezialchemikalien, Technische Kunststoffe, Kunststoffe) in Deutschland selbst operativ tätig war und sich die Vermögensgegenstände dieser Geschäftsbereiche unmittelbar im Eigentum der Hoechst AG befanden (Stammhausgeschäft). Andere Geschäftsbereiche (z. B. Fasern, Diagnostika, Hoechst-Roussel Vet, AgrEvo) waren hingegen schon rechtlich verselbstständigt. Hinzu kamen weitere Beteiligungen (z. B. Messer, Herberts, Uhde).

Mit Aufsichtsratsbeschluss vom 10. Dezember 1996 (Bestätigung am 11. März 1997) hat Hoechst ihren neu geschaffenen Geschäftsbereich Spezialchemikalien mit einem Umsatz von über 7 Milliarden DM und knapp 25.000 Mitarbeitern und den weltweiten Arbeitsgebieten Tenside und Hilfsmittel, Pigmente, Additive, Polymerisate und Alkylose, Masterbatches, Feinchemikalien und Papierchemikalien (jedoch ohne die Arbeitsgebiete Lebensmittelzusatzstoffe, Membranen und Bulk Pharmaceuticals sowie ohne Textilfarbstoffaktivitäten) in der „Virteon-Spezialchemikalien" zusammengefasst, über diese Zwischenstation abgespalten und in die Clariant AG, einer Beteiligung der schweizerischen Sandoz, eingebracht. J. P. Morgan und SBC Warburg haben den Unternehmenswert von Virteon unter Einschluss der separat an Clariant verkauften Auslandsaktivitäten auf 5,4 Milliarden DM festgesetzt. Der Clariant-Wert wurde mit 2,15 Milliarden DM ermittelt.

Damit das angestrebte Beteiligungsverhältnis bei der neuen Clariant AG, Muttenz, von 45 Prozent Hoechst und 55 Prozent schweizerische Aktionäre realisierbar wurde, hatte Clariant noch eine Ausgleichszahlung von 1,66 Milliarden DM zu leisten. Zum anderen realisierte die Hoechst AG den übrigen Wert ihres Spezialchemikaliengeschäfts durch den Verkauf (der gerade schon erwähnten) ausländischen Spezialchemikalienaktivitäten an die Clariant-Gruppe. Die Aktionäre von Hoechst waren am 6. Mai 1997 aufgerufen, dies mit ihrem Votum zu bestätigen. Als Vollzugsdatum wurde der 1. Juni 1997 festgesetzt. Hoechst wurde zum größten Einzelaktionär, musste sich aber verpflichten, die 45-Prozent-Beteiligung niemals zu überschreiten. Solange Hoechst 20 Prozent und mehr an der Clariant AG hielt, waren drei Sitze im Verwaltungsrat sicher. So zogen Utz-Hellmuth Felcht, Klaus-Jürgen Schmieder und Claudio Sonder dort ein. Ferner hatte sich die Clariant verpflichtet, jeweils einen Vertreter der Hoechst AG als Verwaltungsrats-Vizepräsidenten in das Verwaltungsratspräsidium zu wählen. Das war der Einstieg von Karl Gerhard Seifert, der den Vorstandsvorsitz der neuen vergrößerten Clariant übernahm. Gemeinsam mit dem Verwaltungsrats-Präsidenten Rolf Schweizer konnte er durchsetzen, dass die Stimmrechte der Hoechst AG auf 10 % begrenzt wurden. Durch die deutsch-schweizerische Fusion entstand ein Spezialchemie-Gigant mit über 9 Milliarden DM Umsatz und 31.500 Mitarbeitern. Die Firmen errechneten sich Synergieeffekte von 500 bis 600 Millionen DM jährlich. Dazu mussten aber erst 5.000 Stellen gestrichen werden, davon 1.000 in Deutschland.

Dass sich Hoechst von dem Spezialchemiegeschäft trennen könnte, war lange Zeit nicht nachzuvollziehen. Auf der ersten Vorstandssitzung im Januar 1997 bei der Genehmigung des Protokolls fragte ein Vorstand, ob denn das alles richtig sei, was da beschlossen worden war. Dieser Schritt wurde intern und extern nicht verstanden. Zum 1. 7. 1997 hatte der Hoechst-Konzern plötzlich seine gesamte Infrastruktur und Vertriebsorganisation weltweit verloren, da die meisten Chemiefabriken und Verwaltungsgebäude an die Clariant übergegangen waren. Das Ergebnis war ein großes Durcheinander und die Folge ein erheblicher Ergebnis-Einbruch, weil das Chemie-Geschäft weltweit beträchtliche Fixkosten abgedeckt hatte, die plötzlich die Hoechst AG alleine tragen musste. Der Umsatz sank von 52,1 Milliarden DM (26,638 Mrd. Euro) auf 43,7 Milliarden DM (22,346 Mrd. Euro).

Das Chemiegeschäft in der Clariant entwickelte sich prächtig, weil die (deutschen) Mitarbeiter nun wieder entsprechend motiviert gewesen waren. Schwer verunsichert hatten die oft wiederholten Erklärungen Dormanns, dass er sich von der Chemie trennen wolle. Der Wert von Clariant an der Börse vervierfachte sich innerhalb von zwei Jahren.

Nachdem der Öffentlichkeit mitgeteilt worden war, dass sich Hoechst von dem Spezialchemie-Geschäft trennen würde, beschloss man, das weitere Vorgehen in einer Strategie Konferenz zu diskutieren.

9.4 Das Strategiemeeting des Vorstands auf der Bühlerhöhe

Vom 13. bis 15. Februar 1997 traf sich der Hoechster Vorstand im Schlosshotel Bühlerhöhe. Dort sollte die weitere Strategie des Konzerns besprochen werden, nachdem klar war, dass die Spezialchemie an die Clariant verkauft worden war. Das Treffen fand von Freitag bis Sonntagmittag statt, und es wurde in legerer Atmosphäre diskutiert. Nachdem den meisten Vorständen dämmerte, dass die Hoechst AG mit dem Verkauf der Spezialchemie auch wesentliches Knowhow, nämlich das gesamte Chemie-Knowhow, verlieren würde und auch die Infrastruktur in den jeweiligen Ländern ganz anders aussehen würde, mussten für die anderen Arbeitsgebiete spezielle Lösungen gesucht werden. Bei diesem Treffen wurde sehr deutlich, dass sich Hoechst in eine Life Science-Gesellschaft entwickeln würde. Die Vertreter der beiden Life Science-Aktivitäten waren nun Horst Waesche für Pharma und Claudio Sonder für die Landwirtschaft. Beide hatten natürlich die denkbar schlechtesten Voraussetzungen, um diese Arbeitsgebiete beurteilen zu können. Horst Waesche war gelernter Vermessungsingenieur und unfähig, auch nur eine einzige Strategie für das Pharmageschäft zu formulieren. Er konnte sich immer nur auf Dick Markham berufen, der dieses ja verstehen würde. (Der war natürlich nicht anwesend.).

Die Ideen von Waesche waren haarsträubend; denn es wurde allen Ernstes geglaubt, man könnte das Pharmageschäft von Hoechst mit dem wesentlich größeren Pharmageschäft von Pfizer oder Merck (MSD) zusammenführen. Als man bemerkte, dass der Börsenwert der großen amerikanischen Pharmakonzerne wie Pfizer, Merck (MSD) oder Lilly jeweils in der Größenordnung von 100 Mrd. US$ liegt und der gesamte Hoechst-Konzern nur einen Börsenwert von 50 Mrd. DM hatte, meinten Dormann und Schmieder, das seien finanzpolitische Transaktionen, die eigentlich nur sie verstehen würden. Dies war die Zeit, als der Hoechster Vorstand den einfachen Dreisatz, den eigentlich jeder Hauptschüler beherrscht, außer Kraft gesetzt hat.

Claudio Sonder, der vom Landwirtschaftsgeschäft ebenfalls denkbar wenig verstand, sah eine Strategie darin, den Landwirtschaftsbereich, der bekanntlich eine Partnerschaft mit Schering (AgrEvo) beinhaltete, mit einem anderen starken Landwirtschaftspartner zu fusionieren. Er sagte, man würde bereits verschiedene Optionen prüfen, was hieß, da die Diskussion ja auf Englisch geführt wurde: „We have several balls in the air.“ Eine dieser Optionen war die kühne Idee, Dupont vorzuschlagen, ob sie nicht das Hoechster Faserngeschäft übernehmen und dafür den Landwirtschaftsbereich eintauschen würden. Der damalige CEO von Dupont war Jack Krol, der früher den Landwirtschaftsbereich geleitet und entwickelt hatte. Als jemand bemerkte, dass man sich kaum vorstellen könne, dass ein Jack Krol, dessen Herz am Landwirtschaftsbereich hing, sich von diesem trennen würde, um das zyklische Faserngeschäft dagegen einzutauschen, war die Antwort nur ein vernichtender Blick von Jürgen Dormann, der dem Kritiker mangelndes Verständnis und zu wenig Fantasie vorwarf.

Am Ende der Diskussion malte Dormann dann auf einem Chart die zukünftige Struktur des Hoechster Life Science-Konzerns, und die meisten Vorstände waren mächtig stolz darauf, dass sie ein solch schönes Modell gefunden hatten. Es wollte keiner wahrhaben, dass es keine Life Science-Firma gibt: Pharma und Landwirtschaft passen überhaupt nicht zusammen; es sind grundverschiedene Märkte, es sind verschiedene Abnehmer, und vor allen Dingen: Es ist, gelinde gesagt, zumindest problematisch, Chemikalien auf die Felder zu spritzen und zugleich Gesundheit zu verkaufen.

Immer wenn sie später an der Autobahn-Ausfahrt Bühlerhöhe vorbeifuhren, wurden einige Vorstände unwillkürlich daran erinnert, dass dort das ganze Unglück begonnen hatte. Allerdings: Das Unglück hatte schon viel früher begonnen; man hatte es nur nicht wahrhaben wollen – oder aus Dummheit nicht erkannt.

9.5 Vertragsverlängerung von Jürgen Dormann 1998

Im März 1998 wurde unter Leitung von Martin Frühauf als AR-Vorsitzendem fast drei Tage lang mit den Arbeitnehmervertretern im Aufsichtsrat verhandelt, um eine Vertragsverlängerung für Dormann zu erreichen. Die Sitzungen fanden im Höchster Schloss statt. Letztlich haben dann sechzehn Mitglieder des Aufsichtsrates für die Verlängerung des Vorstandsvertrages von Jürgen Dormann gestimmt; vier haben dagegen gestimmt bzw. sich enthalten.

Ein Vertreter der Leitenden Angestellten, Heinz Konrad, hatte vorher mit Seifert Kontakt aufgenommen, um auszuloten ob er bereit sei, gegen Dormann anzutreten. Er schimpfte in unflätiger Weise auf Dormann, dass dieser den Konzern ruinieren würde. Seifert lehnte nicht ab, machte aber deutlich, dass er alle Stimmen der Arbeitnehmer wolle und dass Hoechst so oder so nicht mehr das werden würde, was es einmal war. Eine Woche später war Konrad umgefallen und stimmte für Dormann.

Arbeitnehmervertreter im Aufsichtsrat Wolfgang Vetter: *„Die Arbeitnehmer-Vertreter im Aufsichtsrat wollten mehrheitlich gegen eine Vertragsverlängerung von Dormann stimmen. Am Abend vor der entscheidenden Aufsichtsratssitzung hatte Personalchef Heinz Weinmann im Auftrag von Erhard Bouillon jeden einzelnen Arbeitnehmervertreter* zu *Hause angerufen und ihn um Unterstützung für Dormann gebeten. Weinmann versuchte, mit den üblichen Argumenten zu überzeugen, wie: Man müsse jetzt den Weg mit Dormann weitergehen usw."*

Bei der Abstimmung am nächsten Morgen haben sich dann Ingolf Hornke (Vertreter der Leitenden Angestellten), Arnold Weber und Jürgen Hilger (Vertreter der DAG) gegen eine Vertragsverlängerung ausgesprochen. Der stellvertretende Vorsitzende der IG Chemie, Egon Schäfer, der schon viele Jahre im Aufsichtsrat der Hoechst AG war und Jürgen Dormann kannte, enthielt sich der Stimme ebenso wie der Landesleiter der IG Chemie, Rainer Kumlehn. Diese Haltung der Gewerkschafter hat keiner verstanden. Fakt ist: Der Vertrag von Jürgen Dormann wurde mit 15 Stimmen vom Aufsichtsrat verlängert.

Einigen Arbeitnehmervertretern ist diese ganze Angelegenheit noch heute sehr peinlich. Auch Heinz Weinmann, der damals von Erhard Bouillon so missbraucht wurde, soll heute seine Meinung vollkommen geändert haben.

Es wird auch aus Arbeitnehmerkreisen berichtet, dass ein Jahr später bei der Verschmelzung von Hoechst und Rhône-Poulenc zur Aventis jeder Arbeitnehmervertreter im Aufsichtsrat als einmalige Abfindung für den Verlust des Aufsichtsratsmandates 350.000 DM erhalten hätte. Aber natürlich seien auch die Vorstände mit Beträgen zwischen 2 und 3 Mio. DM abgefunden worden.

Der Hoechster Aufsichtsrat hat nichts zu sagen, bringt aber einen kleinen Lottogewinn – Arbeitnehmer-Aufsichtsrat Wolfgang Vetter plaudert aus der Schule

Als ich in den Aufsichtsrat kam und in die erste Sitzung ging, habe ich dagesessen in dem großen Raum und nur gestaunt. Auf der einen Seite saßen die Vorstände, die ich eigentlich gar nicht kannte. Ich habe ja nicht in Hoechst gearbeitet, sondern im Zweigwerk Griesheim. Auf der anderen Seite die Arbeitnehmervertreter mit den Gewerkschaftsbrüdern. Für mich war das, als wäre ich zum ersten Mal in einem großen Theater. Das ist an mir vorbei gegangen. Ich habe überhaupt nicht gewusst, warum ich da drin sitze. Nachher hat sich das gewandelt. Ich war achteinhalb Jahre im Aufsichtsrat gewesen, ich bin gewählt worden als Nachrücker von Badeck, dem ehemaligen Landtagsabgeordneten, der war 22 Jahre drin. Und der Brand hat ihn gedrängt, er solle rausgehen. Man kann ja nicht 25 Jahre Aufsichtsrat feiern. Für mich war das so ein kleiner Lottogewinn, da reinzukommen, obwohl man unterschreiben muss, wenn sie über die IG Chemie-Liste da reingekommen sind, dass man alles bis auf ein paar Pfennige abführt. Das ist aber eine Sache, die jeder mit sich selbst auskegeln muss.

Ich hatte Romane gelesen und Fernsehen geguckt und habe immer gehört, Aufsichtsrat ist was ganz Mächtiges. In Hoechst hat er überhaupt nichts zu sagen gehabt. Bei allen Sitzungen saß der Vorstandsvorsitzende dabei, und der Aufsichtsratsvorsitzende war sowieso von der anderen Seite. In der ersten Zeit Erhard Bouillon.Dann kam Martin Frühauf. Gleich ein Satz, den kann man dick unterstreichen. Der Mann muss mal interviewt werden, im Hinblick auf das, was er eigentlich gemacht hat, wo seine Verantwortung geblieben ist als ehemaliger Arbeitsdirektor, als ein Heiliggesprochener von der Arbeitnehmerschaft, zu dem jeder aufgeblickt hat. Wir haben gesagt, als der Aufsichtsratsvorsitzender geworden ist: Das ist ein Glücksfall. Er war gerade das Gegenteil. Der hat überhaupt nicht mehr gemuckt. Bouillon war eine Marionette vom Dormann.

Es hieß dann: Hilger scheidet aus, und Dormann soll Vorstandsvorsitzender werden. Zu dem Zeitpunkt, das muss ich sagen, war das dem größten Teil – ich kann nur von der Arbeitnehmerschaft sprechen, wir waren praktisch in einem Verbund – eigentlich piepegal.

Der Hilger war ein Mensch, der sich uns nicht genähert hat; da war immer so ein bisschen Distanz dazwischen. Wir haben immer nach der Aufsichtsratssitzung oder nach dem Wirtschaftsausschuss zusammengesessen, einen Schoppen getrunken und geredet wie Menschen. An den Mann war nicht richtig ranzukommen. Und da war das uns eigentlich egal. Wir haben zwar immer im Vorfeld davon geträumt, das war wirklich der Traum von allen gewesen, dass der Dr. Seifert das Ganze übernimmt, obwohl er im Vorstand so nicht gehandelt wurde.

Dormann ist gehandelt worden, auch von der Presse und von den Banken. Das sind die mächtigen Leute. Die haben im Aufsichtsrat dabeigesessen. Wir haben uns lange überlegt, schon bei der ersten Bestellung dagegen zu stimmen. Nur, wir haben gewusst, dass es nichts nützt, wenn er erst mal vorgeschlagen wird. Und in die Vorgespräche sind wir doch gar nicht einbezogen worden. Überhaupt nicht.

Ich muss noch eines sagen: Der Gesamtbetriebsratsvorsitzende Rolf Brand, der in allen Ausschüssen saß und auch im Finanzausschuss – der Finanzausschuss ist der mächtigste Ausschuss für die Gehälter und was sonst so verteilt wird – hat sich sicher gefühlt, weil er alle Orden hatte, die es gab, und überall wurde er mit hingenommen und überall wurde er eingeweiht, und der Brand hat uns dann immer unterrichtet. Und wenn von uns einer richtig gemuckt hatte, hat der gesagt bekommen: Ruhe. Er war ein mächtiger Mann. Er hat auch das anderthalbfache Aufsichtsratsgeld gekriegt, als stellvertretender Vorsitzender, und Hoechst hat den Aufsichtsrat gut bezahlt. Das Schlimmste: Brand und Bouillon waren richtig verzahnt. Brand hat gemacht, was Bouillon vorgesagt hat. Richtig genau, was der Bouillon geflüstert hat. Ich und ein paar andere wollten die Welt verändern, als wir reingekommen sind. Aber dann haben wir gleich gemerkt, dass das ganz anders ablief, dass wir überhaupt nichts zu sagen haben und nur dasitzen.

Am Anfang haben wir es durch Fragen versucht. Da wurden wir abgepinselt: „Haben Sie das nicht verstanden? Das habe ich doch schon einmal erklärt." So hat der Dormann geredet, aber laut und deutlich. „Können Sie kein Englisch, wenn Sie in einem Weltkonzern im Aufsichtsrat sind, dann müssen Sie Englisch lernen." Und irgendwann macht es da plumps und dann sitzt du da und wartest auf den Scheck, der alle Jahre kommt, und denkst, leck mich doch am Ärmel, die anderen warten auch nur drauf. Es haben auf der anderen Seite auch noch neun andere gesessen, die auch nicht gemuckt haben. Da hat einer, ein Franzose, ich weiß den Namen nicht mehr, Nobelpreisträger, gesessen in der Aufsichtsratssitzung, der hat eine Viertelstunde später geschlafen. Da hat der Scheich von Kuwait gesessen oder ein Abgesandter, alles dasselbe Verhalten.

So habe ich niemals die rote Karte gezeigt, ich nicht und andere auch nicht. Der Brand ist dann irgendwann ausgeschieden. Es kam Arno Weber als stellvertretender Aufsichtsratsvorsitzender.

Der Aufsichtsrat ist das mächtigste Gremium bei gut geführten Unternehmen. Aber das war er nicht im Hause Hoechst. Dort ist am Aufsichtsrat im Prinzip alles vorbeigegangen. Wir haben nur dagesessen alle Vierteljahr, zu den vier Sitzungen, und dann ist was verkündet worden. Ende.

Irgendwann stand der Vertrag von Dormann zur Verlängerung an. Da haben wir uns unterhalten ohne den Leitenden, doch der war auch mal dabei, und haben im Vorfeld ein paar Sitzungen gemacht, nur unter uns, Arbeitsgespräche praktisch, keine Aufsichtsratssitzungen, und haben uns unterhalten und gesagt: Mit dem Kerl kann das nicht so weitergehen. Den Vertrag werden wir nicht verlängern. Dr. Seifert hat signalisiert, dass er bereitstehen würde. Der war bei uns sehr, sehr beliebt gewesen. Er hat ein paar Reisen mit uns gemacht im Wirtschaftsausschuss und hat sich immer wie ein Mensch benommen. Er hat uns auch erklärt, was wir nicht verstanden haben oder hat gesagt, ich weiß es selbst nicht, ich sage es euch in acht Tagen oder so. Der war auch jünger, er war mehr der Arbeitnehmerschaft zugetan, er hat das sehr geschickt gemacht.

Wir haben uns eindeutig verständigt, dass wir den Weg nicht mitgehen und dass wir Dormann loswerden wollen. Wir haben uns im Vorfeld Gedanken gemacht, nicht, ob das der Seifert werden kann oder ob wir überhaupt genug Stimmen kriegen. Da hat als Erster der Sprecher der Leitenden Angestellten, Konrad, Farbe bekannt, dass er da nicht mitspielt. Allerdings hat er auch behauptet, es wäre genug, wenn ein Leitender Angestellter dagegen stimmt. Ich weiß nicht, ob er da eine Falle aufbauen wollte, aber das stimmte überhaupt nicht. Es war nur ein Leitender drin. Der andere Leitende Angestellte war Dr. Hornke, der aber für die DAG kandidiert hatte. Hornke hatte ein hohes Wissen, war ein Chemiker und hat auch genug Fragen an Dormann gestellt, die er immer abgepinselt gekriegt hat. Er wurde wie ein Idiot behandelt und regelrecht in die Ecke gestellt, nach dem Motto: Was willst denn du eigentlich, du hast keine Ahnung. Der war dagegen und hat auch dagegen gestimmt bei der Abstimmung. Im Vorfeld haben wir schon gewusst, dass wir von der anderen Seite jemand brauchen. Aber sich denen zu nähern, sollten wir das anfangen? Wer sollte das machen, wer denn? Wir haben vorher allerdings von Vorstand Felcht signalisiert bekommen, dass wenn der Dormann nicht zwei Drittel Mehrheit bekommt in der Erstabstimmung, er zurücktreten wird. Gegen die geschlossene Bank der Arbeitnehmervertreter wollte er nicht antreten. Es gäbe Gruppen, die mit dem vorgezeichneten Weg nicht einverstanden sind, und dass er sie nur belügen und nie die Wahrheit sagen würde, was wirklich los ist. Was er macht, sei nicht mehr zu verkraften.

Wir haben eine Vorabstimmung unter uns gemacht, da war man sich schon nicht einig in der Arbeitnehmerschaft. Einer hat gesagt, ich muss den Dormann wählen, der hat mal Gendorf gerettet (was weiß ich, wo der Gendorf gerettet hat), und da muss ich ihn wählen.

Den Betriebsratsvorsitzenden von Gendorf haben sie „König von Bayern“ genannt, der hat gleich signalisiert, dass er nicht dagegen stimmt. Andere haben gesagt, mir ist das egal, wer das wird. Die Arbeitnehmerbank hätte aber geschlossen dagegen stimmen müssen, möglichst mit einem von der anderen Seite, besser zwei oder drei.

Dann war es so weit. Die Aufsichtsräte sind einzeln angerufen worden, abends daheim, was sie denn gegen Dormann hätten. Per „du“ ging's da zu: Wie kommst „du“ denn dazu? Heinz Weinmann war damals der zweite Mann unter Arbeitsdirektor Justus Mische. Felcht kam danach. Wohlgemerkt es ging um die zweite Periode für Dormann.

Im Vorfeld hatte Dormann auch einige Auftritte, in denen er sich mit uns angebunden hat. In den Vorgesprächen, zu denen wir ihn geladen hatten, war er auch gekommen. Hat er aber eine komische, tiefer gehende, sagen wir mal: auch aggressive Frage gestellt bekommen, hat er gesagt: „Die beantworte ich nicht. Wenn die Frage nicht zurückgezogen wird, komme ich nicht mehr in den Raum." Dann ist er zur Tür raus und war fort. Da hätte ein anderer aufstehen und ihm auf die Fresse hauen müssen – auf gut Deutsch. Entschuldigen Sie meine Aufregung, das habe ich auch damals so gesagt in dem Saal. Das hätte natürlich keiner gemacht. Man hätte ihn mal richtig stellen müssen und sagen, hör mal, wer bist Du eigentlich. Und die Türe zuschließen und sagen, jetzt bleibst du hier und erzählst. Sein Büro war direkt nebenan.

Also lange Rede, kurzer Sinn: Schäfer – auch ein Name, den man sich merken muss – stellvertretender Vorsitzender der IG Chemie, Mitglied des Aufsichtsrates der Hoechst AG. Der ist angeblich nach Hannover gefahren und hat sich dort mit dem Hauptvorstand unterhalten, ob man den Weg mit Dormann gehen muss oder mit einem anderen gehen kann. Als er zurückkam, hieß es, es gibt überhaupt keinen anderen Weg. In den Beratungen im Hauptvorstand der IG Chemie hieß es, wenn man nicht den Weg mit Dormann gehen will, den angefangenen Weg, der Zerschlagung von Hoechst praktisch, dann geht alles den Bach hinunter. Und dann hat er gesagt: Du hältst dich mit deinem großen Maul ein bisschen zurück. Ich muss dir sagen, du musst nicht unbedingt wieder kandidieren. Da ist auch gedroht worden. Das sind wortmäßig besser geschulte Menschen als die Arbeitnehmervertreter. So ist das da. Irgendwann sagt man, es bringt sowieso nichts, ich sitze hier, ich warte auf mein Sitzungsgeld.

Die IG Chemie hat gesagt, der Weg mit der Zerschlagung muss mitgegangen werden. Das ist festgehalten worden irgendwo in Protokollen. Richtiger: Die haben nicht gesagt, dass sie den Konzern haben zerschlagen wollen. Der Schäfer ist zurückgekommen mit dem Auftrag zu verhindern, dass Dormann nicht mehr gewählt wird. Nach der Hannover-Reise sagte Schäfer: Der Hauptvorstand spielt da nicht mit. Sein zweiter Mann im Aufsichtsrat, der Bezirksleiter von Hessen, Kumlehn, war dagegen gewesen. Kumlehn hat gesagt, der Kerl gehört weg und hat auch dagegen gestimmt. Das weiß ich. Man hat ja genau gewusst, wer dagegen stimmt, wer sich enthält und wer dafür stimmt.

Erfahrungen des Leitenden Angestellten im Aufsichtsrat, Ingolf Hornke

Der Vorsitzende des Sprecherausschusses der Leitenden Angestellten und Aufsichtsrat, Ingolf Hornke, hat sich gerne an Dormann gerieben, war mutig, ging keiner Auseinandersetzung aus dem Weg und war auch sonst ein unbequemer Herr, allerdings mit bester Qualifikation:

Im Vorfeld der Vertragsverlängerung waren sich die Arbeitnehmervertreter einig, Dormann wählen wir nicht. Alle waren dagegen. Wir, alle Arbeitnehmervertreter, waren auf einer Besichtigungsreise zu den asiatischen Tochterfirmen, Singapur, Indien etc. Das war in Hoechst üblich. Wir haben dort die Fabrikationsanlagen angeguckt, haben mit den dortigen Betriebsräten oder Belegschaftsvertretungen gesprochen, haben über die jeweilige Landessituation Vorträge gehört usw. Da war Felcht noch als Arbeitsdirektor dabei. Auf dieser Reise waren sich alle einig: Dormann nicht mehr. Als wir zurückkamen, knickten einige ein, schwenkten aus. Die Abstimmung kam. Es ging um eine Stimme, vielleicht um zwei oder drei. Wie das gelaufen ist, weiß ich nicht. Ich weiß nur eines, dass diejenigen, die noch aktiv im Dienst waren, von den entsprechenden Leuten in die Mangel genommen wurden. Man hat ihnen eingetrichtert, wie sie zu stimmen haben. In der darauf folgenden Presseerklärung stand: Der Aufsichtsrat hat einer Verlängerung des Vertrages des Vorstandsvorsitzenden Dormann zugestimmt.

Das Abstimmungsergebnis muss da leider nicht erscheinen. Ich aber habe dann darauf bestanden, dass mir das Ergebnis mitgeteilt wird, auch wenn es nicht im Protokoll festgehalten wird, sodass ich der einzige bin, der das Abstimmungsergebnis kennt. Nach dem Aktienrecht bin ich verpflichtet zur Verschwiegenheit. Ich war Aufsichtsrat, und ich muss mich daran halten.

Abermals mit Dormann an der Spitze ging es mit Hoechst Schritt für Schritt abwärts. Diesen Weg genau nachzuvollziehen ist nicht einfach. Wenn Dormann den Franzosen Fourtou zu Besuch hatte und mit ihm im Schloss aß, konnte er in den kleinen Park gehen. Die Arbeitnehmervertreter waren da immer außen vor.

9.6 Die Zeit bis zu Aventis

Nachdem die geplante Fusion mit dem amerikanischen Partner, Monsanto, nicht vollzogen werden konnte, begann ab Frühjahr 1997 eine hektische Suche nach einem anderen Partner. Dormann wollte nach dem Schweizer Vorbild Novartis einen Life Science-Konzern bauen. Dabei träumte der Hoechster Vorstand immer von einem paritätischen Beteiligungsverhältnis (50:50). Der Börsenwert der Hoechst AG war zu diesem Zeitpunkt ca. 40 Milliarden DM oder 25 Milliarden $, während andere mögliche Partner an der Börse drei bis viermal höher bewertet waren. Der Hoechster Vorstand hielt unerschütterlich an seinem Ziel einer paritätischen Fusion fest. So kam es, dass bis Sommer 1998 alle Gespräche mit amerikanischen Konzernen letztlich vollkommen ergebnislos blieben. Inzwischen war auch das Pharmageschäft eingebrochen, da die Forschung und Entwicklung durch das amerikanische Management in einem schlechten Zustand waren.

Auch die Belegschaft protestierte Anfang 1998 zum ersten Mal gegen den Vorstand, insbesondere gegen Dormann, und veranstaltete wöchentliche Protestdemonstrationen.

9.7 Die Option Bayer: Ego siegt über Vernunft

Das Liebeswerben mit Bayer erlebte im Sommer 1998 nochmals einen Frühling. Da ging es ums Ganze: die Fusion der Konzerne. Die Großen der beiden Konzerne waren voll damit beschäftigt, aber noch mehr mit ihrem eigenen Ego. Die vorbereitenden Gespräche liefen perfekt. Die Einigung schien nur noch Formsache zu sein. Dormann:

Ich hätte am liebsten das Life Science-Geschäft mit Bayer zustandegebracht. Die Konsolidierung in der Pharmaindustrie lief immer zunächst auf nationaler Ebene, siehe Schweiz, Frankreich, USA. Ich hatte mit Manfred Schneider, dem Bayer-Chef, schon eine Vereinbarung, die ziemlich klar vorsah, wie wir das Geschäft aus Chemie auf der einen Seite und Life Science auf der anderen Seite führen und wer für was verantwortlich ist.

Es sollte sich um zwei Gruppen handeln. Die Life Sciences-Einheit hätte Bayer geheißen, das Chemiegeschäft Hoechst. Darüber wäre möglicherweise eine Führungsgesellschaft installiert worden.

Dann kam es zu dem entscheidenden Mittagessen, an dem die beiden Aufsichtsratsvorsitzenden, Erhard Bouillon und Hermann Josef Strenger, sowie die Vorstandsvorsitzenden, Jürgen Dormann und Manfred Schneider, teilnahmen. Die hohen Herren konnten sich letztlich nicht einigen, wer den AR-Vorsitz übernimmt und wer Vorstandsvorsitzender würde. Wie meist bei solchen Fusionen spielte dann auch noch der Sitz der Gesellschaft eine Rolle. Dormann: *„Schneider und ich, wir hatten für uns eine Lösung."* Hier hätte der Ältere (Schneider) den Vortritt gehabt. Alles andere wurde offenbar von der Bayer-Seite torpediert, direkt am Mittagstisch von Strenger. Die übrigen Vorstände der beiden Konzerne hätten wohl auch noch zum Jagen getragen werden müssen. Die meisten klebten an ihren Stühlen und hätten eine Fusion nur mit Schrecken erwartet und über sich ergehen lassen. Die Politik verpennte die Gelegenheit auch, hätte hier einsteigen müssen. Es rührte sich aber kein Landesfürst, weder in Wiesbaden noch in Düsseldorf, und von der Bundesregierung war in solchen Angelegenheiten auch nichts zu erwarten. Keine andere europäische Regierung wäre so uninteressiert mit ihrer Industrie umgegangen. Die IG-Farben-Nachfolgegesellschaften BASF, Bayer und Hoechst haben etwas später in „DyStar" ihre ungeliebten Farbentöchter zusammengelegt. Das war alles.

Dabei hätten die beiden Firmen bestens zusammengepasst. Warum aber konnte Dormann an dieser Stelle nicht bescheiden werden? Warum hat sich der Vorstand nicht auf seine eigenen Stärken besonnen? Warum war die Unternehmensleitung nicht stolz genug auf „ihr" Unternehmen und motivierte nicht die Mitarbeiter auf allen Ebenen, allen Hierarchiestufen, zu einem „Jetzterstrecht! Wir müssen es alleine schaffen und werden es alleine schaffen!" Bayer hat es doch auch gemacht. Doch dafür war die Kultur der Identifikation des Hoechst-Managements mit „seinem" Unternehmen zu wenig entwickelt. Der eine träumte von Frankreich, der andere von den USA, alle zusammen von der Globalisierung, die wohl irgendwo auf der Welt zu haben sei, nur nicht im heimatlichen Hoechst. Ehrgeiz und Schlappheit gingen da eine unselige Allianz ein. Im Wahnsinn seiner Kulturrevolution ließ Dormann das stattliche Signet am Tor Ost abreißen, setzte als Firmenzeichen einen Schriftzug Hoechst mit nachgesetztem kleinem Karo. Die Presse witzelte daraufhin „Hoechst kleinkariert", und dann kam später Aventis im Design eines Sektglases daher. Darauf hieß es: Jetzt sind alle besoffen. (Mehr dazu im nachfolgenden Kapitel.) Dormann agierte heftig, aber orientierungslos. Die übrigen Vorstände gingen in Deckung oder suchten das Weite, wie Felcht und Seifert. Waesche wurde mit der Zeit ganz aufgerieben. Wo blieb der Stolz auf die Leistung in über 130 Firmenjahren, wie er bei der gleichaltrigen Bayer AG so perfekt kultiviert wurde?

Im Sommer 1998 begannen die Gespräche mit Rhône-Poulenc. Diese führten letztlich zur Bildung von Aventis mit Sitz in Frankreich. Rhône-Poulenc spaltete zur gleichen Zeit sein Chemiegeschäft in der Rhodia ab. Dieses Chemiegeschäft war so marode, dass es 10 Jahre brauchte, um langsam schwarze Zahlen zu schreiben. Das Pharmageschäft hatte bei Weitem nicht die Qualität des einstigen Hoechst-Geschäfts, und auch das Hoechster Agrogeschäft hatte wesentlich mehr und modernere Produkte.

Als Frühauf einmal darauf angesprochen wurde, warum man sich gerade mit Rhône-Poulenc ins Bett legen wollte, sagte er: *„Nachdem wir bei Bayer rausgeflogen waren, hatten wir keine andere Möglichkeit mehr."*

9.8 Weg mit Turm und Brücke

Wo blieb der Stolz auf Turm und Brücke? Dabei hatte Hoechst Anfang der 20er-Jahre mit Peter Behrens einen Baumeister von europäischem Rang mit dem Bau des Verwaltungsgebäudes beauftragt. Er schuf große Architektur, von der Bayer und BASF nur träumen können. Dieser Glanz wurde 1990 mit dem schönen Bildband „Peter Behrens – Umbautes Licht" noch voll ins Licht der Öffentlichkeit gerückt.

Im Vorwort fand Arbeitsdirektor Justus Mische auch die richtigen „unternehmenstragenden" Worte:

Peter Behrens sah früh einen wichtigen Zusammenhang zwischen dem Ansehen des Unternehmens, der Güte seiner Produkte und der architektonischen Konzeption, die all das widerspiegeln sollte. Er schuf ein einmaliges Bauwerk, das zum Sinnbild für das Selbstverständnis des Unternehmens wurde, ein Stück „corporate identity", auch wenn es den Begriff damals noch gar nicht gab. Die architektonische Wirkung des Gebäudes war von Anfang an nicht nur unbestritten, sondern so groß, dass Turm und Brücke des Bauwerkes Vorbild für das Firmenzeichen des nach dem Zweiten Weltkrieg neu gegründeten Unternehmens wurden. Als Firmensignet sind diese beiden markanten Bestandteile des Gebäudes in aller Welt verbreitet und bekannt.

Wo war dieser Mische, als wenige Jahre später in Hoechst Tabula rasa gemacht wurde?

Im Kapitel „Turm und Brücke – Das Firmenzeichen" des besagten Bildbandes liegt auch Wolfgang Metternich, der Firmen-Historiker, ganz auf dieser Linie:

Im Firmenzeichen findet ein wesentlicher Teil des Selbstverständnisses von Hoechst bildhaften Ausdruck. Das städtebauliche Ensemble von Turm und Brücke, schon von Behrens als Tormotiv angelegt, ist Sinnbild für die Weltoffenheit des weltweit tätigen Unternehmens. Die Brücke ist Symbol für das Bestreben, aufeinander zuzugehen, in der

Erkenntnis, dass alles wirtschaftliche Handeln letztlich dem Menschen dienen muss. Die von historischen Vorbildern geprägte Architektur des Turmes steht als Zeichen für ein weiteres zentrales Anliegen des Unternehmens ein, die erfolgreiche Tradition seiner bisherigen Entwicklung durch hervorragende Leistungen in der Zukunft fortzusetzen. ... Wenn es richtig ist, dass ein gutes Warenzeichen vom größten Maßstab bis zur winzigen Verkleinerung seine Aussagekraft behalten muss, dann haben Turm und Brücke als Schöpfung eines bedeutenden Architekten und Designers ihre Tauglichkeit unter Beweis gestellt. Was als monumentale Architektur, als Symbol für die Bedeutung des Unternehmens errichtet wurde, steht nun, ganz im Sinne der Arbeit von Peter Behrens, als Firmenzeichen für die Leistungsfähigkeit, die Unternehmenskultur der Hoechst AG ein.

Wo war Justus Mische, als Turm und Brücke gestürzt wurden?

Im Sommer 1996 machte Friedmann Nusch (der damalige Leiter der Abteilung für Öffentlichkeitsarbeit) einen Vorschlag, wie man das Hoechster Logo der modernen Zeit anpassen könne. Die Vorstandsvorlage war konfus und, wie damals üblich, auf Englisch verfasst. Keines der Vorstandsmitglieder hatte verstanden, was eigentlich damit bezweckt werden sollte. Es war die Rede davon, dass das Hoechster Firmenlogo „Turm und Brücke" nicht mehr zeitgemäß sei und insbesondere bei den modernen Kommunikationsmitteln wie dem Fax das Logo kaum zu erkennen sei. Keiner der Vorstände hatte die Diskussion verstanden, weil es keinen Grund gab, über das Hoechster Logo nachzudenken. Der Vorstand insgesamt machte deutlich, dass man diese Diskussion nicht verstehen würde, und nach einer Stunde wurde Nusch beauftragt, das Thema weiterzuentwickeln; aber es kam zu keiner Entscheidung.

Letztlich wurde dem einen oder anderen Vorstand später klar, dass hier versucht werden sollte, das Logo „Turm und Brücke" abzuschaffen. Es war einer der Versuche, die Vergangenheit von Hoechst abzuschütteln.

Im März 1997 kam das Thema wieder auf die Tagesordnung einer Vorstandssitzung. Die Qualität der Diskussion war nicht viel besser als ein Jahr zuvor, und auch die Vorbereitung für eine solche Entscheidung war mangelhaft. Ein Vorstand bemerkte noch, dass seines Wissens über 15.000 Apotheken in der Welt „Turm und Brücke" als Logo führen. Wahrscheinlich wüssten nur ganz wenige Leute in der Welt, was es bedeute, aber „Turm und Brücke" sei weltweit ein Symbol für gute Arzneimittel, die man in diesen Apotheken erhalten kann. Auf die Frage, ob es im Sinne des Pharmageschäftes von Hoechst-Roussel sei, auf „Turm und Brücke" zu

Markenpflege:

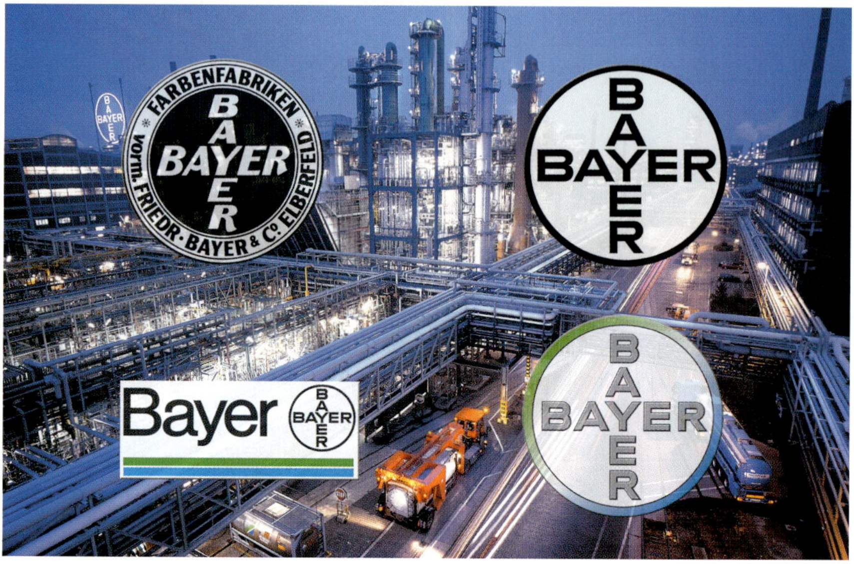

Dormann: Die würden fürs Bayer-Kreuz über den Atlantik schwimmen.

Markentreue:

... noch im 21. Jahrhundert

Markenvernichtung:

Dormann: Für 1 Euro zu verkaufen

Volksmund: Hoechst kleinkariert

Volksmund: Sektglas

... geschluckt.

verzichten, erteilte Dormann dem für das Pharmageschäft verantwortlichen Vorstandsmitglied Waesche das Wort, der dann sagte: „I have talked to Dick (Markham), and Dick said that he does not need Tower and Bridge to run the pharma business." Markham war bekanntlich ein Jahr zuvor durch die Akquisition von Marion zu Hoechst gekommen und hatte das Hoechster Pharmageschäft mit seiner weltweiten Bedeutung nie verstanden. Dormann grinste triumphierend in die Runde, und damit war die Abschaffung des Logos „Turm und Brücke" entschieden. Beim Verlassen des Vorstands-Sitzungszimmers fragte ein Vorstand seinen Kollegen: *„Haben wir eben Turm und Brücke abgeschafft?" „Ja",* sagte der, und der fragende Kollege wurde ganz nachdenklich.

Dormann war sich nicht zu schade, in der öffentlichen Vorstellung des neuen „Zeichens" – ein hinter den Schriftzug Hoechst hochgesetztes kleines schwarzes Quadrat, wie es in Straßenkarten Städte einer bestimmten Größenordnung zu kennzeichnen pflegt – sich den argumentativen Stuss zu eigen zu machen, mit dem ein geriebener Werbemann ihm diese Schöpfung, sicherlich für viel Geld, angedreht hatte. Das neue Zeichen hatte knapp zwei Jahre Bestand. „Das Fallenlassen des über Jahrzehnte weltweit erfolgreich eingeführten Firmenlogos ‚Hoechst' mit Turm und Brücke war eine kolossale Dummheit und markentechnisch gesehen konträr zu jedweder anerkannten Branding-Strategie, ganz abgesehen von der damit verbundenen Wertevernichtung", urteilt der ehemalige Pressechef von Hilger und nachmalige Vorstand bei Cassella, Dominik von Winterfeldt.

Arnold Weber, Betriebsratsvorsitzender und stellvertretender Aufsichtsratsvorsitzender:

Ich hatte ein geradezu traumatisches Erlebnis: Da ist das Hoechst-Zeichen abmontiert worden in einer kaum verständlichen Eile. Da war aus der Hoechst AG „Hoechst Marion Roussel" geworden, so musste das herkömmliche Zeichen abmontiert werden. In Hoechst am Eingangstor stand ein großes Hoechst-Zeichen. Das war ein Kunstwerk. Am Tor Ost auf der linken Seite, bevor man ins Werk hineinfuhr, ist eine große Front mit einem Mosaik. Und in diesem Mosaik standen „Brücke und Turm", noch in seiner runden Urform (es wurde erst viel später in ein Quadrat gestellt). „Brücke und Turm" waren ein Teil dieses Mosaiks, ein integrales Kunstwerk. Daraus wurden „Brücke und Turm" entfernt. Jahrelang waren dort noch die Ankerhaken zu sehen. Ich sprach mit einem Vorstandsmitglied darüber. „Ist das nicht schrecklich, wollen wir wirklich unsere ganze Identität aufgeben?" Da sagt der zu mir: „Herr Weber, das habe ich abbauen lassen, das steht irgendwo. Wir werden noch erleben, dass es wieder dort hängt. Die Menschen, die nicht lesen konnten, wussten, unter diesem Zeichen kann ich meine Krankheit heilen. Das war deutsche Arznei, auch in Afrika, Südamerika, Indien, Japan, weniger in Nordamerika, aber ganz gewiss in Europa. Und davon trennt man sich!" Das Messing des Kunstwerkes glänzte in der Morgensonne wie Gold. Aber nein, es ist nicht mehr da. Es ist zersägt worden, es ist oben kleingeschnitten worden, weil sie es gar nicht herunter-bekommen haben. Erst hinterher habe ich das registriert. Ich hatte anfangs noch geglaubt, das steht irgendwo. Aber ein Handwerker hat mir gesagt, nein, nein, das mussten wir zersägen, sonst hätten wir es gar nicht herunterbekommen. Die Symbolik war weg. Sogar Türklinken mussten entfernt werden. Es gab auch Glastüren mit dem Hoechster Zeichen. Ich glaube, die haben sogar das Besteck ausgewechselt, auf dem Hoechst drauf war.

Sie müssen sich mal vorstellen, was in den Köpfen der Leute weltweit vorging. Da ist ein Unternehmen mit einem weltbekannten Zeichen. Es gibt Länder, da ist man heute der Sprache noch nicht mächtig, z. B. in Afghanistan. Da gab es Apotheken, die hätten gern ihr Schild behalten, doch auch die mussten ganz schnell ausgetauscht werden. HMR war noch Hoechst, die Mutter mit ihren Töchtern Roussel und Marion.

Dormann präsentierte bei einer der letzten Hoechster Hauptversammlungen Ende der 90er-Jahre eine gänzlich andere Sicht. Er rief den Aktionären zu: *„Jeder kann ein Angebot machen für die Marke Hoechst."* Und im Interview mit dem Autor Jahre später (2007): *„Außerhalb Deutschlands hat das Signet ‚Brücke und Turm' nur eine begrenzte Rolle gespielt. Ich hätte Ihnen es für eine Mark verkauft."* Auf den Einwand hin: *„Kürzlich hat Siemens-Chef Peter Löscher, Ihr Kollege vor Jahrzehnten, eine Milliarde Dollar allein für die Marke Behring gezahlt."* Dormann: *„Das ist ja Quatsch, ist ja Quatsch. Der hat eine Milliarde für Goodwill der Company bezahlt. Außerdem war Löscher mein Stabsleiter gewesen."* Wo aber ist der Goodwill der Hoechst AG geblieben? Von den Bayer-Leuten wollte Dormann nichts lernen: *„Die würden ja für ihr Kreuz über den Atlantik schwimmen."* Bis heute zählt mancher Leverkusener noch die Glühlampen, die das Bayer-Kreuz über dem Werk am Abend erleuchten lassen. Vor dem Krieg waren es 2200, danach 1710.

Genau dieser Wille stärkt die Zusammengehörigkeit von der Führung bis zum kleinsten Angestellten und einfachsten Arbeiter, die „Corporate Identity". Alles andere wäre Fahnenflucht. Justament derer machte sich der Hoechst-Vorstand schuldig. Die Exekution folgte auf den Fuß.

Aufgrund der Entwicklungen im Deutschland des 20. Jahrhunderts hatten deutsche Großfirmen an der leidvollen Geschichte des Staates mitzutragen, insbesondere dann, wenn sie auch noch Teile des IG-Farben-Konzerns bildeten. Besonders betroffen war Bayer. Bayer lag mit den verschiedenen US-amerikanischen Gerichten, Unternehmen, Organisationen und Regierungsstellen schon seit dem Ende des Ersten Weltkrieges in permanenten Auseinandersetzungen, obwohl es die IG-Farben noch gar nicht gab. Das hinderte amerikanische Stellen aber bis in die 90er-Jahre nicht daran, von Anfang an alles in einen Topf zu werfen.

1994 erging beispielsweise ein Urteil, in dem seit 1918 zum aberhundertsten Male festgeschrieben wurde, dass Bayer Leverkusen in den USA als „Bayer" nichts zu suchen habe. Die Marke Bayer einschließlich Aspirin gehöre in den Staaten Sterling Drug, beziehungsweise Sterling-Winthrop. In der einschlägigen Presseerklärung von Anfang Januar 1994 heißt es: Die klagende Firma Sterling-Winthrop hat die Exklusivrechte auf Warenzeichen und Markennamen Bayer in den USA 1918 während des Ersten Weltkriegs dadurch erworben, dass die US-Bundesbehörde für die Verwaltung beschlagnahmten Feindvermögens die Aktiva der Rechtsvorgängerin in der Bayer AG – der IG-Farben AG in Frankfurt – beschlagnahmt und per Auktion an Sterling-Winthrop verkauft hatte. Die IG-Farben AG wurde aber erst 1925 gegründet. Da jedoch waren die Marke Bayer und das Jahrhundert-Medikament längst im Topf der US-Reparationen für den 1. Weltkrieg gelandet.

Schon in der Zwischenkriegszeit und dann seit 1950 bemühte sich Bayer immer wieder, genauso wie Daimler, Osram und andere (partiell auch Hoechst), ihre international verbreiteten Namen zurückzubekommen. Bayer blieb lange erfolglos. Bei einem der letzten Verfahren sollte es Bayer sogar verboten werden, wo auch immer in der Welt, Pressekonferenzen über Arzneimittel in englischer Sprache abzuhalten. Es sollte untersagt werden, dass Bayer – auf welchen Umwegen auch immer – die amerikanischen Verbraucher direkt anspricht. Auch blieb es der Fußballmannschaft Bayer Leverkusen lange verwehrt, bei Freundschaftsspielen in den USA anzutreten.

Der anachronistische Sprachenprozess wurde nicht mehr zu Ende geführt, denn das Blatt der Unternehmensgeschichte hatte sich letztlich doch gewendet. Bayer schickte sich an, den lästigen Wettbewerber mit dem konfiszierten Kreuz zu kaufen. Jahrzehntelang war das nicht möglich gewesen. Dann aber wurde die Pharma-Firma Sterling Drug krank, verschuldete sich hoch, und die Muttergesellschaft Eastman Kodak hatte die rechte Lust an dieser Tochter verloren. Eastman Kodak, der US-Fotogigant, wollte Sterling versilbern, um sich auf das ureigenste Geschäft konzentrieren zu können.

Sterling Drug machte damals einen Jahresumsatz von ca. zwei Milliarden Dollar. Weil die Firma nicht gerade proper dastand, dürfte sie auch nicht mehr wert gewesen sein. Weil aber jeder Branchenkenner in den USA wusste, dass Bayer so erpicht auf den Rückerwerb seines Kreuzes war, wurde ein deutlich höherer Preis verlangt und mit mehr als fünf Milliarden Dollar auch bezahlt. Der drückende Kaufpreis wurde leichter erträglich, weil Bayer gleichzeitig mit der französischen Elf-Sanofi ins Geschäft kam. Elf-Sanofi wollte die europäischen Aktivitäten von Sterling Drug übernehmen, Bayer ausschließlich die amerikanischen. So konnte Bayer 1994 das Bayer-Kreuz plus Aspirin in der neuen Welt zurückerwerben. Damit wuchs auch für Bayer nach 75 Jahren zusammen, was zusammen gehört. – Dormann: *„Aber wenn Leute immer nur rückwärts gerichtet sind, nur ans Bayer-Kreuz denken, und dann die Position von Bayer in der Pharma schlussendlich von einst Nr. 3 auf Platz 20 in der Weltrangliste zurückfällt, dann stimmt da etwas nicht“.*

9.9 Reinhard Traub: Der Fall quält mich noch heute

Die Verramschung des Kunststoff-Geschäfts und ein blamabler Börsengang in Südafrika

Mir liegt das Unternehmen Hoechst genauso sehr am Herzen wie sehr vielen anderen, ich habe Hoechst viel zu verdanken. Auch möchte ich versuchen, jegliche Emotionen, die da fraglos immer noch eine Rolle spielen, in Grenzen zu halten. Dazu ist mittlerweile der

Abstand groß genug. Gleichermaßen geht es mir überhaupt nicht um irgendwelche Abrechnungen. Ich möchte an den Fakten des „Falles Hoechst" mitwirken, der mich immer noch quält und möchte helfen bei der Aufklärung der ungeheuerlichen Vorgänge, die zum Untergang von Hoechst führten.

Im Jahr 1989 wurde ich Leiter der Hoechst Südafrika, eine der großen Hoechster Auslandsgesellschaften, im Range der ersten zehn. Diese Gesellschaft zeichnete sich aus durch eine sehr tiefe Produktionsintegration. Das war das Resultat einer viele Jahre dauernden sehr weitsichtigen Politik des Hoechster Vorstands. Auch bedingt natürlich durch die Isolation Südafrikas, Stichwort Apartheid, war es angebracht, dort Produktionsstätten aufzubauen, damit sich das Geschäft eigenständig aus sich selbst heraus entwickeln konnte. Das hatte Hoechst exzellent zu Wege gebracht, dem Wettbewerb weit voraus. Vorstand Metz hatte diese Entwicklung gezielt vorangetrieben, dabei auch die richtigen Geschäftspartner im Lande gefunden. Im Kunststoffbereich wurde mit einem Partner zusammengearbeitet, und diese Partnerschaft war eine der dauerhaftesten, die Hoechst weltweit hatte.

Eigentlich geht diese Geschichte des Südafrika-Geschäftes auf Prof. Winnacker zurück. Winnacker war derjenige, der gesagt hat: Wir wollen uns in Südafrika stark engagieren. Winnacker war auch der Erste, der erkannt hatte, dass wir eine lokale Fasernproduktion benötigen. Daraufhin wurde bei Kapstadt eine Polyesterfaserfabrik errichtet, um den Markt von dort zu bedienen. Und Metz, als er die Gebietsverantwortung übernahm, hat das Geschäft dann stark und systematisch ausgebaut: Anlagen für Kunststoffe und Chemikalien kamen dazu, dann Pharmazeutika, Folien und anderes. Man muss Metz bescheinigen und ihm zuerkennen: Er hat sich nie durch politische Kritik an dem Engagement von Hoechst in Südafrika verunsichern lassen. Wir haben immer dazu gestanden. Es gab auch intern nie einen Zweifel an dieser Strategie.

Damals, in der Zeit der Apartheid, haben viele Firmen in Südafrika die Segel gestrichen, insbesondere die amerikanischen haben ihre Anteile verkauft, teilweise an Strohmänner, um sie dann später wieder von diesen zurückzukaufen. Metz hatte der Gesellschaft in Hoechst den Rücken freigehalten in dieser Zeit, in der wegen Apartheid alle ausländischen Firmen angegiftet wurden.

Eine kleine Story am Rande: Als einmal hoher Besuch im Lande war, fuhren wir – das war so üblich, wenn das Wochenende nahte – in den Busch. Diesmal wollten wir es besonders gut machen, sind weit weggeflogen mit einem Sportflugzeug und fuhren dann durch die Wildnis in einem Landrover. Irgendwann kam einer von uns auf eine extravagante Idee. Da war ein Fluss, ein ziemlich großer Fluss, der Kobe River, der später in den Sambesi mündet. Kann man da nicht auch mit dem Boot fahren? Gut, das kann man hier machen. Hier gibt es Boote. Wir haben uns also ein Boot gemietet, das war fast wie eine Schüssel aus Aluminium, ganz flach, es standen auch Stühle auf diesem Boot. Mit diesem Boot sind wir dann, wir waren zu viert, auf dem Fluss spazieren gefahren.

Dann aber ging es los. Ein Schwarzer, einer dieser Safari-Führer, lenkte dieses Boot. Plötzlich tauchte vor uns ein Nilpferd aus dem Wasser auf. Das hatte gerade den Kopf wenige Zentimeter außer Wasser, da fuhr unser Kapitän mit voller Wucht auf und über das Flusspferd hinweg. Rechts war das Ufer, da sah man Krokodile liegen, in Lauerstellung.

Das ist eine echte Story, das ist wirklich wahr. Ich dachte, jetzt ist nicht nur meine Karriere vorbei ein für alle Mal, sondern auch mein Leben. Wir sind dem Hippo schließlich doch entkommen, obwohl das Boot wie wild schaukelte. Es war ganz knapp am Kentern. Wir wollten uns dann an Land begeben, verständlicherweise. Nun hatten die Elefanten die unangenehme Angewohnheit, an dieser seichten Stelle der Kobe den Fluss zu durchqueren. Sie marschierten unter Wasser, den Rüssel oben herausgereckt wie ein Periskop, um atmen zu können. Zu sehen waren sie nicht.

Wir sind an das Ufer gefahren, ein Sandufer, um auszusteigen, und genau in dem Moment tauchte der Elefant auf. Er kam noch unter Wasser auf diese Böschung zu, stieg hoch, und wir erschraken. Keine fünf Meter von dem Boot entfernt, es lag dann schon mit dem Bug vorne auf der Sandbank, kam dieser Elefant aus dem Wasser hoch, starrte uns an, er war genauso überrascht wie wir, die Ohren hoch und flatternd, und fing an zu trompeten und wild mit den Vorderfüßen zu stampfen. Ich dachte, jetzt ist endgültig alles vorbei. Aber auch das haben wir überstanden; das Tier hatte ein Einsehen mit uns und zog sich zurück. – So weit diese kleine Arabeske.

Schon vor meiner Zeit gab es Ausbildungsaktivitäten für hauptsächlich schwarze Mitarbeiter. Das hatte einer meiner Vorgänger begonnen, eine Lehrlingsausbildung nach deutschem Muster in Zusammenarbeit mit der dortigen deutschen Handelskammer. In meiner Zeit haben wir diese Ausbildung ausgebaut und verbreitert in ein Programm, genannt YES (Young Enterprise School). Wir hatten da zeitweise bis zu 100 junge Berufsanfänger, auch solche mit weitereichenden Ambitionen, die über diesen Weg auf ihre berufliche oder sogar selbstständige Tätigkeit quasi als Kleinunternehmer vorbereitet wurden. Dieses Engagement hat mich ganz besonders gefangen und erfüllt. Diesen jungen Menschen eine Lebensperspektive zu geben, Menschen, denen man im Lande fast nur mit Vorurteilen gegenüberstand, denen kaum irgendwo die Chance einer vernünftigen Ausbildung geboten wurde, denen man deutlich anmerkte, was ihnen fehlte, die enormen Defizite in ihrem Aufbau und Werdegang, vor allem an menschlichem Hintergrund. Ziel war, diese jungen Menschen allmählich über eine ganze Reihe von Programmen an eine Tätigkeit in einem Industriebetrieb oder sogar an eine selbstständige Tätigkeit heranzuführen. In der Tat haben es einige davon weit gebracht. Zum Beispiel wurde einer Verkaufsleiter im Kunststoffbereich, andere machten sich selbstständig. Eine außergewöhnlich erfolgreiche Geschichte, die mich persönlich sehr erfüllt hat.

Daneben natürlich die ganze geschäftliche Entwicklung – Hoechst hat in Südafrika zu dieser Zeit massiv in die großen Arbeitsgebiete investiert, in denen wir weltweit führend waren, wie Kunststoffe, Fasern (zurückgehend auf die Aktivität von Winnacker). Es wurde akquiriert, indem ein lokaler Fasernhersteller übernommen und ausgebaut wurde, dazu kam die eigene Polyester-Rohstoffversorgung. Dann wurde ein großer lokaler Pharmahersteller übernommen und umgehend integriert. Dieser Teil agiert noch heute erfolgreich als Kern von Sanofi-Aventis. Ebenso wurde sehr stark in die Produktion von Folien investiert. In diesem Arbeitsgebiet waren wir mit großem Abstand Marktführer. Es war eine beruflich sehr erfolgreiche und für mich persönlich außerordentlich erfüllende Zeit.

Als sich Hoechst in der Zentrale dann selbst zerlegte und schließlich zerschlagen wurde, wurde auch die Südafrika-Tochter aufgeteilt, im Prinzip nach dem gleichen Muster: Pharma ging zu Aventis, die Chemikalien größtenteils zu Clariant, und das Kunststoffgeschäft wurde an Dow abgegeben. Andere Aktivitäten wurden verkauft, immer nach dem Motto: Je schneller, desto besser.

Der 50 %-Anteil am südafrikanischen Kunststoffgeschäft wurde an die US-Firma Dow verkauft. Diese hatte kurz zuvor unseren Partner, die Firma Sentrachem, übernommen und war damit Eigner von deren 50 %igem Anteil am Kunststoff JV geworden. Nun galt es, den nutzlos gewordenen lästigen Hoechster Anteil abzustoßen und zu überlegen, wie das bewerkstelligt werden sollte. Es lag zwar in meinem Verantwortungsbereich, aber ich wurde in die Verkaufsverhandlungen nicht einbezogen. Jedenfalls wurde dieser 50 %ige Anteil zu einem Preis verkauft, zu dem ich mich nie bereit erklärt hätte.

Ich war 1997/98 als Leiter Polyolefine weltweit verantwortlich für den gesamten Verkauf dieser Kunststoffaktivitäten, ob Südafrika, Australien oder der beiden großen europäischen Aktivitäten. Der Verkauf des südafrikanischen Joint-Venture-Anteils wurde aber aus meinem Bereich herausgelöst und ohne meine Beteiligung in Amerika verhandelt. Ich vermute, dass ich dem im Wege stand. Die Verhandlungen wurden zunächst auf Vorstandsebene geführt, aber nicht von dem Vorstand Ernst Schadow, dem ich zugeordnet war. Der hatte, soweit ich weiß, direkt nichts damit zu tun. Zu dieser Zeit galt schon die Maxime: Hoechst muss sich so schnell wie möglich von dem Ballast der industriellen Aktivitäten trennen. Warum, war nicht klar, zumindest mir nicht, obwohl ich hoch genug in der Unternehmenshierarchie stand. Wir wussten nur: Diese Aktivitäten, die ein Hindernis darstellten auf dem Weg zu Life Science waren so schnell wie möglich aus dem Weg zu räumen. Erst später stellte sich heraus, warum das so war. Die Parität zu Rhône-Poulenc in der Unternehmensbewertung musste unbedingt hergestellt werden, diese magischen 50:50 im sogenannten „Merger of Equals". Denn die eigentlichen Wertansätze waren ja ganz anders. Das heißt, es mussten aus beiden Gesellschaften, hauptsächlich aber aus Hoechst, schnellstens Werte herausgelöst werden. Obwohl Hoechst viel größer und ertragsstärker war. Der angestrebte Merger of Equals durfte unter keinen Umständen behindert werden.

Die Firma, deren Anteile in Südafrika verkauft wurden, hieß Safripol. Dow und Hoechst hielten paritätische Anteile. Dieser Hoechster 50-Prozent-Anteil wurde meines Wissens für rund 63 Millionen Dollar verkauft. Er war allemal doppelt so viel wert, wenn man normale Bewertungsmaßstäbe angelegt hätte. Die aber wurden überhaupt nicht angewandt. Irgendwo in New York, angeblich in einer Bar, hatte man sich auf Finanzebene getroffen, ein Dow-Mensch und ein Hoechst-Mensch. Die haben sich schnell verständigt. Hoechst war in großer Eile, das wusste Dow; damit war die Sache gelaufen. Das war Hoechst der Preis wert, denn Schnelligkeit ging zu diesem Zeitpunkt vor Sorgfalt. Man stand ja unter enormem Druck, diesen ganzen Ballast so schnell wie möglich loszuwerden.

Das war also eine meiner persönlichen Erfahrungen, wie mit dem Vermögen von Hoechst umgegangen wurde. Es sind zumindest für meine Verhältnisse riesige Werte, die nicht realisiert wurden. Mit etwas mehr Zeit hätten nach meiner Einschätzung mindestens 60 Millionen mehr in diesem Einzelfall in Südafrika erlöst werden können. Und das ist nur ein Fall aus Südafrika, nur einer.

Ich komme jetzt auf einen der anderen Höhepunkte zu sprechen, die ich dort erlebte: Südafrika war die einzige Tochtergesellschaft im weltweiten Hoechster-Verbund, die 1995 an die Börse gebracht wurde, zunächst 25 Prozent. Ein ganz einmaliger Vorgang. In einem weiteren späteren Schritt sollten dann bis zu insgesamt 49 % platziert werden. Wenig später wurden die Aktien dann mit Verlusten von Hoechst zurückgekauft. Denn als bekannt wurde, dass Hoechst, die Muttergesellschaft, sich von allen Nicht-Pharmaaktivitäten, also Chemiefasern, Folien, Chemikalien, Kunststoffen, exakt den Kernarbeitsgebieten neben Pharma, in Südafrika trennen wollte, hatte das natürlich Auswirkungen auf den Aktienkurs der dort an der Börse befindlichen Hoechst Südafrika. Der ging in den Keller, und zwar gewaltig. Hoechst sah sich aber verpflichtet, diese 25 Prozent notgedrungen zurückzukaufen und das Unternehmen von der Börse zu nehmen und zahlte die Differenz zu dem ursprünglichen Ausgabekurs an die Aktionäre fairerweise zurück. Die zweite Tranche bis auf 49 Prozent konnte gerade noch rechtzeitig gestoppt werden.

Was ich damit zum Ausdruck bringen wollte: Wir waren gehalten, die Gesellschaft schnell an die Börse zu bringen. Das geschah 1995. Südafrika war im Umbruch. Das Ende der weißen Vorherrschaft stand kurz bevor, und damit der Übergang von der weißen auf eine schwarze Regierung. Da waren gewisse Befürchtungen: Geht das gut, wie läuft die Wirtschaft in Zukunft, können neue politische Risiken entstehen usw.? Es lag nahe, nach Wegen der Risikobegrenzung zu suchen. Aber es war für die Firma auch aus geschäftspolitischer und unternehmerischer Sicht ein sehr guter Schritt und auch für mich persönlich ein außerordentlich befriedigendes und aufregendes Erlebnis. Wem bietet sich schon die Chance, den Börsengang einer Gesellschaft vorzubereiten und durchzuführen. Wir bekamen dadurch Zugang zum Kapitalmarkt und mussten uns gleichermaßen den Anforderungen des Marktes stellen. Mir ist heute noch der Klang der Glocke im Ohr, als am 12.07.1995 zur Eröffnung des Handels mit der Hoechst SA-Aktie geläutet wurde. Ich war mit meinem Freund und Kollegen Edmund Wagner, Finanzdirektor, als Ehrengast auf dem Parkett der Johannesburger Börse.

Leider sollte sich herausstellen, dass dieser Börsengang katastrophale Folgen für das Image von Hoechst nach sich zog: 1995, zu einem Zeitpunkt, wo die grundlegende strategische Neuausrichtung des Unternehmens zwar noch nicht in der Öffentlichkeit bekannt, aber ganz sicher im Vorstand diskutiert, geplant, wenn nicht gar in den Grundzügen beschlossen war, hätte man unter keinen Umständen das Wagnis dieser Börsennotierung eingehen dürfen. Oder sollte dieser Überblick – über diesen relativ kurzen Zeitraum – gar nicht vorhanden gewesen sein? In Bezug auf ein Weltunternehmen wie Hoechst und seinen Vorstand ein fast unvorstellbarer Gedanke! Schließlich war der Vorstand alleine und ausschließlich für die Strategie und Planung verantwortlich. Auf alle Fälle haben uns der unselige Börsengang und die spätere Rücknahme viel Kritik und hämische Kommentare eingetragen. Neben dem strategischen Unsinn war es ein weiteres Dormann'sches Verlustgeschäft.

Ich will noch ein Beispiel nennen, wo ich – vor Scham – am liebsten meinen Hut genommen hätte. Ich wurde 1996 nach Hoechst zurückberufen, um die weltweite Leitung der beiden Haupt-Kunststoffaktivitäten Polyethylen und Polypropylen zu übernehmen.

Zunächst sollte ich Joint Ventures gründen und die beiden Geschäfte dort einbringen, weil es dem Geschäft dann angeblich besser ginge, aus irgendwelchen Gründen. Mitten in den Joint-Venture-Verhandlungen – wir haben mit mehreren möglichen Partnern verhandelt – hörte ich plötzlich von außerhalb, dass Hoechst gar keine Joint Ventures eingehen, sondern das Geschäft gänzlich verkaufen möchte. Damals war die Frankfurter Zentrale von externen Beratern überschwemmt. Es gab fast mehr Consultants als Manager. Da waren McKinsey, J. P. Morgan, Morgan-Stanley und einige andere. Hoechst war das Eldorado der Berater. Von unserem Management haben wir in dieser Zeit selten etwas Konkretes über die Unternehmensstrategie gehört. Die externen Berater jedoch wussten Bescheid.

Zu diesem Zeitpunkt hatten wir ernsthaft mit BP über ein Joint Venture verhandelt. Und schließlich hörte ich von meinem Pendant bei BP, dem Verhandlungspartner, der mich an einem Freitagabend anrief und mir die überraschende Neuigkeit verkündete: Hoechst möchte kein Joint Venture, sondern das Geschäft komplett verkaufen. Ich hatte mit BP aufrichtig über ein Joint Venture verhandelt, und dann klärte mich BP, der Wettbewerber, über die wahren Absichten von Hoechst auf. Darauf habe ich geantwortet, mein Auftrag sei, ein Joint Venture mit BP zu machen, woher er diese Neuigkeit habe. Er sagte daraufhin wörtlich: „Es gibt zwar diese sogenannten Chinese Walls innerhalb dieser Consultingfirmen, wodurch die unbefugte Weitergabe vertraulicher Kundeninformationen innerhalb der Beraterorganisation verhindert werden soll, aber es ist da wohl trotzdem etwas durchgesickert."

Anscheinend hatte ein Berater dem anderen die wahre Strategie des Unternehmens erzählt: Hoechst will sich auf Life Science konzentrieren, alle anderen Aktivitäten sollen abgestoßen werden. Meine Joint-Venture-Bemühungen seien nur Geplänkel, nur Augenwischerei. Nimm diesen Mann (mich) nicht so ernst, über den Verkauf wird dann letztlich auf anderer Ebene entschieden. Man kann sich vorstellen, wie da meine Stimmung gefallen ist. Im Übrigen führten die Verhandlungen mit BP zu keinem Ergebnis. BP glaubte, aus dem Zeitdruck Kapital schlagen zu können, was aber verhindert werden konnte, und das war gut so.

Es folgte der nächste Fall, der das erfolgreiche Polyethylen-Geschäft betraf. Die JV bzw. späteren Verkaufsverhandlungen liefen alle parallel; wir haben mit einer ganzen Reihe von anderen Gesellschaften, darunter wie erwähnt auch mit BP, mit amerikanischen Gesellschaften, mit der südafrikanischen Sasol gesprochen, alles fast gleichzeitig. Schließlich haben sich die Verhandlungen glücklicherweise auf die BASF konzentriert, und es kam 1998/99 zu einem Verkauf des Geschäftes an ein Joint Venture zwischen BASF und Shell, namens Elenac. Das alles zog sich lange hin. Der Druck aus dem Hause wurde immer größer, denn die Pharma-Fusion mit Rhône-Poulenc stand bevor. Man musste die Industrie-Aktivitäten loswerden. Schließlich haben wir uns mit der BASF über den Verkauf geeinigt; auch das geschah letztlich auf Vorstandsebene. Ich bin überzeugt, dass wir auch diesmal deutlich unter Wert verkauft haben, und zwar weniger das operative Geschäft als den Technologieanteil, der dahinter steckt. Dieser Technologieanteil war schon seit vielen Jahren vermarktet worden, d. h. die Nutzung dieser Technologie wurde weltweit an Wettbewerber lizenziert, die dafür Lizenzgebühren an Hoechst bezahlt haben. Es war eine von

Hoechst entwickelte weltweit führende innovative Technologie in der Herstellung dieser Kunststoffklasse.

Nun ist es ein relativ komplexer Vorgang, ein derartiges Technologiegeschäft zu bewerten und dies dann einem potenziellen Käufer so zu vermitteln, dass dieser überzeugt ist, er kauft etwas mit einem kalkulierbaren Rückfluss. Das gelingt nicht so ohne Weiteres am grünen Tisch, da muss intensive Überzeugungsarbeit geleistet werden. Vor allem müssen es Fachleute sein, die den Wert dieser Technologie und seine Zukunftsaussichten beurteilen können. Das ist in diesen Verhandlungen aus Zeitgründen leider nicht so geschehen, wie es hätte sein können und ging aufgrund des Drucks, der entstanden war, unter. Diese Zeitnot war zwischenzeitlich allseits bekannt und wurde weidlich ausgenutzt, zum Nachteil für Hoechst.

Der Gesamtwert des Geschäftes wurde schließlich mit ungefähr 1,2 Milliarden DM veranschlagt. Darin waren sowohl das operative Geschäft als auch das Lizenz-Technologiegeschäft enthalten, wobei das letztere bei Weitem nicht angemessen berücksichtigt worden war. Warum ich mir in der unzureichenden Wertfindung so sicher bin, hat folgenden Grund: Dieses Geschäft avancierte in der späteren Nachfolgegesellschaft zum mutmaßlich profitabelsten Einzelsegment in deren gesamtem Kunststoffbereich. Das in Hoechst so oft geschmähte Polyethylen-Geschäft war auch vor dem Verkauf ein zwar zyklisches, aber über die Jahre hoch profitables, sehr gesundes und ertragreiches Geschäft, woran mein Vorgänger Dieter Cron und andere vor ihm großen Anteil hatten. 1998 war das Geschäft in prächtiger Verfassung: Kapital- und Umsatzrendite lagen in der Spitze der Industrie. Beim Verkauf wurden rund 1,2 Milliarden DM sowie einige zeitverschobene Zuschläge erlöst. Aus meiner Sicht hätte jedoch ein Wert von 1,5–2,0 Milliarden DM erzielt werden können. Das wäre erreichbar gewesen, hätten wir genügend Zeit gehabt, vielleicht andere Partner oder andere Wege zu finden. Wenn schon der Vorstand – zumindest einer davon – der Meinung war, dass das Heil des Unternehmens nur im Pharmabereich mit einem Partner zusammen zu suchen sei, warum dann den Rest des Unternehmens, den weit größeren Teil, einfach in Hast und Eile abstoßen, quasi entsorgen, verschleudern, in einem Prozess, in dem gigantische Werte vernichtet wurden, anstatt systematisch und Wert erhaltend eine sinnvolle Abspaltung zu betreiben?!

Angesichts dessen, was sich in den umliegenden Bereichen des Unternehmens zu dieser Zeit ereignete, wurde allmählich sichtbar, wohin die Reise geht. Aber ich kann mich an keinerlei Informationsveranstaltung oder Versammlung der Führungskräfte erinnern, wo der Vorstandsvorsitzende oder ein anderer den aktuellen Stand der Strategieüberlegungen erläuterte, d. h. den Weg in ein Life Science- oder ein reines Pharma-Konzept und die Gründe dafür sowie die Konsequenzen aufzeigte. Das ist in dieser Zeit nicht passiert. Man hat seine Informationen bezogen, je nachdem, wie nahe man den Vorständen war. Ich habe damals an Ernst Schadow berichtet, der mich, soweit er das konnte, einbezogen hat. Oder wir haben uns das Geschehen im Konzern aus Beobachtungen und Einzelinformationen einfach selbst zusammengereimt, Schritt für Schritt, über das Spektrum vom integrierten Life Science Gebilde inkl. Pharma, Agro, Tiergesundheit bis hin zum reinen Pharma-Konzept und dem sogenannten „Merger of Equals“ mit einem drittklassigen Partner.

Und dies alles, obwohl Dormann in der Stunde Null seiner Amtszeit sehr stark betont hatte, dass er Kommunikation für besonders wichtig hält. Er wurde als der große Kommunikator gerade auch vom Kommunikationsdirektor Nusch so hingestellt. Entrosten – entfrosten, und damit gemeint: offener, transparenter sein, kommunizieren. Das Gegenteil davon ist praktiziert worden. Sein Vorgänger hatte kaum seinen Platz geräumt, da verkündete Dormann vor den im Hörsaal in D 706 versammelten Führungskräften, die Hoechster sollten wieder (!) stolz sein können auf ihr Unternehmen. Das war ein sehr plumper, ziemlich unfeiner Hieb auf Hilger. Aber er ging vollends ins Leere.

Es gibt ein schönes Beispiel aus der Politik: Der englische Premierminister Blair war der große Spin-Doktor in England: Die Art und Weise, wie er die öffentliche Meinung beeinflusst hat, war jenseits aller Realität. Dormann war aus meiner Sicht der erste große Meister der Spin-Doktor-Zunft in der deutschen Industriegeschichte. Er hat das Fach meisterhaft verstanden. Wir waren stets im Glauben, er ist der große Denker, er weiß alles, hat alles im Griff, überblickt alles, hat eine tragfähige Zukunftsvision und Strategie für das Unternehmen. Es dauerte eine Zeit lang, bis uns dämmerte, dass das Gegenteil der Fall war. Dormann wurde überrollt von dem, was irgendwie aus irgendwelchen Ecken auf ihn zukam, vielleicht auch ausgehend von Aktivitäten, die er irgendwann einmal selbst angestoßen hatte, jedoch ohne den großen Masterplan, an den wir lange geglaubt hatten – den gab es nicht. Was Dormann tat, war im Grunde immer wieder nur, mit einem neuen Problem, das sich aus einem alten abgeleitet hatte, fertig zu werden und Schadensbegrenzung zu betreiben. Im Grunde war er kein Treiber, sondern ein Getriebener, kein Jäger, sondern ein Gejagter.

Gegen Ende der Hilger-Ära war eine interessante Situation entstanden. Hilger hatte gegen den Widerstand von vielen im Unternehmen, auch im Vorstand, eine Business Unit-Organisation eingeführt. Das war 1990 gewesen. Die Implementierungsphase folgte 1991/1992. Das hatte unerhörte Kräfte freigesetzt im Unternehmen. Leider hat Dormann diesen Kurs nicht konsequent weitergeführt, um die Verselbstständigung der Business Units weiter voranzutreiben. Die ganze Welt hatte uns um diese Organisation beneidet. Wir hatten diese Organisationsform in Südafrika schon; mein Vorgänger Sigmar Bieber hatte sie bereits im Jahr 1988 eingeführt. Sie hat sich dort enorm bewährt. Ich bin sicher, dass diese Erfahrung in gewisser Weise in die neue Konzernorganisation miteingeflossen ist. Denn ich wurde immer wieder darüber befragt. Leider wurde aber der Prozess nicht konsequent weitergeführt, um so die einzelnen Geschäftsbereiche erst einmal transparenter, eigenverantwortliche, zu machen. Die Entwicklung blieb stecken, obwohl der von Dormann entwickelte SMP-Prozess, Strategischer Management-Prozess, im Ansatz klug war. Wenn man diese beiden Unterfangen, den SMP sowie die Weiterentwicklung der Business Unit-Organisation, konsequent weitergeführt hätte, auch mit den sich dann in erster Linie für die sogenannten Zentralabteilungen zwangsläufig ergebenden Konsequenzen, hätte man sehr schnell erkannt, welche Geschäftsbereiche zukunftsträchtig sind und Überlebenschancen haben und welche nicht.

Hier sollte eingeflochten werden: Hilger hat die Business Units im operativen Bereich geschaffen. Er hat es aber versäumt, ebenfalls in den Service-Strukturen eine Anpassung vorzunehmen. Eine gravierende Schwäche im alten Hoechst-System lag in der Kostenstellen- und Kostenträgerrechnung. Dormann, obwohl er eigentlich schon zu Hilgers Zeiten als Finanzvorstand dafür zuständig war, hat es weder in der Ära Hilger noch später als Vorstandsvorsitzender angepackt. In manchen Geschäftsbereichen konnte man aufgrund der extrem hohen Gemeinkosten weniger als die Hälfte seiner Kosten selbst beeinflussen. Wie kann man einen Geschäftsbereichsleiter und einen Business Unit-Leiter für sein Ergebnis zur Rechenschaft ziehen, für ein Ergebnis, das er kaum zur Hälfte selber beeinflussen konnte?

Dormann kannte ich nicht besonders gut, aber ich bin ihm immer wieder begegnet, zuerst, als er noch Leiter der ZDA, der Zentralen Direktionsabteilung, war. Er hat mich damals in die ZDA geholt. Es war für mich eine sehr lehrreiche Zeit, auch eine Art Schaulaufen, das im Zuge der Laufbahn absolviert werden musste. Später, in meiner Südafrika-Zeit, hatten wir hin und wieder Kontakt. Ich musste meine Investitionspläne in Hoechst vorstellen und Zustimmung erwirken. Die Auslandsgesellschaften im Hoechster Verbund waren sehr autark. Das war eines der großen Verdienste des Hoechster Vorstands, dass man selbstständiges Handeln im unternehmerischen Sinn zugelassen, ja gefördert hat. Wir waren in Südafrika weitgehend eigenständig, konnten Programme und Strategien selbst entwickeln und unser Geschäft vorwiegend nach eigenem Ermessen gestalten, sofern wir das in Hoechst überzeugend darstellen konnten. Dabei ging es hauptsächlich um Investitionsmittel, die zentral genehmigt werden mussten. Da wir sehr stark investiert haben, war ich oft in Hoechst. Dormann hat mir gegenüber nie eine konkrete Meinung zu vorliegenden Projekten geäußert, hat sich eigentlich nie erklärt oder gar festgelegt. Ich habe ihm Projektunterlagen oder Papiere zugeschickt, auch vorher und danach mit ihm geredet, aber er hat zumindest mir gegenüber nie seine Meinung oder Position deutlich gemacht. Die Projekte durchliefen dann die Ausschüsse und Gutachtergremien und alle möglichen anderen Phasen des Genehmigungsprozesses. Aber Dormann hat in meiner Gegenwart nie dezidiert und konkret eine Meinung dazu geäußert.

Welche Schlüsse, wenn überhaupt, kann ein Beobachter und zu einem gewissen Ausmaß auch Teilnehmer aus den Vorgängen im Hoechst-Konzern in den Jahren 1997–1999 ziehen? Vieles an den Hintergründen dieses in der deutschen Industriegeschichte einmaligen Vorganges ist für mich im Dunkeln geblieben. Ein Weltunternehmen der Chemie, unter den ersten echt globalen Unternehmen überhaupt, führend in vielen Technologien und Produkten, mit hohen Marktanteilen in allen großen Märkten, kompetenten und motivierten Mitarbeitern und hoch geachtet in aller Welt, hat sich, ohne erkennbare Not, selbst zerlegt. Warum? Eines ist sicher: Die Zielsetzung der Dormann'schen Fusionsstrategie, an den Pharma-Absatz- und den Kapitalmärkten in die Positionen 1 bis 3 aufzusteigen, wurde um Meilen verfehlt. Selbst die heutige Sanofi-Aventis, das Endergebnis aller Machenschaften, spielt nicht in der Spitze der Pharma-Liga. Und Bayer, der viel gescholtene Mischkonzern, hat heute ein besseres Kurs-Gewinn-Verhältnis als Sanofi-Aventis. Der Traum Dormanns vom Pharma-Champion konnte nicht bitterer scheitern. Leider ging Hoechst darüber zugrunde.

Ganz besonders bitter ist dabei die Erkenntnis, dass die beiden anderen großen deutschen Chemiegesellschaften, BASF und Bayer, weitaus kompetenter agierten und im Nachhinein Hoechst eine Lektion in strategischer Weitsicht erteilt haben. Beide wollten ungeliebte Sparten abspalten: BASF und Shell die zyklischen Polyolefine (Kunststoffe), Bayer einige margenschwache Chemikalien und Polymere, also eine Situation durchaus vergleichbar, wenn nicht gar identisch mit Hoechst zu jener Zeit. Beide wählten nicht den scheinbar leichten Weg des Verkaufs in Hast und Eile wie Hoechst, sondern planten die Abspaltungen langfristig und bereiteten sie sorgfältig vor. Heute florieren diese beiden neuen Einheiten, befreit von den Fesseln und vor allem den Overhead-Belastungen der Mutter, sei es Lanxess als großes börsennotiertes Unternehmen oder Basell im Privatbesitz. Obwohl auch bei Hoechst ein riesiges Potenzial zur Kostensenkung und Effizienzsteigerung brachlag: Mir ist nicht bekannt, dass ein ähnlicher Weg auch nur als Option ernsthaft untersucht wurde. Stattdessen ließ man sich auf eine minderwertige Pharma-Fusion ein, die Hoechst das Leben kostete.

Hoechst, das Unternehmen, blieb auf der Strecke. Menschen – Mitarbeitern, auch Kunden – wurde die Treue gekündigt. Allerdings sind die Aktionäre bei alledem nicht schlecht gefahren. Sonst hätten sie gewiss etwas dagegen unternommen. Ich sehe es so: Der Aktienkurs hat davon profitiert, dass die Aktionäre immer wussten oder vermuten konnten, da tut sich etwas, da wird etwas Neues geschehen, und davon haben sie sich ein Schnäppchen erwartet. So einfach sehe ich die Dinge. Der Aktienkurs wird, wie wir alle wissen, zum kleineren Teil durch rationale Vorgänge beeinflusst. Hier wurde erwartet, da kommt eine neue Fusion, da kommt ein neuer Käufer, und es kann alles nur noch attraktiver für uns werden. Diese Erwartungen haben den Aktienkurs hochgetrieben, Hoechst aber ist untergegangen.

Das Juwel Hostalen – verstoßen, verhökert!

Die Geschichte der Menschheit ist ganz wesentlich geprägt von den Werkstoffen, die den Menschen zur Verfügung standen oder die sie selbst entwickeln konnten. Beispiele aus der Frühzeit sind der Faustkeil aus Stein, einfache Metalllegierungen, Heilmittel und Farben aus Mineralien und Pflanzen. Die Rohstoffe waren unbegrenzt, und wo diese Technologien beherrscht wurden, entstanden blühende Gemeinwesen, die, weil den anderen überlegen, sich erfolgreich entwickeln konnten. Sie genossen einen entscheidenden Konkurrenzvorteil.

Die Errungenschaften späterer Epochen, z. B. das Rad, der Wagen, Metalle, Anfänge der Wissenschaften wie Chemie und Physik, brachten ihren Erfindern Macht und Reichtum. Alle großen und erfolgreichen Weltreiche in der Geschichte, von der Antike bis in die Neuzeit, bauten auf dieser Grundlage auf. Die Fähigkeit, vorhandene Rohstoffe mit möglichst hoher Wertschöpfung zu veredeln, war stets der Schlüssel zum Erfolg, sei es als Entwicklung überlegener Waffentechnik der Römer aufgrund innovativer Metalllegierungen oder die konsequente Nutzung von heimischen oder importierten Rohstoffen wie Kohle, Stahl, Wolle oder Naturfasern in Verbindung mit dem rasanten Fortschritt der Wissenschaften zu Beginn des Industriezeitalters. Neue Weltreiche entstanden auf dieser Basis, zum Beispiel das britische Weltreich, das größte in der Geschichte der Menschheit. Die imperialen Weltstars dieser Zeit waren Stahl, Gewebe, Gewürze und Luxusartikel, wie Tee und Kaffee.

Wie ihre Vorgänger in der Antike haben diese Produkte die Welt entscheidend verändert. Es sollten rund 200 weitere Jahre vergehen, bis der Menschheit ein neuer und vielleicht der größte Wurf in der Innovationsgeschichte der Werkstoffe glückte: die Erfindung der Kunststoffe.

Als sich rund 10 Jahre nach Kriegsende in Deutschland zaghaft Optimismus und Lebensfreude ausbreiteten, da versetzte ein Phänomen die wiedergeborene Nation in Stimmung und Schwingung: Der Hula-Hoop-Reifen. Er wurde gefertigt aus einem neuen phänomenalen Kunststoff, genannt Niederdruck-Polyethylen. Dieser Werkstoff hatte seinen Ursprung in Forschungen während der Zwanzigerjahre in Deutschland, wurde aber erst durch die Entdeckung des Ziegler-Polymerisationsprozesses in 1953 industriell nutzbar. Hoechst sicherte sich die Rechte und entwickelte den Prozess und das Produkt zur industriellen Reife. Unter dem Namen Hostalen sollte es zu Weltruhm gelangen.

Neben Hoechster Pharma-Weltstars wie Novalgin, Rastinon, Lasix und anderen globalen Größen wie Trevira avancierte Hostalen, im Grunde ein biederes Chemieprodukt, zu einem Haushaltsschlager erster Klasse und läutete den weltweiten Siegeszug dieser Kunststoffgattung ein. Noch heute steht der Name Hostalen synonym für diese Gattung Kunststoffe in vielen Ländern der Welt, z. B. in Indien, als ein Werkstoff mit überragenden Eigenschaften und Einsatzmöglichkeiten. Er war dazu preiswert, meist gut verfügbar, leicht zu verarbeiten und konnte sich durch gezielte Forschung und Entwicklung kontinuierlich neue Anwendungen erschließen: in Verpackung, Haushalt, Behälter, Tanks und Fässer, Rohre für Trink- und Abwasser sowie Gas, Tragetaschen, Präzisionsartikel für medizinische und technische Anwendungen und vieles mehr.

Unter der Ägide einer strategisch weitsichtigen Hoechster Unternehmensführung und in Verbindung mit operativer Effizienz und brillantem Marketing wurde Hostalen systematisch weltweit eingeführt und durch innovative Forschung ständig verbessert. Nach den ersten Produktionsanlagen in Frankfurt (1955) und Oberhausen (1958) entstanden weitere Anlagen in Deutschland und Europa (Frankfurt 1968, Münchsmünster 1977, Spanien 1977, Knapsack 1980) sowie in der ganzen Welt, von Indien (1964) über Australien (1964), Südafrika (1972), USA (1980) bis Brasilien (1982). Im gleichen Zug wurde die Technologie konsequent verbessert, um Hostalen neue Anwendungen zu erschließen. Das Hostalen-Verfahren, der sog. STHD-Prozess, wurde an Dritthersteller lizenziert.

Weit seiner Zeit voraus, wurde Hostalen zu einem der ersten wahrhaft globalen Markenartikel von Hoechst nach dem Zweiten Weltkrieg und verhalf dem Unternehmen, abgesehen vom kommerziellen Erfolg, zu hohem Ansehen in der ganzen Welt.

Das Erfolgsrezept blieb über die Jahre stets das gleiche: unternehmerische Weitsicht, im Verbund mit operativer Effizienz, innovativer Forschung und Technologieentwicklung und herausragender Produktqualität. So erreichte Hostalen bis 1970 außergewöhnlich hohe Marktanteile: in West-Europa knapp 40 %, weltweit rund 16 %. Derartige Werte wurden seitdem nie wieder von irgendeinem Hersteller erreicht.

Um die Wende der Achtziger-, Anfang der Neunzigerjahre, setzte im Unternehmen Hoechst ein Sinneswandel ein. Ausgehend von den Finanzmärkten, war es in Mode gekommen, sog. „Diversifizierte Konglomerate“ wie Hoechst massiv zu kritisieren und infrage zu stellen. Neue Schlagwörter und Parolen wie „Konzentration auf Kerngeschäfte" und „Konzentration auf zukunftsträchtige Arbeitsgebiete", „weg von Commodities hin zu Spezialitäten" und dergleichen rückten plötzlich immer mehr in den Vordergrund. Hostalen geriet ins Visier und in den Ruf, ein zyklisches, rohstoffabhängiges Produkt mit alter Technologie zu sein, Zukunft ungewiss, ja sogar negativ.

Bei oberflächlicher Betrachtung mag dieser Schluss für manche nahe gelegen haben. Jedoch ergaben sich bei sorgfältiger und von Sachkenntnis geprägter Analyse völlig andere Erkenntnisse: Die Erfolgsfaktoren in der industriellen Chemie werden bestimmt durch Technologie, Märkte und Rohstoffe. Hoechst verfügte über exzellente Positionen in allen dreien: weltweite Technologieführerschaft, weltweite Marktführerschaft sowie solide und kostengünstige Rohstoffversorgung.

Die innovative Forschung und Technologie ermöglichten permanente Portfolioverbesserungen bis hin zu höherpreisigen Spezialitäten, deren Anteil – unerreicht von der Konkurrenz – bis 1998 auf 50 % gesteigert werden konnte. Das weltweite Netz von Hostalen war ebenfalls einmalig in der gesamten Industrie. Weltmarktanteile wie ehemals 16 % blieben für andere völlig unerreichbar. Selbst die Rohstoffversorgung, obwohl nicht im eigenen Haus, sondern zugekauft, war kostengünstig und langfristig abgesichert.

Dennoch setzte sich in Hoechst nach Ende der Ära Hilger 1994 die einseitig pessimistische Betrachtung nicht nur bei Kunststoffen durch, sondern gleichermaßen in den Bereichen der industriellen Chemie des Unternehmens. Der Vorstand hatte sich – einseitig und ohne erkennbare Not – auf eine Schiene festgelegt: Life Sciences, und dabei wurde im Stile eines Western-Pokers alles auf eine einzige Karte gesetzt. Leider stellte sich heraus, dass dies die falsche Karte war und zum Untergang von Hoechst führte.

Aber es gab in dieser Partie nicht nur Verlierer, nämlich das Unternehmen und die meisten seiner Mitarbeiter, sondern neben Hoechster Managern auch andere Gewinner, für die der Hoechster Irrweg zum Glücksfall wurde: der Wettbewerb.

Der enorme Wert und das Potenzial von Hostalen waren diesem nicht verborgen geblieben; schließlich begegnete man sich täglich im Markt. Jetzt, wo bekannt war, dass Hoechst schnell und fast bedingungslos aussteigen wollte oder musste, galt es, schnell zuzugreifen und dieses Prachtstück an Land zu ziehen.

Denn Hostalen war zu diesem Zeitpunkt (1998/99) – entgegen der Meinung der Unternehmensführung – in prächtiger Verfassung: Aufgrund massiver Rationalisierungs- und Organisationsmaßnahmen konnten die Herstellkosten seit 1995 um insgesamt über 20 % (21,5 %) gesenkt (davon alleine in der größten Anlage in Frankfurt um rund 35 %) und in diesem Zuge die Auslastung der Anlagen von 80 % auf 100 % gesteigert werden. In Folge stiegen die Kapitalrendite (von 17 % in 1994 auf 34 % in 1998) und die operative Umsatzrendite (von rund 6 % in 1994 auf rund 13 % in 1998) stark an.

Obwohl im Vorfeld der Konzernzerteilung das Hostalen-Überseegeschäft, immerhin rund 30 % vom Gesamtgeschäft, bereits ausgegliedert war, lag Hostalen damit im Ertrag in Europa nur knapp hinter den integrierten Ölkonzernen BP und Repsol auf Platz 3 und weltweit unter den ersten 10, weit vor den deutschen Wettbewerbern.

Hostalen wächst und gedeiht; es bleibt ein Werkstoff der Zukunft.

10. Die Fusion von Hoechst und Rhône-Poulenc zu Aventis

10.1 Dormann in verzweifelter Lage, aber immer obenauf

Wenn Hoechst stiften geht, hat das auch mit schlechtem Gewissen zu tun und dem Bedürfnis, die Politik etwas einwickeln zu müssen. Das war schon 1996 so gewesen, als die mit 100 Millionen DM dotierte Hoechst Foundation für Kunst, Kultur, Wissenschaft und Lehre ins Leben gerufen und kurz darauf der Verkauf der Feinchemie und deren Eingliederung in die schweizerische Clariant bekannt gegeben wurde. Im November 1998 kam es zu einem ähnlich gelagerten Fall. Hier ging es um eine Wahlkampfhilfe für Hans Eichel, der 1999 wieder Ministerpräsident werden wollte. Hoechst gründete mit der Hessischen Landesregierung die Future Capital AG, den damals größten deutschen Risikokapitalfonds für junge Pharmazie-, Biotechnologie- und Chemieunternehmen, dotiert mit 125 Millionen DM. Wenige Tage später wurde die Abspaltung der Celanese bekannt gemacht und die Fusion mit Rhône-Poulenc als das Nonplusultra dargestellt. 1999 gründete Hoechst mit 15 weiteren Instituten die Stiftungsinitiative der Deutschen Wirtschaft, welche die Hälfte des Kapitals der Stiftung „Erinnerung, Verantwortung und Zukunft" aufbrachte. Hauptaufgabe war hier die Entschädigung ehemaliger Zwangsarbeiter. Bei diesem Stiftungssegen kann es nicht wundern, dass Eichel für die folgende Abwanderung von Hoechst über den Rhein nur lobende Worte fand, obwohl das hessische Traditionsunternehmen damit letztlich über den Jordan ging.

Am 25. November 1998 gaben Hoechst und Rhône-Poulenc bekannt, dass sie Verhandlungen über eine Fusion ihrer Life Sciences-Aktivitäten verhandeln. Sie wollen innerhalb der nächsten drei Jahre vollständig fusionieren. Laut dem Vorstandschef von Rhône-Poulenc, Jean René Fourtou, hätten sich die beiden Gesellschaften auf

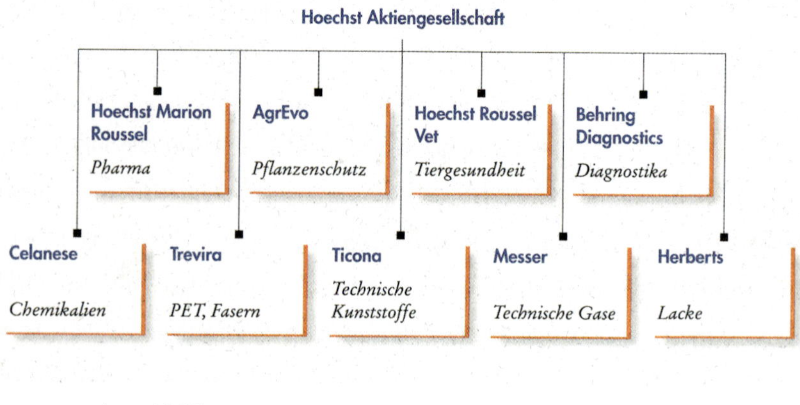

Konzernstruktur 1997

einen „Zusammenschluss unter Gleichen“ verpflichtet. Daher würden sich die Aufsichtsrats- und Vorstandsgremien bereits in der ersten Phase der Zusammenarbeit aus denselben Personen zusammensetzen. Der Aufsichtsrat der Hoechst AG werde mit dem Verwaltungsrat von Aventis identisch sein, war aus Straßburg zu hören, wo am 1. Dezember dazu die Pressekonferenz stattfand. Das Schönste für Jürgen Dormann war seine umgehende Bestellung als Vorstandsvorsitzender der Straßburger Neugründung Aventis. Das war der Köder für seine Einwilligung zur Abwanderung des Konzerns aus Frankfurt in die Pampa des Elsass. Dies war auch schon eine französische Finte, denn es sollte letztlich alles in Paris landen. Also auf zum Zwischenlager Straßburg-Schiltigheim. Nach der Gründung von Aventis soll die Hoechst AG in Aventis-Hoechst AG umfirmiert werden. Das konnte auch nicht lange halten.

Alle, die beide Firmen und deren Umfeld gut kannten, konnten anfangs nicht glauben, dass sich der Weltkonzern Hoechst dazu herablassen würde, mit Rhône-Poulenc über ein 50:50-Joint Venture zu verhandeln. Rhône-Poulenc wurde bisher von Hoechst immer als ein nicht sonderlich ernst zu nehmender französischer Chemie- und Pharmakonzern betrachtet. Er war viele Jahre verstaatlicht, und einer der letzten Vorstandsvorsitzenden war Loïk Le Floch-Prigent, der später Elf Aquitaine leitete und 2002 zu einer mehrjährigen Gefängnisstrafe wegen Veruntreuung verurteilt wurde.

1981 half Rhône-Poulenc der französischen Regierung, den Minderheitsanteil der Hoechst AG an Roussel Uclaf zu verstaatlichen. Dies ist jedoch nicht gelungen. Vom Hoechster Vorstand pflegte lediglich Martin Frühauf seine Beziehungen zu Rhône-Poulenc, die entspannter wurden, als Jean-René Fourtou der Vorstandsvorsitzende von Rhône-Poulenc wurde. Igor Landau war im Vorstand von Rhône-Poulenc für den Bereich Pharma zuständig. Das eigentliche Pharmageschäft von Rhône-Poulenc wurde jedoch von Rhône-Poulenc-Rorer von USA aus von Michel de Rosen verantwortlich geleitet.

Igor Landau vertrat Rhône-Poulenc-Rorer im Dolder Club. Im Dolder Club trafen sich zweimal im Jahr die Vorstandsvorsitzenden der Pharmafirmen und die für die Pharmaaktivitäten verantwortlichen Vorstände der gemischten Konzerne. Mitte der 90er-Jahre waren dies Igor Landau/Rhône-Poulenc-Rorer, Giuseppe Vita/Schering, Walter Wenninger/Bayer, Karl-Gerhard Seifert/Hoechst, Rolf Krebs/Boehringer Ingelheim, Max Link/Boehringer Mannheim, später Daniel Vasella/Sandoz, Jean-Francois Dehecq/Sanofi, Richard Sykes/Glaxo-Wellcome. Natürlich waren auch alle großen amerikanischen Pharmafirmen dort vertreten. Daneben kamen auch Alberto Aleotti von Menarini und der Vorstandsvorsitzende von Sigmatau, Claudio Cavazza. Die Treffen des Dolder Clubs fanden im Herbst jeden Jahres im gleichnamigen Dolder Hotel in Zürich statt, und im Frühjahr lud jeweils eine Pharmafirma in ihr Land ein.

1993 verhandelten Hoechst und Rhône-Poulenc über die Bildung eines Gemeinschaftsunternehmens für Blutplasmapräparate, das später Centeon genannt wurde. Diese Gespräche wurden vor allem von Igor Landau und Frühauf/Seifert vorangetrieben, weil beide Seiten von einem solchen Gemeinschaftsunternehmen überzeugt waren. Die Verhandlungen waren sehr kompliziert, weil es sehr viele Schwierigkeiten aus dem Weg zu räumen galt.

Im Juni 1994 lud Igor Landau die Ehepaare Dormann, Fourtou und Seifert zu dem French Open Tennisturnier in Paris-Roland Garros ein. Am Abend vorher gab es, der guten französischen Tradition entsprechend, ein vorzügliches Dinner in Paris. Die eigentliche Absicht dieser Einladung war, die CEOs der beiden Firmen zusammenzubringen, damit die Verhandlungen einfacher werden. Die Vorstandsvorsitzenden von Rhône-Poulenc und Hoechst wechselten bis auf ein paar Höflichkeitsfloskeln kein Wort miteinander. Es war ein totaler Fehlschlag.

In dieser Zeit wurde auch über das Aktienpaket von Rhône-Poulenc an der Roussel Uclaf S. A. gesprochen. Rhône-Poulenc war bereit, seinen Anteil abzugeben, jedoch unter der Bedingung, dass Hoechst im Gegenzug einige Chemieaktivitäten an Rhône-Poulenc übertragen solle. Diese Gespräche wurden insbesondere von Martin Frühauf begleitet. Martin Frühauf war immer wieder bereit, größere und wertvollere Teile der Hoechst AG an Rhône-Poulenc abzugeben oder zumindest auf den Verhandlungstisch zu legen. Dormann war zu diesem Zeitpunkt strikt gegen diese Überlegungen. Dies war die Basis, aus der dann die Aventis S.A. entstand.

Die Fusion war vor allem ein Meisterwerk der Öffentlichkeitsarbeit. Vielen Journalisten wurden Histörchen erzählt, um diese Fusion glaubhaft darzustellen. Die jeweiligen Ausführungen in den entsprechenden Zeitungen zeigten dann auch Einiges über die Qualität der Journalisten und der Zeitungen, für die sie schrieben. Eine Zeitung, die Neue Zürcher Zeitung, schrieb am 26. 11. 1998: „... denn auf die Frage nach dem optimalen Fusionskandidaten gab Dormann zur Antwort, sein Wunschpartner müsse über eine starke Pharma-Pipeline, über technologisches Know-how sowie über eine gute Präsenz in den USA verfügen. Schön wäre es gewesen, aber Rhône-Poulenc kommt in keinem dieser Punkte auch nur annähernd an die Dormann'schen Ideale ... heran."

Bemerkenswert war die Haltung der Hessischen Landesregierung, die ausdrücklich diese Fusion unterstützte. Der damalige Ministerpräsident und spätere Bundesfinanzminister Eichel fand es toll, dass im Rahmen der Globalisierung der größte hessische Konzern seinen Firmensitz nach Frankreich verlegte. Die Konsequenz dieses Handelns war ihm wohl nicht bewusst. Der damalige Führer der Opposition, Roland Koch, hingegen äußerte sich im Landtagswahlkampf negativ über die Fusion.

Am 15. Dezember 1999 wurde in Straßburg das „erste erfolgreiche" Geschäftsjahr gefeiert. Damit waren alle Dämme gebrochen. Der Aufsichtsrat war gerade von den Aktionären für die folgenden fünf Jahre bestellt worden und bestellte umgehend für ebenfalls fünf Jahre den vierköpfigen Vorstand; Jürgen Dormann (Vorsitzender), Jean-René Fourtou (Stellvertr. Vorsitzender), Igor Landau (Mitglied des Vorstandes und Vorsitzender des Aufsichtsrats der Aventis Pharma) und Horst Waesche (Mitglied des Vorstandes und Vorsitzender des Aufsichtsrats von Aventis CropScience). Am 16. Dezember wurde das Executive Committee ernannt. Ihm gehörten die vier Vorstände an sowie folgende Herren: Richard J. Markham (Chief Executive Officer von Aventis Pharma), Alain Godard (Chief Executive Officer von Aventis CropScience), Patrick Langlois (Group Executive Vice President Chief Financial Officer) und René Pénisson (Group Executive Vice President Human Resources).

Den Aufsichtsratsvorsitz hatte Marc Viénot übernommen. Als sein Stellvertreter zeichnete Martin Frühauf. Das zehnköpfige Gremium füllten folgende Herren auf: Jean-Marc Bruel, Serge Kampf, Hubert Markl, Günter Metz, Didier Pineau-Valencienne, Seham Razzouqi, Michel Renault und Hans-Jürgen Schinzler.

10.2 Die „zwangsläufige" Abspaltung von Celanese

Zur Vorbereitung der Fusion mit Rhône-Poulenc verkaufte Hoechst, wie schon dargestellt, im Oktober 1998 Hostalen an Elenac, ein Joint Venture der BASF mit der Shell. Die Wuppertaler Herberts GmbH (Autolacke) wurde an DuPont verkauft, die restlichen Clariant-Anteile über ein Bookbuilding an die Börse gebracht. Das in der Trevira GmbH zusammengefasste Geschäft mit Polyesterfasern ging an KoSa. Das bisherige Gemeinschaftsunternehmen Hoechst Diafoil (Polyesterfolien) wurde von der Mitsubishi Chemical Corporation zur Gänze übernommen.

Der Hoechster Leidensweg hatte eine ganze Reihe von Stationen. Die wesentlichen Eckpunkte waren aber die Einbringung der Feinchemikalien in die Clariant AG und die Abspaltung des übrigen Chemiegeschäfts der Celanese in eine eigenständige Gesellschaft. Danach blieb nur der kaum noch lebensfähige Rumpf der sogenannten Life Sciences-Aktivitäten übrig. Diese „Neuordnung der Hoechst AG" in eine Holdinggesellschaft und die Konzentration auf den Bereich Life Science wurden durch die Hoechst-Aktionäre auf den Hauptversammlungen der Jahre 1997 und 1998 gebilligt.

Am 4. Mai 1999 wurde die Abspaltung beschlossen. „Mit Fokussierung auf Life Science werden die verfügbaren Mittel in der Zukunft primär für die Entwicklung und den Ausbau dieses Bereichs verwendet. Damit stehen Hoechst zwangsläufig nicht genügend Ressourcen zur Verfügung, um gleichzeitig die derzeit führende Marktstellung des Bereichs Industrielle Chemie in einem wettbewerbsintensiven Umfeld halten und ausbauen zu können. Der Bereich Industrielle Chemie erfordert zudem hohe Investitionen in Sachanlagen, während bei Life Science vor allem in Wissen und Forschung investiert wird", heißt es im Abspaltungsbericht des Vorstands, und dann weiter:

Warum wurde der Weg der Abspaltung gewählt? Die Abspaltung ermöglicht die Trennung der beiden Bereiche in einer einzigen Transaktion. Sie ist einfacher und kostengünstiger, und die Vorteile sind schneller nutzbar. Die Abspaltung gibt zusätzlich jedem Aktionär die Freiheit, selbst darüber zu entscheiden, ob er nur an einem oder an beiden Bereichen beteiligt sein will. Er erhält die Möglichkeit, unmittelbar vom Wertsteigerungspotenzial, das durch die Trennung geschaffen wird, zu profitieren ... und ist steuerfrei.

Hat der noch gemeinsame Hoechst-Vorstand in diesem Punkt die Aktionäre reichgerechnet, so lässt er für die Teilkonzerne „Hoechst“ und „Celanese“ im Weiteren eine glänzende Zukunft aufscheinen:

„Strategie Life Sciences: Das anhaltende Wirtschaftswachstum und die steigende Lebenserwartung, verbunden mit einem höheren Lebensstandard, führen zu einer verstärkten Nachfrage nach neuen verbesserten Arznei- und Nahrungsmitteln. Hoechst will diese Wachstumschancen nutzen, um den Wert ihrer Life Sciences-Aktivitäten nachhaltig zu steigern und ein führendes Life Sciences-Unternehmen zu bleiben. Voraussetzungen dafür sind:

– ein hohes Innovationspotenzial und Zugang zu allen Schlüsseltechnologien,
– die schnelle Entwicklung und Markteinführung neuer Produkte und
– die globale Marketing- und Verkaufsorganisation für die weltweite Vermarktung neuer Produkte.

Hoechst ist der Ansicht, dass die Zusammenführung ihrer Life Sciences-Aktivitäten mit denen von Rhône-Poulenc ihre Position in diesen Kernbereichen wesentlich verstärken wird.

Strategie Celanese: Celanese ist ein führendes Industriechemieunternehmen mit einer starken Wettbewerbsposition weltweit. .... Nach eigener Einschätzung ist Celanese aufgrund ihrer führenden Technologien und hohen Produktvolumina eines der effizientesten Chemieunternehmen weltweit.

Der designierte Vorstand von Celanese sieht die folgenden fünf strategischen Ziele als wesentlich an, weiteres Wachstum und Wertsteigerung für die Aktionäre zu erzielen:

Verstärkung der weltweiten Präsenz;
Ausbau der führenden Position in Produktions- und
Prozesstechnologien;
Weiterentwicklung der Produktpalette hin zu kundenspezifischen
Lösungen mit hoher Wertschöpfung
– Ausbau der Kostenführerschaft durch kontinuierliche Prozess-
Verbesserungen und
Optimierung des Portfolios.

Nach der Abspaltung kann Celanese im Wesentlichen unabhängig von Hoechst am Markt operieren.

Die Abspaltung der Beteiligungen und sonstigen Vermögensgegenstände und Verbindlichkeiten erfolgte gemäß § 123, Abs. 2, Nr. 1 des Umwandlungs-Gesetzes. Jeder Aktionär, der zu diesem Zeitpunkt Hoechst-Aktien hielt, an dem die Abspaltung durch Eintragung in die Handelsregister wirksam wurde, erhielt für jeweils zehn Hoechst-Aktien eine Celanese-Aktie. Die Festsetzung des Umtauschverhältnisses von 10:1 wurde gewählt, um eine angemessene Eigenkapitalstruktur bei Celanese zu schaffen und einen Börsenkurs zu ermöglichen, der dem anderen vergleichbaren Unternehmen entspricht. Hoechst hält seit der Abspaltung keine Aktien der Celanese mehr.

Die Vorstände von Hoechst und Celanese (designiert: Claudio Sonder, Edward H. Munoz, Perry W. Premdas, Ernst Schadow und David N. Weidman) haben den Entwurf des Spaltungsvertrages am 1. Juni 1999 aufgestellt. Tag der Abspaltung war der 22. Oktober 1999. Der Abspaltungsstichtag war allerdings schon auf den 2. Januar 1999 festgesetzt worden. Seitdem lief die eigene Celanese-Rechnung. Und auf einer Hauptversammlung im Doppelpack (Hoechst und Celanese) Mitte Juli war der Hoechster Selbstmord auf Raten irreversibel geworden.

Der Hoechster Konzernumsatz reduzierte sich 1998 – überwiegend wegen der Veräußerungen – um 16 Prozent auf 43,7 Milliarden DM, resp. 22,4 Milliarden Euro. Dabei konnte die Zahl der Mitarbeiter um 21.000 auf 97.000 abgesenkt werden. Das Betriebsergebnis sank ebenfalls um 16 Prozent auf 3,2 Milliarden DM, aber der Konzerngewinn stieg – ebenfalls wegen der strategischen Maßnahmen – um über 40 Prozent auf 1,9 Milliarden DM. Diesen Sprung machte der Gewinn je Aktie nach IAS mit und kletterte auf 3,22 DM. Die ehrlichere Zahl aber war nach DVFA mit minus 13 Prozent 2,70 DM. Ausgeschüttet wurden wie im Vorjahr 1,50 DM. Da Analysten und Spekulanten das gesamte Geschehen in und um Hoechst nicht erkannten oder falsch interpretierten, war der Börsenwert von Hoechst in Jahresfrist um 11 Prozent von 36,6 Milliarden auf 40,5 Milliarden DM nach oben gesprungen. Und worauf Dormann besonders stolz war: Dieser Börsenwert hatte sich in seiner Amtszeit als Vorstandsvorsitzender (also seit 1994) verdoppelt.

Aus dem Hoechst-Konzern hat Celanese 1999 einen Umsatz von 4,3 Milliarden Euro mitgenommen und etwa 14.900 Mitarbeiter. Vor der Abspaltung waren in dem neu definierten Celanese-Bereich einschließlich der Mitarbeiter aus nicht fortzuführenden Unternehmen 17.500 Mitarbeiter beschäftigt gewesen. Im Jahr 2000 gehörten nur noch 13.200 Beschäftigte dem neuen Chemiekonzern an. Claudio Sonder: *„Der Umsatz des Unternehmens im Jahre 2000 ist auf 5,2 Milliarden Euro und damit um 21 Prozent gewachsen. Das Betriebesergebnis betrug 83 Millionen Euro, gegenüber einem Verlust im Vorjahr von 521 Millionen Euro. Wir sind zurück in der Gewinnzone."* Der Hauptversammlung wurde für 2000 die Zahlung einer Dividende von 0,40 Euro pro Aktie vorgeschlagen gegenüber 0,11 Euro für 1999. 47,9 Prozent des Kapitals liegen bei institutionellen Anlegern. Größter Einzelaktionär ist mit einer Sperrminorität von 26,2 Prozent Kuwait Petroleum Corp.

Tatsächlich war Dormann bis zuletzt gänzlich allein gelassen. Durch sein jahrelanges Finassieren hatte er alle Freunde verloren, und kein ehrlicher Ratgeber war mehr aufzutreiben. Die Politik hat ihn im Stich gelassen, weil Industriepolitik noch nicht angesagt war und Berlin wie Wiesbaden von der deutsch-französischen Freundschaft träumten (der gleichzeitig die Bundesbank zum Opfer fiel). Dormann:

Zugegeben, Bayer gibt es noch, und Hoechst nicht mehr. Das ist aber so unwesentlich wie nur was. Gucken Sie sich doch Bayer mal heute an im Vergleich zu früher. Was ist denn schon der Standort Höchst? Am Standort Höchst gibt es 40 Firmen, die alle wachsen. Da ist auch eine große Firma, die heißt Sanofi-Aventis, die größte europäische Pharmafirma. Mit der Abwanderung von Hoechst nach Straßburg, war eine Kultur tragende deutsche Sozialfabrik weg, sonst nichts. Wie kam es aber dazu?

Da gibt es einen deutschen Partner und einen französischen Partner. Es gab kein eindeutiges Übergewicht, keine echte Mehrheit. Das Austauschverhältnis war 53:47, das war eine equal partnership. Sie müssen sich noch einmal angucken die Situation von Aventis auf der einen Seite und Sanofi-Synthelabo mit der Zeit auf der anderen Seite, die Marktkapitalisierung der beiden Gesellschaften und die Absichten von Pfizer und anderen großen amerikanischen Spielern und deren Marktkapitalisierung. Die Verknüpfung Aventis/Sanofi oder umgekehrt war von Anfang an bei mir im Hinterkopf. Aber wir wollten Sanofi übernehmen. Nur unsere Marktkapitalisierung war in der Zwischenzeit wegen der Dünne der Pharma-Pipeline statisch bis rückläufig. Und jetzt lassen wir mal die Grande Nation und die französische Industriepolitik für eine Sekunde draußen. Sowohl Sanofi als auch Aventis wären – wir reden jetzt ein paar Jahre zurück – wahrscheinlich schlussendlich von amerikanischen Firmen übernommen worden.

Warum der Schritt über den Rhein? Der Punkt war, Aventis zu etablieren und die Option mit Sanofi offenzuhalten. Roussel Uclaf war ja schon Teil von Aventis. Die politische Situation wäre französisch gewesen, aber es war keine politische Situation. Nur wir waren in der Marktkapitalisierung nicht groß genug, um Sanofi schlucken zu können, obwohl diese Firma kleiner war. Ja, da muss man die Aktionärsstruktur kennen. Das ist Total und L'Oréal, das ist nicht der Staat. Diese zwei Großaktionäre haben doppeltes Stimmrecht gehabt. Das heißt, Sanofi konnte, wenn die zwei Großaktionäre das unterstützt haben, im Grunde alles machen. Das ist Aktionärsstruktur in Frankreich und gesellschaftsrechtlich möglich, aber nicht Staat.

Jetzt kommt die Politik, als wir uns gesperrt haben und Novartis ins Spiel kam. Das war ja echt die Alternative, mit Novartis zusammenzugehen. Und da fing die Politik an. Als Novartis so weit war, ein Angebot für Aventis abzugeben, hat sich Aventis an Paris gewandt und den Präsidenten um Unterstützung gebeten. So, voilà. Und da wurde es dann politisch.

Wir in Aventis haben den Hebel der Politik dann benutzt, um eine bessere Bewertung für Aventis zu kriegen. D. h. ohne Zweifel haben Chirac und Sarkozy auf die Großaktionäre bei Sanofi eingewirkt, dass sie nachhaltig ihr Angebot erhöht haben, und dass es dazu kam, dass wir fast paritätisch im Verwaltungsrat mit drin sind. Ich bin noch Vizepräsident des Verwaltungsrates. Ich hatte die Leitung der Gesellschaft schon viel früher an Landau abgegeben und war Aufsichtsratsvorsitzender. Ich habe von Anfang an gesagt, ich höre mit 62 Jahren auf und gehe dann in den Verwaltungsrat.

Zurück zur Frage: Warum Frankreich, warum Straßburg/Schiltigheim? Ich spreche jetzt vom Standort, von wegen Kulturverlust in Frankfurt. Zwischen der französischen Firma Aventis und Sanofi wäre das gegangen, wenn wir in besserer Position bei Aventis gewesen wären. Von einer deutschen Firma, in Höchst ansässig, Sanofi zu kaufen, wäre in Frankreich auf totalen Widerstand gestoßen.

Die Börse schlug bei all dem Kapriolen. Nach der Fusion von Hoechst und Rhône-Poulenc zu Aventis, dann nur noch bestehend aus den Arbeitsgebieten Pharma und Landwirtschaft, lag der Umsatz 1999 bei 20,5 Milliarden Euro und stieg 2000 um neun Prozent auf 22,3 Milliarden Euro, das Ergebnis je Aktie um 62 Prozent auf 1,44 Euro. Die Dividende lag bei 45 Cent (1999) und 50 Cent (2000). Das Kurs-Gewinn-Verhältnis erreichte den Spitzenwert von 65. Die meisten Aktionäre saßen in Nordamerika (19,8 Prozent), Frankreich (18,6 Prozent) und Deutschland (12,6 Prozent). Größter Einzelaktionär war Kuwait Petroleum Corp. (13,7 Prozent) geblieben. Es wurden 92.000 Mitarbeiter beschäftigt, und die Marktkapitalisierung war auf 130 Milliarden DM geklettert. Sie hatte sich gegenüber 1998 verdreifacht oder eine durchschnittliche Verdoppelung pro Jahr seit 1994 erreicht.

Am 15. November 2000 stimmt der Aufsichtsrat von Aventis den Plänen des Vorstands zu, die Ausrichtung des Unternehmens auf Pharma zu stärken. Das Pflanzenschutz- und Pflanzenproduktions-Geschäft Aventis CropScience soll im Zuge dieser Konzentration abgegeben werden.

Am 18. Dezember 2000 wurde der Verkauf des 50-Prozentanteils an Wacker-Chemie an die Wacker-Familie angekündigt, der in einem zweistufigen Prozess bis Anfang 2002 abgeschlossen werden soll. Am 31. Dezember vereinbart Aventis den Verkauf ihres Zweidrittel-Anteils am Industriegase-Geschäft Messer Griesheim an Allianz Capital Partners und Goldman Sachs Funds.

Am 18. Juni 2001 renommierte Dormann im Internationalen Club Frankfurter Wirtschaftsjournalisten mit diesen Worten:

Die genannten Kennzahlen belegen, dass unser Weg zu höherer Ertragskraft und zu Wertsteigerung geführt hat. Die Verbindung mit Rhône-Poulenc und die Integration der beiden Unternehmen sind effizient und erfolgreich verlaufen. Das Unternehmen wächst überdurchschnittlich, die Ertragskraft nimmt jetzt noch stärker zu als in den Vorjahren. Insofern sehen wir uns in der gewählten und konsequent umgesetzten Strategie bestätigt. Die Trennung vom Landwirtschaftsgeschäft – und damit die völlige Konzentration auf den Gesundheitssektor – soll noch in diesem Jahr vollzogen werden.

Hoechst habe einen passenden Partner, der strategisch übereinstimme, mit Rhône-Poulenc in Frankreich gefunden. Eine grenzüberschreitende Verbindung bringe spezifische Probleme und Fragestellungen. Eine echte Fusion sei in Europa gesetzlich, steuerlich oder im Hinblick auf die Corporate Governance noch nicht geregelt und somit gar nicht möglich. - Aventis ist rechtlich ein französisches Unternehmen.

10.3 Der Betriebsrat im Aus

Arnold Weber, Gesamtbetriebsratsvorsitzender; Stellv. AR-Vorsitzender, kann es bis heute nicht verstehen, was um die Jahrtausendwende zwischen Tor Ost und Schiltigheim passiert ist:

Also jetzt war Rhône-Poulenc im Gespräch. Ich habe nicht irgendjemand gefragt, sondern Leute, die es wissen müssten. Ich habe Frühauf angerufen und gesagt, es wird ja immer toller mit den Gerüchten. Da hat er gesagt, Herr Weber, seien Sie ein bisschen zurückhaltend mit dem absoluten Nein (zu den Fusionsgerüchten).

Dann entwickelte sich das doch in diese Richtung. Da gab es den Spaziergang durch den Höchster Schlossgarten, wobei Dormann und Fourtou die Grundzüge der deutsch-französischen Fusion abgesprochen haben.

Wir Betriebsräte haben gesagt, wenn der Arbeitgeber jetzt mit Rhône-Poulenc verhandelt, müssen wir auch mit den französischen Betriebsräten verhandeln, zumal wir zu diesem Zeitpunkt bereits einen europäischen Betriebsrat hatten und Franzosen in unserem europäischen Betriebsrat vertreten waren, also Hoechster und Franzosen. Die haben wir gleich mit eingebunden. Ich hatte ein sehr freundschaftliches Verhältnis zu einem französischen Betriebsratskollegen, der jetzt auch schon pensioniert ist. Ich habe gesagt, du, wir müssen uns mit euren Betriebsratskollegen von Rhône-Poulenc treffen. Dann gab es ein Treffen in Straßburg. Da sind wir mit dem Bus hingefahren.

Nun waren wir in Straßburg und treffen auf diese Betriebsräte. Die haben uns ehrfurchtsvoll angesehen. Die haben ein anderes Verhältnis zum Arbeitgeber als wir. Die sind mehr Gewerkschafter. Dann haben die insgesamt fünf Gewerkschaften, und die fünf Gewerkschaften sind in allen Unternehmen vertreten. Das ist bei uns besser geordnet. Die wussten nicht, wie es bei uns ist, und wir nicht, wie es bei denen zugeht. Wir mussten sehr viel voneinander lernen. Die waren voller Ehrfurcht, Hoechst war das große Unternehmen, und die konnten das nicht glauben, dass es da eine Fusion in dieser Form gibt, und dass dieses Unternehmen dann nach Straßburg geht. Für die war Hoechst ganz groß. Und in der Tat war es so, Hoechst war das deutlich größere Unternehmen. Von da an gab es die Kontakte. Die Arbeitnehmervertreter haben ja dann der Fusion unter der Bedingung zugestimmt, dass die Mitbestimmung erhalten bleibt.

Firmensitz Straßburg war nicht die einzige Möglichkeit. Es wurden auch London, Paris und Brüssel genannt. Man wollte eine europäische Stadt. Damals sind viele geblendet gewesen. Man hat die Europa AG diskutiert. Wenn Sie mich heute danach fragen, kann ich nur sagen: alles Kokolores.

Aber auch hier gab es eine differenzierte Abstimmung. Fakt ist, dass die meisten Arbeitnehmervertreter für Straßburg gestimmt haben. Dormann wollte das ohne Wenn und Aber. Es war wohl der Preis dafür, Vorstandsvorsitzender zu werden.

Natürlich ist dies kein Argument. Heute wissen das alle anderen auch und würden vermutlich in dieser Frage hartnäckiger sein. Wir dachten, wenn wir die Mitbestimmung so nach Frankreich tragen, Europa AG, das wäre doch was. Wir waren in der Tat das allererste mitbestimmte französische Unternehmen. Viele haben noch beim Zusammenschluss mit Sanofi, bei der Übernahme, geglaubt, Aventis wäre ein deutsches Unternehmen. Die haben gefragt, warum schaltet sich der Kanzler nicht ein? Ich habe gesagt, das ist ein französisches Unternehmen. Das ist kein europäisches Unternehmen, wie wir mal geglaubt haben. Wie käme er dazu, sich einzumischen? Was würde da der französische Präsident sagen?

Jedenfalls ist die Rechtslage ganz klar und die politische auch. Wir wussten alle, Schiltigheim ist keine Adresse. Das war mir klar. Ich war häufig dort. Schiltigheim war auch nicht Straßburg, nicht mal das. Schiltigheim war eine Gemeinde nördlich von Straßburg, die in 14 Tagen eine Baugenehmigung erstellen konnte.

Mir war klar, vom ersten Mal an, als ich in dort war, dass Schiltigheim keine Adresse ist. Es war zwar für uns von Frankfurt aus leicht zu erreichen, wir waren eineinhalb bis zwei Stunden unterwegs. Wenn wir dort eine europäische Betriebsratssitzung hatten, mussten die Kollegen von Mailand z. B. nach Basel bzw. Mülhausen fliegen. Ich dachte, wenn dort weltweit geschäftliche Verbindungen geknüpft werden sollen, funktioniert das mit Straßburg eigentlich nicht.

Ich war dann nicht mehr im Aufsichtsrat. Wir hatten zwei französische Kollegen und zwei deutsche Kollegen im Aventis-Aufsichtsrat, und die Franzosen hatten einen Beobachter, und auch ich hatte einen Beobachterstatus. Das ist französisches Recht. So kam es, dass ich wenigstens als Beobachter da sein durfte und die Entwicklung mitbekommen habe, wie dann Dormann und Fourtou ins zweite Glied sind und Landau Vorsitzender und Waesche sein Stellvertreter wurde. Auch als Landau Vorsitzender war, hatte ich den Eindruck, dass Dormann das Heft immer noch in der Hand hatte. Ich hatte nicht das Gefühl, dass er da geschwächelt hätte.

Wir sind auch jedes Jahr zur Hauptversammlung nach Straßburg gefahren. Es gibt keine Hauptversammlung, auf der ich dort nicht geredet hätte. Beim letzten Mal, als der Zusammenschluss mit Sanofi bevorstand und das Unternehmen sich eigentlich wehrte und eine Großdemonstration auch wiederum vor dem Tor Hoechst war, da war ich nicht mehr in der Verantwortung, da war ich schon Pensionär. Die haben sich dagegen gewehrt, und dann ist es doch vollzogen worden, möglicherweise auch deshalb, weil die Abfindungen gestimmt haben. Das kann so gewesen sein. Sanofi-Chef Dehecq hat im Gegensatz zu Hoechst und zu Dormann, in der Zeit wo Hoechst outgesourct hat, abgespalten hat, kontinuierlich Kapital, Unternehmen und Einfluss gesammelt.

Ich hatte noch nie Gelegenheit, mit Dehecq ein Wort zu sprechen, ich kenne ihn nur aus der Presse. Ich sage mal, ich halte ihn für den Unternehmer, wie man ihn sich wünschen kann. Und was hat er als Erstes gemacht, er hat in Höchst die Ballsporthalle angemietet, um mit der Belegschaft zu reden. Dormann war nie in einer Betriebsversammlung, was nach dem Betriebsverfassungsgesetz ein Betriebsverfassungsorgan ist. Das waren entweder Waesche oder Weinmann, die sich mit der Belegschaft über die aktuellen Themen auseinandergesetzt haben.

Der Stellv. Gesamtbetriebsratsvorsitzende Oswald Bommel hat auch so seine Erfahrungen gesammelt:

Demonstrationen? Es gab die Dinge mit dem Sarg, den sie aufgestellt hatten im Werk. Das machte schon Stimmung. Dormann war betroffen, als vor seinem Haus über Nacht ein Sarg deponiert wurde. Das hatte Arnold Weber, glaube ich, noch mit betrieben. Es war schon Stimmung und Gegenhalten da. Es ist ja immer die Verlogenheit dabei. Auch als sich Dormann aus der deutschen Mitbestimmung verabschiedete, das war auch von langer Hand mit den Franzosen vorbereitet. Dabei hat er gesagt, ich mache mit euch den ersten europäischen Betriebsrat. Da war viel Verlogenheit im Spiel: immer Etappenziele erreichen, und das eben auch mit der Unwahrheit.

Niemand hat sogleich vermutet oder gar bemerkt, dass eine Abwanderung nach Straßburg eben doch die Auswanderung ist für den Konzern. Es gab eigentlich immer noch die Hoffnung, die Hoechster Mitarbeiter und die Betriebsräte sind ja zu keinem anderen gegangen. Das war immer diese Großfamilie, die an sich geglaubt hat, die zusammengehalten hat und die dann die Hoffnung vielleicht ein bisschen zu stark nach oben geschraubt hat, nach dem Motto: Es wird schon nicht so schlimm werden und hoffentlich doch gut gehen. Das war eine grobe Fehleinschätzung. Die Franzosen sind ja alle in Paris geblieben, es ist praktisch keiner nach Straßburg gegangen. Dormann hat dann hier immer bei seinem Frühauf gesessen, im K 801, da war er sehr oft. Das heißt, er ist da auch gependelt zwischen Schiltigheim und Höchst.

Es war so, dass es in diesem ganzen Vorstand zu dieser Zeit an Gleichklang und Zusammenhalt gefehlt hat. Da hat jeder so ein bisschen für sich gewurstelt und gearbeitet.

10.4 Wie Dormann aus dem Aventis-Vorstand ausschied und weshalb Horst Waesche sein Leben lassen musste

Ende Februar 2002 überraschte Aventis mit der Meldung, dass Jürgen Dormann und Jean-René Fourtou aus dem Vorstand von Aventis in den Aufsichtsrat wechseln würden. In einer Presseerklärung von Aventis wurde dies dargestellt als der letzte Schritt einer lange geplanten Strategie. Er sollte zugleich die Krönung der Laufbahn von Dormann und Fourtou bedeuten. Die Wirklichkeit sah jedoch ganz anders aus.

Bei der Gründung von Aventis war vereinbart worden, dass Fourtou im Mai 2002 aus dem Vorstand in den Aufsichtsrat von Aventis wechseln und dort den Vorsitz übernehmen und Dormann alleiniger CEO werden sollte. Dies sollte auf der Aufsichtsratssitzung Ende Februar 2002 beschlossen und dann der Hauptversammlung im Mai entsprechend vorgeschlagen werden. Im Januar 2002 drängte jedoch die französische Seite darauf, dass Igor Landau den Vorstandsvorsitz übernimmt. Dormann konnte Igor Landau noch nie leiden und hat dementsprechend alles versucht, eine solche Konstellation zu verhindern. Igor Landau war seit über 15 Jahren ein erfahrener Pharmamanager mit einem guten Ruf in der Pharma-Industrie und auch machtbewusst genug, um den Vorstandsvorsitz für sich zu reklamieren. Die französische Seite bedeutete Dormann, dass auch die französische Regierung wünsche, dass ein Franzose nun den Vorstandsvorsitz der französischen Firma Aventis übernehmen sollte. Ein Argument war, dass der französische Staat nur bei einem französischen CEO bereit wäre, die Genehmigung zur Schließung von Fabriken zu erteilen. Dies führte zu erheblichen Spannungen im Januar/Februar 2002 in der Konzernzentrale in Straßburg, und die französische und die deutsche Seite waren sich plötzlich spinnefeind. Dormann soll in diesen kritischen Tagen mit Fourtou nicht mehr gesprochen und mit Rücktritt gedroht haben, was wiederum die französische Seite nicht akzeptierte, um den Aktienkurs von Aventis nicht zu schädigen. Die Stimmung in Straßburg war auf einem Tiefpunkt angelangt. Von der einst so oft beschworenen Männerfreundschaft war nichts mehr übrig geblieben. Auf der Aufsichtsratssitzung Ende Februar 2002 musste der Aventis-Vorstand eingestehen, dass er keine Lösung vorschlagen konnte. Es wurde daraufhin eine weitere Aufsichtsratssitzung eine Woche später einberufen, auf der nun das Konzept präsentiert wurde, dass Dormann und Fourtou gleichzeitig in den Aufsichtsrat wechseln.

Totenehrung auf dem Hochster Werksgelände

Als weiterer Kompromiss wurde ein Strategiekomitee eingerichtet, um Dormann nach wie vor ein gewisses Mitspracherecht zu geben. Damit nun die französische Seite kein Übergewicht im Aventis-Vorstand bekam, wurde beschlossen, dass Horst Waesche weiterhin im Vorstand von Aventis bleiben und Stellvertreter von Igor Landau werden soll. Um zu Igor Landau ein gewisses Gegengewicht zu sein, sollte Waesche, wie Dormann das in einem Presse-Interview insbesondere in der Frankfurter Allgemeinen Zeitung formulierte, die „1b" zu „1a" Igor Landau werden, der nicht der „Commodore" sei.

Waesche hatte jedoch bereits seinen Pensionierungsvertrag zum Mai 2002 unterschrieben und plante, in Baden-Baden ein Grundstück zu kaufen und ein Haus zu bauen. Horst Waesche hatte sich auf seine Pensionierung gefreut, und in Hoechst wurde für seinen Fahrer bereits nach einer Anschlussbeschäftigung gesucht. Nach dem Verkauf der Agrosparte an Bayer war Aventis ein reines Pharmaunternehmen geworden. Waesche wurde zwischen die beiden Pharma-Professionals Igor Landau und Dick Markham gesetzt. Er hatte keine Ahnung vom Pharmageschäft und hatte somit überhaupt keine Chance, erfolgreich zu operieren. Die Konstruktion war so abenteuerlich, dass sie eigentlich nur Schlimmstes befürchten ließ. Die Presseabteilung von Aventis jedoch hat dies als gelungenen Abgang von Dormann bezeichnet, weil sich Aventis jetzt in einem guten Zustand befände und die Fusion abgeschlossen sei.

Auf der folgenden Aufsichtsratssitzung von Aventis musste der Vorstand bekennen, dass die Organisation noch nicht endgültig festgelegt sei. Wenige Tage später wurde eine zweite Aufsichtsratssitzung am Flughafen in Paris einberufen. Dort wurde das neue Konzept vorgestellt und genehmigt, mit Waesche als Stellvertreter von Landau. Alle Eingeweihten hatten eine düstere Ahnung: Das wird Waesche kein halbes Jahr überleben. Die traurigen Ereignisse zehn Tage später gaben leider den Skeptikern recht. Am 13. März 2002 starb Horst Waesche. Er war am Morgen in einer ärztlichen Routineuntersuchung gewesen, um sein Herz untersuchen zu lassen.

Eine Rückblende: Im Frühjahr 1997 war Waesche morgens bei einer Vorstandssitzung nicht erschienen, und Jürgen Dormann erklärte unter Tränen, dass sein Freund Horst Waesche gestern überraschend in die Klinik eingeliefert worden sei und man fünf Bypässe habe setzen müssen. Die Untersuchung am 13. März 2002 soll zunächst zu einem normalen Befund geführt haben; dennoch verstarb Horst Waesche gegen elf Uhr in der Arztpraxis. Bei der Trauerfeier in Baden-Baden einige Tage später soll Dormann, wie schon wiederholt zuvor, in Tränen ausgebrochen sein. Letztlich hat Horst Waesche sein unkritisches Verhalten gegenüber Jürgen Dormann mit seinem Leben bezahlt; er war schlichtweg überfordert mit seinen Aufgaben und seinem Verantwortungsbereich.

Der Hoechst Vorstand: Utz-Hellmuth Felcht, Justus Mische, Klaus-Jürgen Schmieder, Jürgen Dormann, Horst Waesche, Claudio Sonder, Ernst Schadow, Karl-Gerhard Seifert, Ernest H. Drew

11. Von Aventis zu Sanofi-Aventis: Feindliche Übernahme durch französische Freunde

11.1 Ankündigung der feindlichen Übernahme und Reaktionen

Am 26. Januar 2004 war es dann so weit: Sanofi-Synthélabo kündigte an, Aventis durch eine feindliche Übernahme an sich zu bringen. Eingeweihten war schon länger klar, dass beide Firmen mittel- bis langfristig zusammengehen würden. Es war bis dahin allgemein angenommen worden, dass die beiden größten französischen Pharmakonzerne sich unter dem Wettbewerbsdruck, aber auch unter dem Druck der französischen Regierungs- und Wirtschaftspolitik, irgendwann einmal verschmelzen würden. Dass allerdings die wesentlich kleinere Sanofi-Synthélabo mit rund 30.000 Mitarbeitern, einem Forschungsetat von 1,3 Mrd. und einem Umsatz von ca. 8 Mrd. den größeren Konkurrenten Aventis mit rund 78.000 Mitarbeitern, einem Forschungsetat von 2,9 Mrd. und einem Umsatz von knapp 20 Mrd. übernehmen würde, war eine große Überraschung und ein Paukenschlag in der Pharmabranche.

Die Reaktion bei Aventis nach der Ankündigung des Übernahmeversuchs war entsprechend: Man bemühte sich, Sanofi-Synthélabo lächerlich zu machen, indem man in aufwendigen Anzeigen klarzumachen versuchte, dass es keinen Sinn machen würde, wenn die große, erfolgreiche Aventis mit prall gefüllter Pipeline von einer kleineren französischen Firma, die mit ihren Produkten in der Zukunft große Probleme haben werde, übernommen würde. Die Belegschaft, insbesondere in Deutschland, wurde mobilisiert, und das noch einzige deutsche Vorstandsmitglied von Aventis, Heinz-Werner Meier, fand auf Betriebsversammlungen deutliche Worte gegen den Feind. Es erfolgte eine entsprechende Aufhetzung der Belegschaft, und man mobilisierte die Mitarbeiter gegen den Hauptaktionär von Sanofi-Synthélabo, L'Oréal, indem man dazu aufrief, keine L'Oréal-Produkte mehr zu kaufen bzw. solche, die vorhanden waren, in den Müll zu werfen.

Welchen Schlages er ist, zeigte Meier unter anderem, als er sich berufen fühlte, an die Belegschaft in einer Rede in der Ballsporthalle am 4. März 2004 in Frankfurt-Höchst viele starke Worte gegen Sanofi-Synthélabo zu richten. Er machte Sanofi schlecht, wo er nur konnte. Das bezog sich zum einen auf die Pipeline, ferner bemängelte er die vielen, alten Produkte, die bald ihre Zulassung verlieren würden, und er sprach schlecht über das Management. Donnernder Applaus versicherte ihm die Zustimmung der Belegschaft. Jean-François Dehecq wird diese Rede von Meier nicht vergessen haben. Außerdem ist es unverantwortlich, eine Belegschaft zu manipulieren, die letztlich an dem Ausgang einer solchen Schlacht doch nicht mitwirken kann. Umso überraschender war es für alle Beteiligten, als nach der Bekanntgabe einer möglichen Fusion der beiden Firmen am 27. April 2004 Heinz-Werner Meier in den höchsten Tönen Sanofi-Synthélabo zu loben begann. Man habe doch viel erreicht für die Hoechster Belegschaft, und Jean-François Dehecq habe versprochen, dass in Höchst keine Arbeitsplätze abgebaut würden. Also, was könnte schöner sein als eine Fusion mit Sanofi-Synthélabo!? Viele der Hoechster Mitarbeiter fühlten sich verraten und hintergangen, und der eine oder andere sagte: „Wir fühlen uns durch Meier schlichtweg verarscht."

Interessant war auch die Reaktion der Menschen in Deutschland, insbesondere im Rhein-Main-Gebiet. Plötzlich wurde jedem klar, dass Aventis kein deutscher, kein deutsch-französischer, sondern einfach ein großer französischer Pharmakonzern war.

Außenstehende hatten erwartet, dass Igor Landau und Jean-François Dehecq sich irgendwann zusammensetzen und einen neuen französischen Pharmariesen schaffen würden. Dies wäre insofern leichter gewesen, als der französische Einfluss in Aventis nach dem Entfernen von Jürgen Dormann aus der Position des CEO deutlich stärker geworden war.

Erstaunlich war auch, dass sich in der ersten Zeit der versuchten Übernahme weder Jürgen Dormann noch Jean-René Fourtou zu Wort meldeten. Beide protestierten nur schwach gegen die Übernahme. Fourtou ist Teil des französischen Etablissements, und sicherlich hatte er eine ebensolche enge Bindung an die französische Regierung wie Dehecq.

11.2 Porträts Jean-François Dehecq und Igor Landau

Igor Landau, vom Typ her extrovertiert (er ist Rugbyspieler und -Fan), verfügte über viel Erfahrung im Pharmageschäft und konnte in seiner großsprecherischen Art Leute motivieren. Er hatte seine Karriere bei McKinsey in Paris begonnen, bevor er 1977 bei Rhône-Poulenc die Stellvertretung in der Leitung des Geschäftsbereichs Gesundheit übernahm. 1987 rückte er dann in den Vorstand von Rhône-Poulenc auf, wo er für das Gesundheitsgeschäft verantwortlich zeichnete. Der charismatische Dehecq unterrichtete Mathematik, um sein Ingenieurstudium bezahlen zu können. Er begann seine Industrie-Karriere Anfang der 70er-Jahre bei Sanofi. Landau und Dehecq sind eigentlich vom Typ her grundverschieden: Igor Landau versuchte immer, ein großer Kommunikator zu sein und war sich seiner Wichtigkeit in der französischen Industrie bewusst, während Dehecq immer sehr zäh und sehr beständig an seinen Zielen arbeitete.

Wahrscheinlich war die große Verschiedenheit dieser beiden Manager der Grund dafür, dass das, was alle dachten, nämlich eine Fusion unter freundlichen Vorzeichen zwischen Aventis und Sanofi-Synthélabo, nicht zustande gekommen ist. Vieles spricht natürlich auch dafür, dass Dehecq seinem Widersacher Landau, der immer das große Wort in der französisch-europäischen Pharmaindustrie führte, einmal zeigen wollte, wer nun wirklich der bessere Manager ist.

11.3 Die Rolle der französischen und der deutschen Politik

Mit Sicherheit spielte die französische Regierung eine große Rolle, zumal man weiß, dass Dehecq ein Freund von Jacques Chirac war. Man darf vermuten, dass Dehecq ermuntert worden war, diesen Versuch zu wagen und dass er sich dabei des Wohlwollens und der Rückendeckung der französischen Regierung gewiss sein konnte.

Plötzlich wurde auch die deutsche Politik hellhörig. Die Bundesregierung wollte intervenieren, tat es dann aber doch nicht, während die französische Regierung den Übernahmeversuch aktiv unterstützte. Die Hessische Landesregierung traf sich mit Vertretern von Sanofi und drückte ihr besonderes Interesse an der Erhaltung der Standorte im Rhein-Main-Gebiet aus. Die deutschen Mitarbeiter merkten zum ersten Mal deutlich, dass sie eigentlich eine „quantité négligeable" waren, die man nicht mehr fragte, sondern gebrauchte, um Stimmung gegen Sanofi-Synthélabo zu machen.

Die Bundesregierung unter Gerhard Schröder hatte diese Lage vollkommen verkannt. Insgeheim baute Berlin damals auf einen stillschweigenden Kuhhandel: Die französische Regierung segnet den Wunsch von Siemens nach einer Übernahme seines französischen Konkurrenten Alsthom ab, und im Gegenzug widersetzt sich die Bundesregierung einer Übernahme von Aventis durch Sanofi nicht. Diese Überlegung schlug gründlich fehl. Als Berlin das erkannt hatte, wandte sich der deutsche Bundeskanzler am 23. April 2004 gegen jede politische Einmischung in diesen Übernahmekampf. Er wollte damit der französischen Regierung bedeuten, dass sie nicht auf einer französischen Lösung Sanofi-Aventis bestehen sollte. Pikanterweise trafen sich am selben Tag Jean-François Dehecq und Igor Landau beim französischen Wirtschafts- und Finanzminister Nicolas Sarkozy. Bei diesem Treffen wurde wohl der Weg für die Fusion geebnet, die dann offiziell auf der Aufsichtsratssitzung von Aventis am 25. April 2004 beschlossen wurde. Dem vorausgegangen war natürlich ein erhöhtes Angebot seitens Sanofi. Aventis nahm es an, und nicht die Firmen, sondern das Wirtschaftsministerium in Paris teilte den Erfolg der geglückten Übernahme mit. In der Stellungnahme hieß es, dass durch diese Einigung die Entscheidungzentren und die Arbeitsplätze in Frankreich und damit in Europa blieben. – Am Ende hatte also französische Raffinesse über deutsche Biederkeit gesiegt. In einem Interview mit der F.A.Z. am 13. Dezember 2000 hatte Dormann festgestellt, Aventis sei weder deutsch noch französisch, sondern global. Mögen die französischen Partner damals milde geschmunzelt haben, so haben sie nun herzhaft gelacht.

Deutsche Politiker verstehen, was passiert ist – aber viel zu spät!

Die Übernahme von Aventis durch Sanofi führte politisch in der Rhein-Main-Region zu einem kleinen Beben. Zum ersten Mal wurde Vielen, auch den Politikern, klar, dass hier ein Ausverkauf begonnen hatte. Viele Leute, die bisher die Lügengeschichten um Aventis geglaubt hatten, fanden es nun ungeheuerlich, dass ein französischer Konzern die deutsch-französische Firma Aventis übernimmt. Der Hessischen Landesregierung wurde auf einmal bewusst, dass in der Rhein-Main-Region ein großer wirtschaftlicher Schaden angerichtet worden war, dies allerdings schon seit einigen Jahren.

Ein Landtagsabgeordneter der CDU-Fraktion äußerte, dass man Dormann als einen Verbrecher empfinden würde. Man habe ihn 1999 in die CDU-Landtagsfraktion bestellt, um ihn über die Vorgänge zu Hoechst zu befragen. Dabei habe er ein lächerliches Bild abgegeben, und seit dieser Zeit würde man ihm nicht mehr glauben.

Während Bundeskanzler Gerhard Schröder noch in aller politischen Einfalt Regierungsabstinenz bei Unternehmer- bzw. Unternehmensentscheidungen für geboten hielt und dies natürlich auch freundschaftlich an die französische Adresse weitergab, handelte sein Kollege in Paris, Jean-Pierre Raffarin, im augenzwinkerndem Einverständnis mit Staatschef Jacques Chirac ganz frivol und paukte mit der französischen Firma Sanofi-Synthélabo die Fusion mit Aventis durch. Erst hatte Raffarin den „Weißen Ritter“ Novartis (siehe das folgende Kapitel), in persona des Daniel Vasella, mit undurchsichtigen Versprechungen ruhiggestellt und dann zugeschlagen. Selbst Bundeswirtschaftsminister Wolfgang Clement sprach dann von einem „bemerkenswerten interventionistischen Verhalten“ der französischen Regierung.

Vorstand und Aufsichtsrat von Hoechst waren zu keinem Zeitpunkt den Franzosen gewachsen. Als es um die Fusion von Hoechst mit Rhône-Poulenc ging, waren sie argumentativ schwach, in den Verhandlungen zögerlich und schließlich auch anfällig bei zu erhaschenden persönlichen Vorteilen. Das Schwergewicht Hoechst beugte sich dem französischen Leichtgewicht allein schon bei der Wahl des Firmensitzes (Straßburg). Immer wieder hieß es, mit den eingebrachten deutschen Anteilen könne beim Regieren über die Firma nichts schiefgehen. Und schon ging alles schief. Raffarin: „Sanofi-Aventis liegt im nationalen Interesse Frankreichs.“ Bundeskanzler Schröder muss sich fragen lassen, ob er eigentlich wusste, was im nationalen Interesse Deutschlands liegt.

11.4 „Weißer Ritter“ Novartis

Als die Schweizer Firma Novartis ihr Interesse an Aventis bekundete, und der französische Premierminister Raffarin im Brustton der Überzeugung sagte: „Wir lassen uns nicht von einem Schweizer Konzern abnehmen, was wir aufgebaut haben.“

wurde zum ersten Mal von offizieller Seite deutlich ausgedrückt, dass Aventis ein französischer Konzern ist, und die Story, die Dormann und andere 1999/2000 gezimmert hatten, in keiner Weise zutraf. Wie aus den damaligen Fusionsverträgen deutlich hervorgeht, hat Rhône-Poulenc die Hoechst AG gekauft und das Ganze in ein französisches Unternehmen mit dem Namen „Aventis" mit Sitz in Straßburg umgewandelt. Es gab genügend Gutgläubige, die das von Dormann und anderen aufgetischte Märchen lange geglaubt hatten.

Irgendwann wird man sicher noch einmal die Rolle von Novartis in diesem Poker erklären müssen. Novartis versuchte als „Weißer Ritter", dem Aventis-Management zur Hilfe zu eilen. Es ist nicht vorstellbar, dass Novartis, insbesondere Daniel Vasella, jemals ernsthaft Interesse daran hatte, die gesamte Aventis zu übernehmen. Die Schweizer Manager sind viel zu schlau, als dass sie einen solchen Koloss, insbesondere wegen der vielen Aktivitäten und Standorte in Frankreich, an eine Novartis binden wollten. Wahrscheinlich haben sie aus strategischen Gründen mitgeboten, um den Preis für die Übernahme hochzutreiben, damit der neu entstehende Konzern Sanofi-Aventis finanziell geschwächt wird. Diese Rechnung ging auch auf, und Sanofi-Aventis startete mit einer Schuldenlast von 16 Mrd., was bedeutet, dass man jährlich 1 Mrd. an Zinsen wird aufbringen müssen.

11.5 Nach der Einigung: Rückblick auf Aventis und Start von Sanofi-Aventis

Die größte Kehrtwende nach der Einigung im April 2004 machte Jürgen Dormann in einem F.A.Z.-Interview. Am 27. Mai 2004 hat er da seine ganz neue Sicht der Dinge zum Besten gegeben. Dieses Interview ist die Niederlage eines Mannes, der bis dahin immer glaubte, er wäre einer der größten Manager dieser Zeit. Hoechst-Insider, Dieter Schlatermund, hat dazu einen Leserbrief geschrieben, der am 21. Juni 2004 in der F.A.Z. veröffentlicht wurde:

Er sehe sein Lebenswerk nicht zerstört, sondern „nur unter umgekehrten Vorzeichen weiterlebend", so Dormann. Es scheint, dass im Talent, einen restlos verfahrenen Kurs schönzureden, mancher Unternehmensführer es mit hierin erfahrenen Politikern aufzunehmen vermag. Man erinnert sich: Zu Beginn seiner Amtszeit lautete Dormanns Losung: Hoechst wird zu einem Life Science- und Spezialchemikalien-Konzern umgestaltet. Dann wurde das Ganze auf Life Science halbiert. Bald darauf wurde die mit Rhône-Poulenc auf Aventis fusionierte Hoechster Stammmasse auf den Pharmaanteil reduziert. Und wie war es bei Pharma? Zunächst wurde – nach der (offenkundig sinnvollen) Totalintegration von Roussel – zu einem weithin als überhöht eingeschätzten Preis Marion Merrell Dow erworben, und es hieß: Nun sind wir ein Top-Player in der ersten Liga. Als diese Vision zerrann, kam es zur Verschmelzung mit Rhône-Poulenc, und das neue Gebilde sah sich jetzt endgültig in der zuvor deklarierten Rolle und für alle Herausforderungen gerüstet – bis zur Übernahme durch Sanofi-Synthélabo. Wie auch immer es weitergehen mag, die Hoechster

Pharma ist nun bis zur Unkenntlichkeit minimiert und französischem Korporatismus anheimgegeben.

Eine Fusion „nahezu unter Gleichen" sei es geworden, so der interviewte Dormann. War und ist die „Fusion unter Gleichen" schon eine Fiktion, so dürfte eine solche „nahezu unter Gleichen" noch deren Steigerung sein. Und die Feststellung, Aventis sei „kein französisches und auch kein deutsch-französisches Unternehmen", mag der F.A.Z.-Leser je nach Toleranz und Neigung als Erheiterung oder als Hohn empfinden.

Im Übrigen vermisst man in dem Interview jeglichen Hinweis auf die geradezu akrobatische 180-Grad-Wendung des Aventis-Managements: Erst wird der hartnäckige Werber mittels eines Trommelfeuers ganzseitiger Zeitungsanzeigen der übelste aller Buhmänner gescholten und als der denkbar ungeeignetste Partner hingestellt, dann wird er über Nacht willkommen geheißen und – auch von Dormann – nahezu als ein Wunschkandidat gepriesen. Und der Vorstandsvorsitzende, Igor Landau, hält es bis zum heutigen Tag – meinem Wissen nach – nicht für nötig, seinen Aktionären dazu eine Erklärung zu geben. Offenbar ist er, nachdem er seine ganz persönlichen Angelegenheiten geregelt hatte, erst einmal abgetaucht – vielleicht, um seine Kräfte zu schonen für seine künftige Rolle als Aufsichtsrat des neuen Unternehmens. D.S.

Die Fusion von Hoechst und Rhône-Poulenc zu Aventis basierte auf einer Kette von Lügen. Dieses Lügengebilde wurde in dem vorgenannten Artikel noch weiter verstärkt: Dormann sprach darin von einem sehr erfolgreichen Start von Aventis in den vergangenen zwei Jahren, was, wie allgemein bekannt ist, schlichtweg nicht stimmt. Er gab aber auch zum ersten Mal zu, dass sich Aventis bezüglich seiner Pipeline in einer Schwächephase befindet. Dies muss man unter dem Vorzeichen sehen, dass jahrelang in jeder Pressekonferenz und jeder Analystenkonferenz mehrere Pipeline-Produkte mit Milliarden Euro Potenzial präsentiert wurden. Plötzlich hat die Zeit für den Durchbruch mit neu entwickelten, innovativen Medikamenten gefehlt. Dormann dankte auch dem französischen Wirtschafts- und Finanzminister Sarkozy, dass er Sanofi bewegt hat, den Preis zu erhöhen und die Besetzung der Gremien für Aventis akzeptabel zu machen. Die Forschungs-Pipeline von Sanofi-Synthélabo sei letztlich wirklich gut, und das bei der Hälfte des Aufwands im Vergleich zu Aventis, wie Dormann sagte. Man darf hierbei nicht vergessen, dass das Aventis-Management Millionen Euro für Zeitungsinserate ausgegeben hatte, um der Öffentlichkeit mitzuteilen, dass die Pipeline von Sanofi leer und das Geschäft insgesamt gefährdet sei. Plötzlich hatte die Sanofi-Pipeline eine Dynamik, und die Aventis-Forschung war ebenso plötzlich weniger flexibel strukturiert. Dormann räumte ein, dass Sanofi-Synthélabo in den letzten Jahren mehr erreicht hat als der Konzern Aventis. Auch die Schulden von 16 Mrd. waren laut Dormann nicht besorgniserregend, denn diese würden in den nächsten 3–4 Jahren nach der Integration über den Cash-Flow verdaut sein.

Die Aventis-Manager wurden mit schönen Abfindungen belohnt: Gerüchten zufolge, über die in den Zeitungen geschrieben wurde, soll allein Igor Landau 24 Mio. als Abfindung erhalten haben.

Sanofi-Aventis beschloss nach der Übernahme, die verbliebenen Hoechst-Aktionäre abzufinden und die Hoechst AG von der Börse zu nehmen. Auf der letzten Aktionärssitzung von Hoechst am 21. Dezember 2004 in Wiesbaden wurden die restlichen 2 Prozent Aktien von Kleinaktionären an Aventis zu je 56,60 gekauft. Dieses Ergebnis der zweitägigen Sitzung machte immerhin 600 Millionen aus. Die gegen den Hauptversammlungsbeschluss angestrengten Anfechtungsklagen wurden im Juli 2005 durch Vergleich beigelegt. Sanofi-Aventis übernahm das gesamte Grundkapital von Hoechst und sagte die für den 29. Juli geplante Hauptversammlung ab. Im Oktober 2005 wechselte Hoechst die Rechtsform von einer Aktiengesellschaft in eine Gesellschaft mit beschränkter Haftung. Die Hoechst GmbH ist heute eine Zwischenholding innerhalb der Sanofi-Aventis-Gruppe ohne operative Geschäfte.

Größter Standort von Sanofi-Aventis ist nach wie vor der Industriepark Höchst, für den die Entwicklung seit Ende der 1990er-Jahre insgesamt vorteilhaft verlief. Im Industriepark Höchst wurden seit 2000 jährlich mehr als 300 Mio. Euro investiert, das ist mehr als in den besten Jahren der Hoechst AG. Die Zahl der Arbeitsplätze stieg von ca. 19.000 Ende der 1990er-Jahre auf ca. 22.000 im Jahr 2005, davon etwa 8.000 bei Sanofi-Aventis. Die Weiterentwicklung des Industrieparks Höchst ist kaum noch von Sanofi-Aventis abhängig. In den nächsten Jahren sind weitere Großprojekte mit einem Investitionsvolumen von über einer Milliarde Euro geplant, darunter der Neubau eines Ersatzbrennstoff-Kraftwerks und der Neubau des Ticona-Werkes, das dem geplanten Ausbau des Frankfurter Flughafens weichen muss.

11.6 Organigramm Sanofi-Aventis: Alle Macht den Franzosen

Am 25. Juni 2004 veröffentlichte Aventis in Deutschland das Organigramm der obersten Führungsstruktur von Sanofi-Aventis. In dem dazugehörigen Begleitschreiben teilte Igor Landau voller Stolz mit, dass von 18 Führungspositionen immerhin 10 von ehemaligen Aventis-Mitarbeitern besetzt seien. Auch diese Aussage war letztlich die Fortsetzung der Vernebelungsstrategien und Lügen, wie sie seit Anbeginn bei Aventis praktiziert wurden. Natürlich wurden, wie in einem französischen Konzern nicht anders zu erwarten, die wichtigsten und einflussreichsten Positionen mit engen Vertrauten von Dehecq besetzt, die früher alle Sanofi-Synthélabo angehörten. Von den ehemaligen Hoechst-Mitarbeitern blieben nur Thomas Hofstaetter und Heinz-Werner Meier übrig Hofstaetter, der das Business Development leiten sollte, hat 2005 Sanofi verlassen und arbeitet heute in den USA für Wyeth. Heinz-Werner Meier bekam laut neuem Organigramm von Sanofi-Aventis nun wieder die Position, die er vor drei Jahren schon einmal innehatte, nämlich die des Leiters des Vertriebs in Deutschland. In dieser Funktion berichtete er an Hanspeter Spek, der ein enger Vertrauter von Dehecq ist und das gesamte operative Geschäft weltweit leitet. Im Jahr 2006 wurde Meier sogar in den Vorstand von Sanofi-Aventis berufen. Doch die gallische Rache kam 2008; Meier wurde hinausgedrängt.

11.7 Mitläufergeschichten

Betriebsrat Wolfgang Vetter resümiert: *Der Vorstand ist kollektiv verantwortlich für das, was da passiert ist. Was mir immer wieder durch den Kopf ging: Der Vorstand ist ein Kollegium, das gemeinsame Beschlüsse fasst. Was ist da passiert? Da gab es doch Stimmen dagegen. Mische hat mir mehrfach gesagt, er war dagegen gewesen, das hat er mir klipp und klar erzählt. Auch Seifert war dagegen. Warum konnten die sich da nicht durchsetzen gegen einen Kurs, den sie alle oder mehrere von ihnen nicht für richtig hielten? Weil jeder Schiss hatte, dass er derjenige ist, der über die Klinge springt. Weil natürlich immer irgendein Rädelsführer ausgemacht wird. Jeder hatte Schiss, dass er als Rädelsführer ausgemacht wird. Das ist, glaube ich, der Grund, warum das nie funktioniert hat.*

So war das auch in Bergamo, als Seifert, Schadow und Felcht doch noch alles retten wollten und paktierten: Jetzt haben wir das zwar unterschrieben, aber wir sagen, wir machen nicht mehr mit. Aus mit der Fusion Hoechst/Monsanto. Die drei hatten es sich geschworen, oben in Bergamo. Dann, am nächsten Tag, hat Seifert nochmals den großen moralischen Anlauf genommen, ging zu Mische, und der hat gesagt, nein, das können wir doch nicht machen. Schadow war nun auch der Meinung: nein. Das sind im Grunde alles Mitläufer-Geschichten, richtige Mitläufer-Geschichten. Und dafür ging Hoechst unter!

12. Finale Zitate: Du kannst auf die Schnauze fallen, aber mach' den Mund auf

Justus Mische: *Man darf wirklich nicht glauben, dass Jürgen Dormann als einzige Person gegen den gesamten Vorstand und den Aufsichtsrat die Zerschlagung des Konzerns beschlossen hat. Vorsicht, Vorsicht!*

Diese Traurigkeit, die alle diejenigen empfinden, die bei Hoechst tätig waren weltweit, egal wo, der einfache Meister in Frankfurt oder in Höchst, der ist genauso traurig wie ich auch. Sie dürfen nicht vergessen, ich sage immer die Lufthoheit über den Stammtischen haben Menschen, eben die Meister, die Vorarbeiter oder was sie sind, immer auch in Verbindung mit ihrem Arbeitsplatz und der Firma, für die sie tätig sind. Und daraus beziehen sie für sich selbst Stolz und Genugtuung und Wertschätzung. Sie haben einen Freundeskreis. Das ist bei Bayer oder Bosch nicht anders als bei Hoechst. Bei Bayer und Bosch ist es auch sehr ausgeprägt. Wer in Stuttgart oder in Leverkusen sagt, ich bin beim Bosch oder beim Bayer, da stehen die Leute plötzlich auf. So war es auch bei Hoechst. Das ist sehr traurig, dass das damit zu Ende gegangen ist und viele Leute, man kann schon wirklich sagen, diesen emotionalen Entzug spüren.

Günter Metz: *Was mich am meisten bekümmert ist, dass die Firma so über den Rhein gezogen wird und dann weg ist. Das tut weh. Wir haben da nicht genügend aufgepasst.*

Erhard Bouillon: *Wer sich austricksen lässt, ist selber schuld. Wer im Vorstand ist, und daran habe ich mich fast zwanzig Jahre im Vorstand ohne operative Verantwortung gehalten, muss den Mund aufmachen. Wenn Vorstände heute sagen, sie hätten sich austricksen lassen, oder Dormann hätte sie ausgetrickst, dann muss ich sagen: Warum haben sie sich das gefallen lassen? Da war keiner von der dort protokollierten Linie abgewichen. Ich habe die Vorstandsprotokolle alle gesehen. Keiner war von der Meinung des Vorstandsprotokolls abgewichen. Der alte Winnacker, als er mich geholt hat, hat zu mir gesagt: Bouillon, wenn du da reingehst, du kannst auf die Schnauze fallen, aber mach' den Mund auf!*

Ein paar Worte zum Schluss

Bei allem Respekt vor der Arbeit seiner Vorgänger kann nicht verschwiegen werden: In Hoechst gab es beim Amtsantritt von Jürgen Dormann erheblichen aufgestauten Veränderungsbedarf. Wolfgang Hilger selber hatte nie ein Hehl daraus gemacht.

Die ersten Schritte von Dormann wiesen auch in die rechte Richtung. In jener Phase herrschte tatsächlich eine *Aufbruch*-Stimmung im Unternehmen. Die Bereitschaft, ja – der Wille zu Wandel und Neuerungen waren mit Händen zu greifen. Zugleich gab es ein ungeheures Kompetenz-Potenzial, was u. a. darin seinen Ausdruck fand, dass Hoechst in internationalen Gremien – Verbänden, Fachvereinigungen, Task Forces, Projektgruppen – weit überdurchschnittlich repräsentiert war. Auch die Karriere vieler ehemaliger Hoechst-Manager nach der Zerschlagung des Konzerns belegt eindrucksvoll, wie viel unternehmerisches Talent im Unternehmen abrufbar war. Natürlich gab es auch Schwächen und Mängel, organisatorische wie mentale. Aber der Kompetenz- und Motivations-Fundus wog ungleich schwerer.

Ein Unternehmens-*Führer* hätte mit solchen Pfunden gewuchert, wäre zu neuen Ufern aufgebrochen. Solches aber war von Dormann wohl auch gar nicht zu erwarten. Die eigentliche Schuld am Untergang des einst weltgrößten Chemiekonzerns tragen letztlich diejenigen, die Dormann in sein Amt berufen hatten – und diejenigen, die seinen fatalen Kurs willfährig begleitet und abgenickt haben.

Der einstige Leiter des Geschäftsbereichs Pharma, einige Jahre Vorsitzender des Bundesverbandes der Pharmazeutischen Industrie (BPI) und Präsident des Weltverbandes der Pharmaindustrie (IFPMA), Max P. Tiefenbacher, mittlerweile im 94. Lebensjahr und geistig auf der Höhe der Zeit, schreibt in seinen Lebenserinnerungen:

Ein Vorsitzender kam ans Ruder, der das Unternehmen kurzerhand zerlegte, ausschlachtete und in Einzelstücken verscherbelte. Binnen weniger Jahre waren 130 Jahre Hoechst ausgelöscht. Die Aktionäre jubelten, die Banken und Beraterfirmen applaudierten und kürten den Vorsitzenden zum Manager des Jahres. Alle an der Zerschlagung von Hoechst beteiligten Raubtiere hatten reiche Beute gemacht. Nur die Mitarbeiter und das Umfeld in einigen Hundert Standorten weinten. – Kleiner Mann, was nun? Was tun in den Raubtierhöhlen dieser „brave new world"?

Beim Strategietreffen auf der Bühlerhöhe Mitte Februar 1997 degradierte sich selbst die Führungsspitze zu einer Laienspielerschar. Ein rabenschwarzes Theaterstück wurde aufgeführt, mit lätalem Ausgang für den Weltchemieriesen, der in jenen Tagen noch ein weitgehend integrales Weltunternehmen darstellte mit 130.000 Mitarbeitern, Leute, die fast alle für ihr Unternehmen durchs Feuer gegangen wären. Nur die oberste Riege buckelte sich in eine fadenscheinig goldene Zukunft. Männer, die wenige Jahre zuvor noch motiviert und zielstrebig generalstabsmäßige Führungsarbeit geleistet hatten, wurden Memmen. Jede Führungskultur war weg und nach zwei Jahren auch der Konzern.

Es dauerte nicht lange, da wurden Schuldige gesucht, dabei nur ein einziger identifiziert: Jürgen Dormann, eine kaum charismatische Persönlichkeit. Das aber und dafür stehe ich, stimmt nicht. Sie waren alle dabei, Vorstand und Aufsichtsrat. Sie begriffen nicht einmal den selbst initiierten Untergang und den listig eingefädelten Abgang. Handgelder beim Abschied machten sie blind. Außerdem hatten sie keinerlei Rückhalt in der deutschen Politik, umso mehr einen perfekt in Staatsräson trainierten Gegner. Schlachten werden im Kopf gewonnen oder eben auch verloren.

Spin-offs und Buy-outs im Hoechst-Umfeld (Auszug)

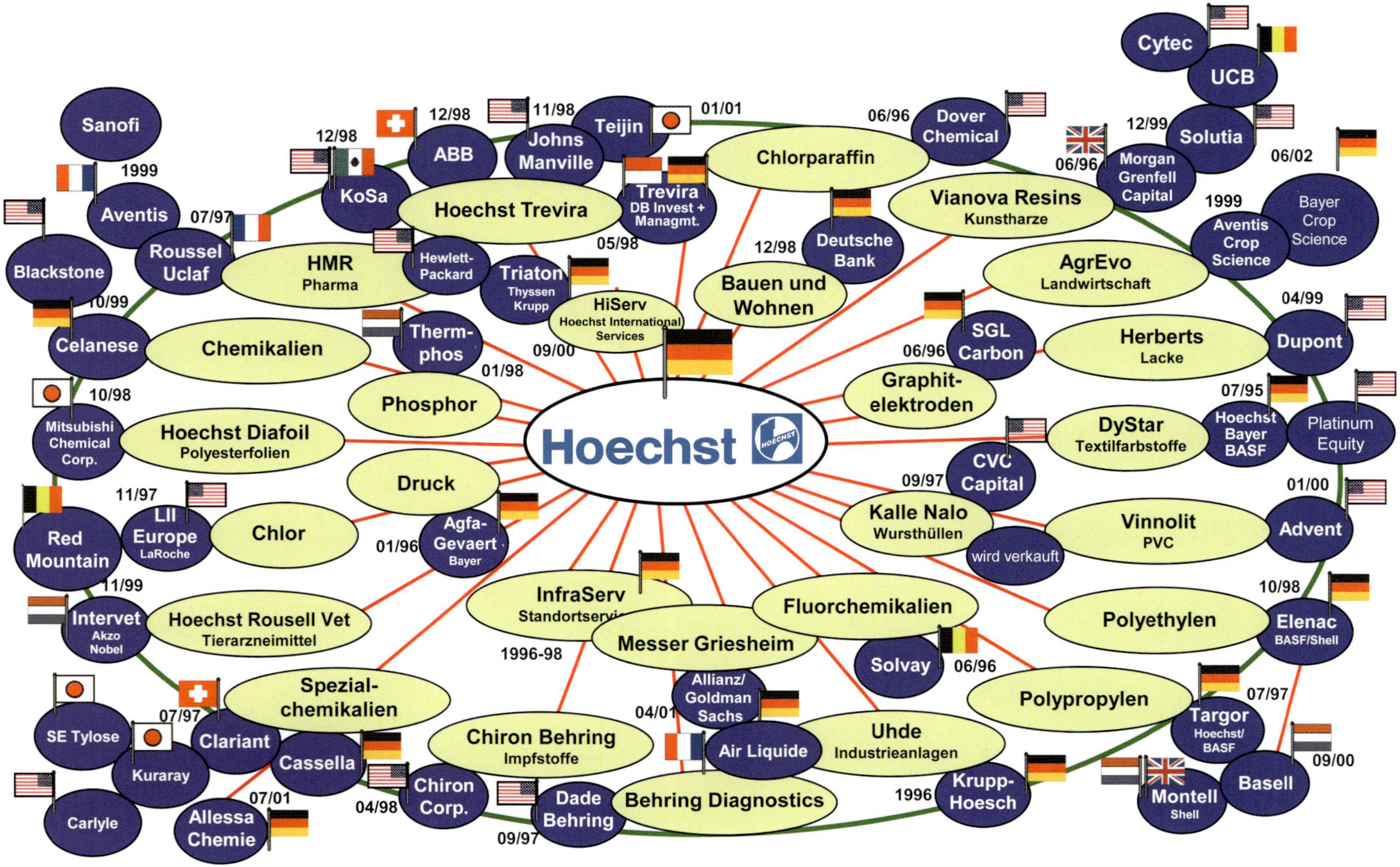

Beträge in Mio DM	**1997**	1996[1]	1995[1]	1994	1993	1992	1991	1990	1989	1988
Umsatzerlöse	52 100	50 927	52 177	49 637	46 047	45 870	47 186	44 862	45 898	40 964
davon im Ausland	42 081	41 758	41 135	38 768	35 697	34 516	35 542	33 447	35 433	31 143
Betriebsergebnis	3 653	4 013	3 591	2 318	1 476	2 152	2 781	3 177	4 041	4 000
Gewinn vor Ertragsteuern	3 157	5 146	3954	2 209	1 227	2 108	2 562	3 215	4 146	4 086
Ertragsteuern	1 383	2372	1 709	846	471	926	1 205	1 519	2016	2 071
Gewinn nach Steuern	1 774	2 774	2 245	1 363	756	1 182	1 357	1 696	2 130	2 015
davon im Unternehmen verbleibend	727	1 790	1 478	794	79	363	491	876	1 388	1 326
Ausschüttung	1 047	984	767	569	677	819	866	820	742	689
Konzerngewinn	1 343	2 114	1 709	885	466	925	1 097	1 498	1 929	1 824
Anlagevermögen	38 623	31 710	29 520	18 591	19 289	17 933	16 583	15 390	14 597	13 784
Umlaufvermögen	22 282	23 415	24 007	21 986	19 823	18 978	19 134	18 800	18 750	17 596
Bilanzsumme	60 905	55 125	53 527	40 577	39 112	36 911	35 717	34 190	33 347	31 380
Eigenkapital	19 109	18 082	15 503	13 790	13 540	13 856	13 696	12 740	12 546	11 316
davon Anteile anderer Gesellschafter	3 097	3 574	3 058	2 569	2 375	2 018	1 820	1 271	1 262	1 184
Langfristiges Fremdkapital	20 277	19 388	19 567	14 516	14 331	12 337	11 148	10 567	10 583	11 304
Kurzfristiges Fremdkapital	21 519	17 655	18 457	12 271	11 241	10 718	10 873	10 883	10 218	8 760
Investitionen in Sachanlagen und immaterielle Vermögensgegenstände	3 686	4 021	3 757	3 329	3 727	3 953	3 705	3 532	3 247	2 816
Abschreibungen auf Sachanlagen und immaterielle Vermögensgegenstände	3 704	3 507	3 274	3 410	3 283	3 122	2 998	2 641	2 504	2 112
Investitionen in Beteiligungen	6 062	1 733	10 490	347	1 572	764	372	884	518	147
Finanzschulden	16 615	11 819	12 730	6 452	7 280	6 765	6 576	6 324	6 099	6 088
Netto-Finanzschulden	15 980	11 269	11 600	4 479	5 692	4 854	4 106	3 683	2 661	2 719
Zinsaufwendungen	1 346	1 120	973	751	791	830	811	764	883	704
Zinsaufwendungen (Saldo)	1 019	780	631	456	449	488	382	393	201	271
Forschungskosten	3 990	3 880	3 479	3 311	2 968	2 847	2 855	2 687	2 621	2 416
Personalaufwand (ohne Strukturmaßnahmen)	13 807	13 848	14 345	14 354	13 881	13 867	13 962	13 123	13 058	11 816
Mitarbeiter, Jahresdurchschnitt	137 374	151 486	165 928	169 760	172 483	177 668	179 332	172 890	169 295	164 527
Mitarbeiter, 31.12.	118 212	147 862	161 618	165 671	170 161	174 788	177 324	172 533	168 899	164 049
Kennzahlen										
Ergebnis je Aktie[2]	2,28	3,60	2,91	1,51	0,79	1,58	1,89	2,58	3,34	3,22
Dividende je Aktie[2]	1,50	1,40	1,30	1,00	0,70	0,90	1,20	1,30	1,30	1,20
Eigenkapitalrendite nach Steuern (%)	9,5	16,5	15,3	10,0	5,5	8,6	10,3	13,4	17,9	19,1
Gesamtkapitalrendite (%)	7,8	11,5	10,5	7,4	5,3	8,1	9,6	11,8	15,5	16,1
Netto Umsatzrendite[3] (%)	3,4	5,4	4,3	2,7	1,6	2,6	2,9	3,8	4,6	4,9

[1] Der besseren Vergleichbarkeit wegen angepaßt, siehe Ziffer 4
[2] Aktie im Nennwert von DM 5,–
[3] Gewinn nach Steuern im Verhältnis zum Umsatz

Chronik

Aus der Festschrift „Mitten im Leben" – 125 Jahre Hoechst

1863 Mit großem unternehmerischem Mut, Weltoffenheit und unbegrenztem Vertrauen in die Möglichkeiten der Chemie beginnt die 125jährige Geschichte von Hoechst. Die Chemiker Lucius und Brüning, die Kaufleute Meister und Müller, die Arbeiter Abt, Barthel, Nathan, Racke und Wagner fangen an, in einer kleinen Fabrik am Westrand von Höchst Farbstoffe herzustellen.

Es ist die Aufbruchszeit der Chemie in Deutschland. Bereits 1842 hatte der Liebig-Schüler Ernst Sell im heutigen Werk Offenbach begonnen, organisch-chemische Grundstoffe herzustellen. Um Düngemittel ging es 1856 bei der Gründung des jetzigen Werkes Griesheim und 1858 bei Albert nahe Wiesbaden.

Die sechziger Jahre stehen im Zeichen der neuen, zunächst in Frankreich und England entdeckten Farbstoffe. Junge Naturwissenschaftler und Kaufleute sehen die starke Nachfrage der Textilindustrie nach Farben, sehen die Chancen, die sich hier aus der Verbindung von Forschung und Technik, aus der Umsetzung wissenschaftlicher Erkenntnis in industrielle Produktion ergeben. Bayer (1863) und BASF (1865) werden gegründet, ebenso wie Kalle in Biebrich (1863) und Cassella im Osten Frankfurts (1870).

Erstes Hoechst Produkt ist Fuchsin, ein rotvioletter Farbstoff, der dem jungen Unternehmen bei den Nachbarn den Namen „Rotfabrik" einträgt. Doch mit dem steigenden Wettbewerb fallen die Preise, die Vorprodukte werden teurer. Stattliche Verluste bestimmen die Bilanzen der beiden Anfangsjahre. Bei einem Umsatz von 27 796 Gulden erreichen 1863 die Verluste 13 864 Gulden. Müller scheidet aus der offenen Handelsgesellschaft aus. Für ihn wird Brüning, anfangs technischer Direktor, nun Miteigentümer.

Den Umschwung bringt eine Eigenentwicklung: das Grün der Kaiserin. Eine Abendrobe der französischen Kaiserin Eugenie macht das pastenförmige Aldehydgrün weltbekannt, das Lucius und Brüning gefunden hatten. Eine bunte Farbstoffpalette entsteht, zu denen Triphenylmethanfarbstoffe ebenso wie die Jodfarben gehören. Bald werden Hoechst Farbstoffe von den Färbern in England und Frankreich, in Süd- und Osteuropa, in Übersee gerne verwandt.

Ein Idol ihrer Zeit: Die französische Kaiserin Eugenie, Gattin Napoleons III., bringt Aldehydgrün groß in Mode.

Vier Generationen der Familie Barthel waren und sind tätig für Hoechst: Der erste Arbeiter, Johann Barthel, ist der Urgroßonkel von Thomas Barthel.

1869 Ein großtechnisches Verfahren zur Herstellung des Alizarin wird ausgearbeitet. Es ist wirtschaftlicher als der Syntheseweg, den Graebe und Liebermann in Berlin kurz zuvor entdeckt hatten.

Das Alizarin entspricht dem Rot aus der Krappwurzel. Diese erste Naturfarbstoffsynthese gewinnt große Bedeutung. Eine eigene

Alizarinfabrik entsteht gegenüber der neuen Zwischenproduktefabrik nahe dem heutigen Tor Ost. Dazu gehört eine Badeanlage mit 48 Badewannen. Die Badezeit wird bezahlt. Ein sehr gutes Jahr: der Gewinn erreicht 28 Prozent des Umsatzes von 620 000 Talern.

Mit dem Alizarin, dem Rot der Krappwurzel, gelingt erstmals die Synthese eines Natur-Farbstoffs.

1871 In die ersten Jahre des deutschen Kaiserreichs fallen die Anfänge der Gewinnbeteiligung und Mitbestimmung bei Kalle: Ein gewählter, aus fünf Arbeitern bestehender Ehrenrat wirkt mit bei den Sozialeinrichtungen. Neben einer Werks-Sparkasse gibt es dort eine Prämienkasse. Die Firma zahlt hier für jeden Arbeiter einen Betrag ein, der abhängig ist vom Reingewinn.

1873 Die höchste Auszeichnung der Wiener Weltausstellung, ein Ehrendiplom, erhält Hoechst für sein Verfahren zur Fuchsin-Herstellung, das ohne die bisher benötigte Arsensäure auskommt.

1874 Auf 2,5 Millionen Taler ist der Umsatz inzwischen gewachsen. Hoechst beschäftigt knapp 400 Mitarbeiter: 350 Arbeiter, 16 Aufseher und 24 „Beamte“ – gehobene und höhere Angestellte, darunter 12 Chemiker. Die zu klein gewordene alte Fabrik nahe beim Höchster Schloß wird aufgegeben und abgerissen. Methylgrün und Methylviolett erlangen Bedeutung. Im Jahr darauf beginnt mit dem Eosin die Herstellung von Resorcin Farbstoffen, und es beginnt der Werkswohnungsbau: Acht Vierfamilienhäuser entstehen zwischen Werk und Stadt am „Seeacker“.

1878 Endlich gibt es ein einheitliches deutsches Patentrecht: Für die ersten Azo-Farbstoffe, noch heute eine wichtige Farbstoffklasse, erhält Hoechst sein erstes Reichspatent. Der Ertrag, der Mitte des Jahrzehnts stark gefallen war, ist wieder ansehnlich. Zwei neue Werksküchen werden erbaut und von gewählten Arbeiterausschüssen verwaltet. 20 Pfennig zahlt jeder Essensteilnehmer für einen Liter dicke Suppe aus Hülsenfrüchten mit 170 Gramm Fleisch und zweimal einen halben Liter Kaffee. Die Firma legt einen weiteren Groschen drauf, zahlt Personal und Energien. Die erste ausländische Produktionsstätte wird in Moskau eröffnet. Alizarin, später weitere Farbstoffe, stehen auf dem Programm.

Mit der „Kaiser-Wilhelm- und Augusta-Stiftung“ beginnt die betriebliche Altersversorgung bei Hoechst. Errichtet aus privaten Mitteln der Firmengründer, verwaltet durch ein paritätisch aus Vertretern von Arbeitnehmern und Arbeitgebern besetztes Gremium, dem ein Regierungsvertreter vorsitzt, vergibt sie Renten an pensionierte Arbeiter und Hinterbliebene. Sieben Jahre später entsteht für die Beamten eine Pensionskasse. 1879 ist auch das Jahr, in dem das Stammwerk an das Schienennetz der staatlichen Eisenbahnen angeschlossen wird und zugleich die werksinterne Kleinbahn, die Rollbahn, erhält, die fast 80 Jahre lang ein Hauptinstrument des Werksverkehrs ist. Der „Biebricher Scharlach“, ein Diazo-Farbstoff, wird bei Kalle zum Renner. 1879

Aus der OHG wird die AG: Zum Jahresanfang wird das Unternehmen in die Aktiengesellschaft „Farbwerke vorm. Meister Lucius & Brüning“ umgewandelt. 8,5 Millionen Mark beträgt das Aktienkapital, der Umsatz dürfte in der gleichen Größenordnung gelegen haben. Die Gründer wechseln in den Aufsichtsrat. Vorstandsmitglieder werden der Chemiker Dr. Karl König und der weltgewandte Kaufmann August de Ridder. 1 200 Mitarbeiter zählt das Werk. Arbeiter verdienen im Jahr netto zwischen 800 und 1 500 Mark. Gearbeitet wird an sechs Wochentagen jeweils 9,5 Stunden lang, von 6 bis 17 Uhr. Baubeginn für die Säurefabrik: Zu den Farbstoffen und den organischen Zwischenprodukten kommen die anorganischen Säuren – Salzsäure, Schwefelsäure und Salpetersäure – hinzu. Ein tiefgestaffelter Produktionsverbund. 1880

Die Arzneimittelsynthese im großen Maßstab beginnt mit der technischen Synthese von Antipyrin, das der Erlanger Hochschullehrer Ludwig Knorr entwickelt hatte. Es ist für Jahrzehnte eines der wichtigsten fiebersenkenden und schmerzstillenden Präparate und ersetzt immer mehr das Chinin. 1883 löst die „Unterstützungskasse“ als Betriebskrankenkasse eine Vorläuferin ab. Die zweite Auslandsproduktion in Creil bei Paris läuft an. Farbstoffe, aber auch Arzneimittel entstehen hier. 1884 stirbt Adolf v. Brüning. An der technischen Entwicklung des Unternehmens in der Anfangsphase und dem 1883/1884

Fiebersenkend, schmerzstillend: Antipyrin eröffnet die Reihe großer Medikamente von Hoechst.

Aufbau der Sozialeinrichtungen hatte er großen Anteil. Heinrich Albert führt im In- und Ausland das Thomasmehl – feingemahlene Phosphorschlacke aus der Eisengewinnung – als Düngemittel ein.

1885 Gute Mengenkonjunktur, aber stark rückläufige Farbstoffpreise lassen den Gewinn drastisch sinken. Es reicht nur noch für 5 Prozent Dividende auf das inzwischen 12 Millionen betragende Aktienkapital. Im heutigen Werk Griesheim beginnt Ignaz Stroof die Entwicklungsarbeiten an der großtechnischen Chlor-Alkali-Elektrolyse. Er legt damit den Grundstein zu einem Basisverfahren der chemischen Industrie, der elektrolytischen Zersetzung von Kochsalz zu Natronlauge und Chlor.

1888 Im Jahr des 25jährigen Bestehens zählt das Unternehmen mehr als 2 000 Mitarbeiter: 1 860 Arbeiter, 50 Aufseher, 9 technische Beamte, 57 Chemiker und 86 Kaufleute. Das heutige Stammwerk umfaßt eine Fläche von 60 Hektar, ein Sechstel davon ist bebaut. An der Frankfurter Börse wird die Hoechst Aktie eingeführt. Das Patentblau kommt auf den Markt, ebenso die Auramin- und Rhodamin-Farbstoffe.

1890 Die neunziger Jahre sind für Hoechst gute Jahre. Der Umsatz steigt von 19 Millionen Mark (1890) auf 29 Millionen Mark (1900). Die Dividende beträgt jeweils zwischen 25 und 28 Prozent. Zügig werden die Arzneimittel- und Farbstoffsortimente ausgebaut. Die Belegschaft wächst auf über 4 000 Mitarbeiter zur Jahrhundertwende.

1892 Hoechst stellt ein Tuberkulose-Diagnostikum her, das Tuberculocidin. Das als Ausgangsmaterial erforderliche Tuberculin liefert zunächst Robert Koch, der dann Hoechst auch die Herstellung des Tuberculocidin überträgt. Tuberculocidin ist das erste Immunpräparat von Hoechst. Es gibt den Anstoß zum Aufbau einer serobakteriologischen Abteilung, des Grundsteins für die heutigen Behringwerke. Dank eigener Entwicklungsarbeiten kann im Stammwerk die Erzeugung rauchender Schwefelsäure nach dem Kontaktverfahren anlaufen. In Griesheim erarbeitet Stroof ein Verfahren, nach dem Kohleelektroden aus Teer und Koks gefertigt werden können. Sie verbessern die Stahlerzeugung. Aus einer Stiftung des Firmengründers Meister entstehen die ersten 20 Häuser der Heimchen-Siedlung, in der ältere, langjährige Mitarbeiter kostenfrei wohnen können. Eines dieser Häuser wird auf der Weltausstellung in Paris 1900 nachgebaut und mit einem Großen Preis ausgezeichnet. Bis zum 1. Weltkrieg umfaßt das Heimchen 136 Freiwohnungen.

Robert Koch entdeckt die Erreger der Tuberkulose.

Emil von Behring begründet die Serumtherapie.

1893 Einstöckig zunächst wird im Stammwerk das Hauptverwaltungsgebäude D 706 errichtet. Die Segnungen der Chemie und des Handels machen allegorische Gruppen über dem Portal augenfällig. Das zweimal aufgestockte, denkmalgeschützte Gebäude beherbergt auch heute Vorstand und zentrale Abteilungen.

1894 Das Diphtherie-Heilserum wird eingeführt. 1890 hatte Emil von Behring über seine Forschungen mit Antitoxinen berichtet. Er setzt seine Arbeiten in Verbindung mit Hoechst fort. Die Diphtherie, an der Jahr für Jahr allein in Deutschland etwa 50 000 Kinder starben, wird zurückgedrängt, schließlich gebannt. Eine Palette immunologischer Heilmittel für Mensch und Tier entsteht: 1897 kommt das Tetanus-Antitoxin gegen den Wundstarrkrampf in den Handel. Es folgt ein Serum gegen die Maul- und Klauenseuche, 1908 das Dysenterie-Serum und 1918 das Gasbrand- und Milzbrandserum. 1901 erhält Behring den ersten Nobelpreis für Medizin. Griesheim schafft sich auf der mitteldeutschen Braunkohle ein zweites Standbein mit kostengünstiger Energieversorgung: In Bitterfeld läuft eine Elektrolyse, später auch die Phosphor- und Leichtmetall-Herstellung an.

Erstes Firmenzeichen mit den Initialen der Gründer.

1897 Pyramidon, von Friedrich Stolz synthetisiert, wird ausgeboten. Es ist eine Weiterentwicklung von Antipyrin. Gut fiebersenkend, entzündungshemmend und krampflösend wird es für viele Jahrzehnte zum Standardpräparat in der Hausapotheke.

Die wirtschaftliche Synthese des Indigo gelingt. Für eine Vorstufe wird 1900 das Werk Gersthofen bei Augsburg gegründet. Es nutzt preiswerten Strom aus Wasserkraft. Das Verfahren nach Heumann und Pfleger erweist sich als überlegen. Ein Jahr darauf eröffnet Adolf Messer in Höchst eine Werkstatt, in der Acetylen-Beleuchtungsanlagen und -entwickler gebaut werden – eine Keimzelle der heutigen Messer Griesheim GmbH.

1900 Bessere Hygiene und Pflege, aber auch mehr Ruhe für die jungen Mütter: Das Wöchnerinnenheim im Heimchen wird zur Geburtsstätte für Generationen von Hoechst Mitarbeitern. Frauen von Arbeitern werden kostenlos betreut, Frauen von Angestellten müssen einen bestimmten Tagessatz bezahlen. In Zeilsheim werden die ersten Hoechst Wohnungen fertiggestellt. Wie auch sonst in den Werkssiedlungen, sind es vorwiegend Doppelhäuser, alle mit Gärtchen und Stallung. Bis 1914 entstehen mehr als 1100 solcher Werkswohnungen. Die Miete beträgt etwa 15 Prozent eines Arbeitereinkommens.

Bei der Weltausstellung 1900 wird eines der Häuser der Heimchen-Siedlung ausgezeichnet.

1903 Mit Eugen Lucius stirbt – acht Jahre nach Meister – der letzte der Gründer. Er war die treibende Kraft bei der Gründung und leitete nach Brünings Tod den Aufsichtsrat bis 1902. In dieser Funktion folgt ihm bis 1925 Meisters Schwiegersohn Walter vom Rath. Im Vorstand dominiert Brünings ältester Sohn Gustav. Von 1908 bis zu seinem Tode 1913 ist er Generaldirektor. Frauen sind bei Hoechst in der Telefonzentrale, in der Pharma-Verpackung und seit 1904 auch mehr und mehr in den Büros tätig.

Ernst Wiss entwickelt das autogene Schweißen und Schneiden.

Im heutigen Werk Griesheim begründet Ernst Wiss das autogene Schweißen und Schneiden. Mit Hilfe von Sauerstoff oder Wasserstoff können erstmals Stahlplatten getrennt oder verbunden werden – vorher ging es nur mit Nieten oder Schrauben.

1904 Der Versuch, die großen deutschen Farbstoffhersteller zu einem Großkonzern zu verbinden, scheitert – nicht zuletzt an Brünings Widerstand, der die Problematik eines Giganten höher als die Vorteile der Größe bewertet. Statt dessen verbinden sich Hoechst und Cassella, später auch Kalle (1907). Im Gegenzug entsteht der Dreibund aus BASF, Bayer und Agfa. 8000 Bände umfaßt die neue Werksbücherei im Stammwerk.

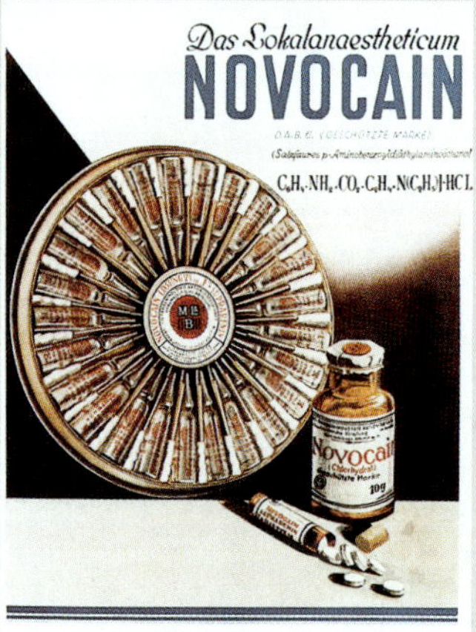

Das erste synthetische Betäubungsmittel ist ein großer Fortschritt in der Lokalanästhesie.

Die erste Synthese eines Hormons überhaupt gelingt Friedrich Stolz. Es ist das gefäßverengende, blutdrucksteigernde Nebennierenhormon Adrenalin. Unter dem Namen Suprarenin wird es zwei Jahre danach eingeführt. Weitere zwei Jahre später gelingt die Isolierung des optisch linksdrehenden Isomeren, das in seiner Wirkung völlig dem natürlichen Hormon entspricht.

1905 Novocain, vom Münchner Hochschullehrer Alfred Einhorn entdeckt, erweist sich als leicht lösliches, gut verträgliches Anästhetikum und verdrängt das stark giftige Cocain. Noch heute spielt es für die örtliche Betäubung in der Zahnmedizin eine wichtige Rolle. Auf der Basis des Thioindigo entsteht ein breites Sortiment von Küpenfarbstoffen für Wolle. Griesheim erwirbt das heutige Werk Offenbach.

1906 Bezahlten Urlaub kannten bei Hoechst bisher nur die Angestellten. Jetzt wird er auch für Arbeiter eingeführt, nach Dienstjahren gestaffelt. Drei Tage Urlaub erhält, wer zwei bis fünf Jahre im Werk tätig ist. Wer länger da ist, kann bis zu einer Woche Urlaub nehmen.

1907 Im heutigen Werk Knapsack bei Köln wird Kalkstickstoff hergestellt. Er dient als Düngemittel und für wenige Jahre auch als Ausgangssubstanz für Ammoniak.

1908 Zur Versorgung des Empire mit Indigo entsteht innerhalb weniger Monate in Ellesmere Port bei Liverpool ein neues Werk. In Ellesmere Port werden später auch weitere Farbstoffe und Arzneimittel hergestellt.

Paul Ehrlich erforscht Wirkungsmechanismen der Arzneimittel, hilft bei der Standardisierung der Sera und entdeckt mit dem Salvarsan das erste große Heilmittel gegen die Syphilis.

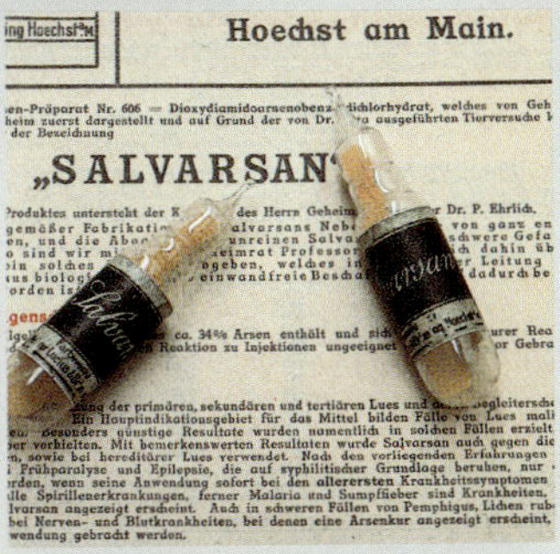

1909 Mit dem Hansa-Gelb von Hermann Wagner wird bei Hoechst das erste organische Pigment entwickelt. Es ist besonders licht- und farbecht. Für Lacke und Druckfarben gewinnen die organischen Pigmente große Bedeutung.

1910 Salvarsan wird zum Zauberwort, zur Hoffnung für Todkranke in der ganzen Welt. Paul Ehrlich entdeckte in seinem Frankfurter Forschungsinstitut die Wirksamkeit dieser organischen Arsenverbindung gegen die Erreger der Syphilis. Die großtechnische Herstellung gelingt bei Hoechst. Erst nach weltweiter klinischer Prüfung wird Salvarsan ausgeboten. Es ist der Beginn der modernen Chemotherapie.

Kurt Albrecht findet phenolmodifizierte Kolofonium-Harze, die Albertol Harze, die für die Lackindustrie sehr wichtig werden. Diese Kunstharze sind heute als Bindemittel für Druckfarben besonders gefragt. Kunstharze werden später zum wichtigen Arbeitsgebiet des heutigen Werkes Albert.

1911 Im Wissenschaftlichen Labor des heutigen Werkes Offenbach entwickeln August Laska und Arthur Zitscher das Naphtol AS Färbeverfahren und eröffnen neue Möglichkeiten bei der Farbgebung von Baumwolle. Zeichen eines kleinen Wohlstandes: Neben der dicken Suppe für 20 Pfennig wird in den Arbeiter-Speisesälen in Hoechst ein 2-Gänge-Menü zu 30 Pfennig angeboten: Suppe, Gemüse und Fleisch. Der Durchschnittstageslohn eines Arbeiters liegt bei knapp 4,50 Mark netto.

1913 Die Jahre nach der Jahrhundertwende hatten für Hoechst – wenn man den Gewinn betrachtet – verhalten begonnen. Doch der Indigo und die anderen Farbstoffe, die neuen Arzneimittel treiben das Unternehmen stürmisch voran. Es sind goldene Jahre: Der Umsatz steigt zwischen 1900 und 1913 auf das Zweieinhalbfache, auf über 100 Millionen Mark. Jahrelang können 30 Prozent Dividende ausgeschüttet werden. Die Belegschaftszahl klettert auf fast 9 000 Mitarbeiter. Deutsche und Schweizer Chemieunternehmen decken mehr als neun Zehntel des Weltbedarfs an synthetischen Farbstoffen. Von den Hoechst Farbstoffen gehen 88 Prozent ins Ausland. Wichtigstes Kundenland ist China mit einem Viertel der Produktion. Es folgen die USA, in die ein Fünftel der Farben verschifft wird.

Fritz Klatte gelingt in Griesheim mit dem Polyvinylacetat Mowilith die Darstellung der ersten Kunststoffdispersionen. Im gleichen Jahr erkennt er die Verwendbarkeit von PVC, des ersten durch Polymerisation von Vinylverbindungen erzeugten Kunststoffs.

Fritz Klatte entwickelt in Griesheim die ersten Polymerisationskunstharze.

1914 Von den 9 200 Männern, die im Stammwerk arbeiten, werden 3 237 einberufen oder ziehen als Freiwillige des Kaisers Rock an. 546 Mitarbeiter fallen. Den Familien der Eingezogenen zahlt das Werk Unterstützungen. Die Farbstoffbetriebe liegen weitgehend still. Die Belegschaftszahl sinkt 1915 auf knapp 6 000, steigt dann aber auf knapp 15 000 Beschäftigte – viele von ihnen sind Kriegsgefangene und Fremdarbeiter – im Jahre 1917, nachdem auf Anordnung des Kriegsministeriums große Anlagen zur Produktion von Salpeter, Salpetersäure und Ammonitrat anlaufen. Sprengstoffe und Kampfgase werden hergestellt. Salpetersäure wird nach einem von Martin Rohmer entwickelten Verfahren aus Ammoniak erzeugt. Die Anteile an Knapsack gehen zunächst zur Hälfte, 1918 voll an Hoechst.

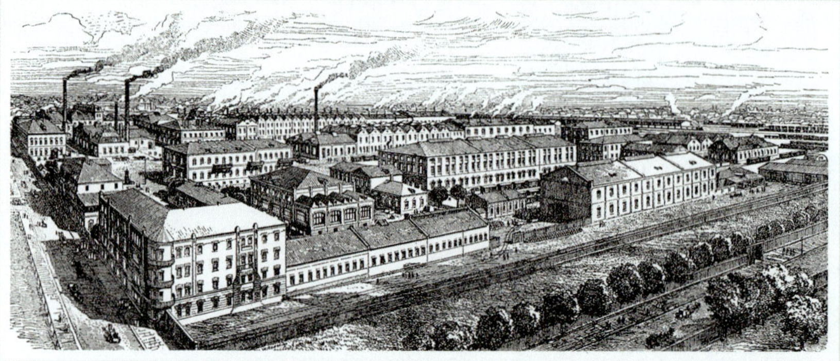

Filiale Moskau im Jahre 1913.

1916 Der Weltkrieg verändert fundamental die Stellung der deutschen Chemie auf dem Weltmarkt, Patente und Warenzeichen, die Tochtergesellschaften werden in den Staaten enteignet, die im Kriege mit dem Reich stehen. Abgeschnitten von der deutschen Zufuhr, werden Farbstoff- und Arzneimittelindustrien aufgebaut in den Ländern, die wirtschaftlich am meisten fortgeschritten sind. Wie auch immer der Krieg enden würde: Harter Wettbewerb ist absehbar. Deshalb verbinden sich die Gruppen Hoechst-Cassella-Kalle und BASF-Bayer-Agfa mit Griesheim und Weiller-ter Meer zu einer Interessengemeinschaft. Die Firmen bleiben rechtlich selbständig, die großen Entscheidungen trifft aber ein Gemeinschaftsrat.

1917 Paul Duden, später von 1925 bis 1933 Werksleiter im Stammwerk, erarbeitet wesentliche Grundlagen der Acetylen-Chemie. Eine Stufenleiter führt von der Kohle über Carbid und Acetylen zu Acetaldehyd und schließlich zu Essigsäure. Aus den Grundstoffen Kohle und Kalk entstehen organische Schlüsselprodukte, die zuvor nur weit umständlicher hergestellt werden konnten. Die Produktion von Acetaldehyd, Aceton und Essigsäure im Stammwerk läuft an.

1918 Im November ist der Krieg vorbei. Französische Truppen besetzen im Dezember die Stadt Höchst und das Stammwerk. In der Folgezeit macht Kohlemangel das Anlaufen der Friedensproduktion sehr schwer.

1919 Nach dem Versailler Frieden müssen große Mengen von Farbstoffen und Arzneimitteln als Reparationsleistungen abgeliefert werden. Erstmals wird ein Reichstarifvertrag für die deutsche chemische Industrie, wird ein Bezirkslohnabkommen vereinbart. Die Belegschaft des Stammwerks steigt von 10 000 Mitarbeitern bis 1922 auf 14 600, fällt dann wieder ab und liegt zwischen 1924 und 1929 um etwa 11 000 Menschen.

1920 Die schon im Kriege spürbare Inflation kommt mehr und mehr in Gang. Das Kleinbürgertum – und dazu zählt in den Vorkriegsjahren schon ein großer Teil der Rotfabriker – und den Mittelstand trifft es tief, daß zu lange versucht wird, Kriegs- und Kriegsfolgelasten mit der Notenpresse zu bewältigen. Mit dem sozialen Frieden ist es nicht weit her. Über Lohn- und Arbeitszeitfragen kommt es im Sommer 1920 und im Herbst 1921 zu Demonstrationen und Unruhen.

1921 Aufbauend auf der Salpetersäure, ist nach dem Krieg eine breite Düngemittelproduktion entstanden. Kalksalpeter, Kalkammonsalpeter gehören dazu. Als erstes Pflanzenschutzmittel von Hoechst kommt Nosperal in den Handel. Es wird im Weinbau eingesetzt. Die Weiterentwicklung von Antipyrin und Pyramidon führt zu Novalgin. Gegründet wird die heutige Tochtergesellschaft Goldbach bei Aschaffenburg; zur Hälfte beteiligt sich Hoechst an Wacker.

1923 Über viele Jahre liefen bei Hoechst Forschungen auf dem Diabetesgebiet. Als kanadischen Wissenschaftlern dann mit dem Insulin der Durchbruch gelingt, erhält Hoechst die erste Lizenz zur Herstellung des Insulins in Deutschland. Später gelingt es bei Hoechst, besonders reine und Depot-Präparate zu entwickeln.

Beginn des Arbeitsgebietes Informationstechnik: Bei Kalle wird nach langen Entwicklungsarbeiten das Trocken-Lichtpauspapier Ozalid hergestellt. Es basiert auf Forschungen, die Gustav Kögel im Kloster Beuron begonnen hatte.

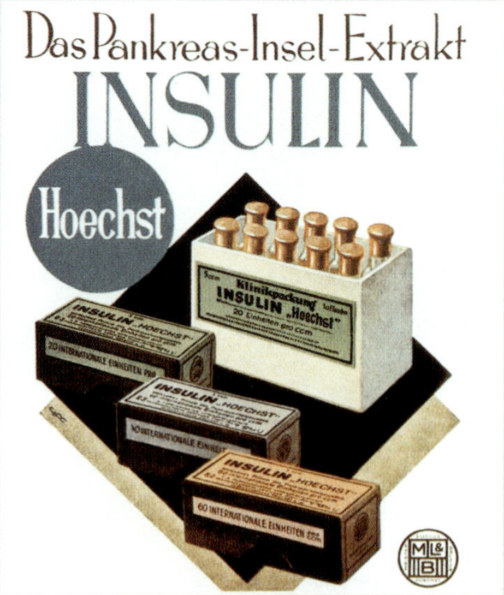

Insulin hilft Millionen zuckerkranker Menschen.

Der Hormone-Betrieb, in dem Insulin hergestellt wird, um 1935.

Auf dem Höhepunkt der Inflation verdient ein Arbeiter in der Stunde 10 Milliarden Mark, das Mittagessen in der Werksküche kostet 4,5 Milliarden. Im November schafft die Rentenmark Stabilität. In diesem Jahr kann weder der Umsatz noch ein Gewinn ermittelt werden.

1924 Fertiggestellt wird im Stammwerk das Technische Verwaltungsgebäude C 770, das Peter Behrens entworfen hatte. Es ist ein Höhepunkt expressionistischer Architektur. Der Gedanke der Farbenfabrik wird im Lichthof eindrucksvoll symbolisiert. Turm und Brücke des Peter-Behrens-Baues sind heute Wahrzeichen von Hoechst in aller Welt.

Bei Griesheim beginnt die Herstellung von Flotationschemikalien. Hoechst erwirbt eine Cellophan-Lizenz. Kalle nimmt im Folgejahr die Produktion auf und stellt die bekannte Haushaltsfolie ein halbes Jahrhundert lang her.

1925 Aus der Interessengemeinschaft wird die I.G. Farbenindustrie mit Sitz in Frankfurt. Umsatzrückgänge machen erhebliche Produktionszusammenlegungen und Rationalisierungen, vor allem bei Farbstoffen, erforderlich. Daneben treibt die I.G. konzentriert neue Arbeitsgebiete voran: Buna, Methanol, Benzin, Leichtmetalle und Synthesefasern sind die bekanntesten Beispiele. Sie werden vorwiegend in neuen Werken hergestellt, die rohstoff- oder energieorientiert sind: nahe der mitteldeutschen Braunkohle wie Leuna, Bitterfeld und Schkopau, in den Steinkohlerevieren des Ruhrgebiets – wie Hüls – und schließlich Oberschlesiens, wo in den letzten Kriegsjahren das dunkelste Kapitel der I.G.-Geschichte geschrieben wird: Kriegsgefangene, Fremdarbeiter und ausgemergelte KZ-Häftlinge bauen das gigantomanische Werk Auschwitz-Monowitz.

Hoechst verliert in den zwei Jahrzehnten der I.G. Farben große Teile seines Farbstoffsortiments. Neue Impulse erhält das Werk aber durch den Ausbau der Pharma, durch die ersten Pflanzenschutzmittel, Textilhilfsmittel, Lösungsmittel und Kunstharze. Bei Kalle kann haarscharf die Schließung abgewehrt werden: Ozalid und Cellophan sind die neuen Standbeine. Offenbach bleibt nur Naphtol AS.

1922 wird das Indanthren-Warenzeichen eingeführt, das die Licht-, Wetter- und Waschechtheit der Farbstoffe symbolisiert.

1926 Vorbildliche Sozialleistungen kennzeichnen auch die I.G.: Eine Jahresprämie wird eingeführt, deren Höhe von Dienstzeit und Einkommen abhängig ist. In diesem Jahr beträgt sie im Schnitt 82 RM. Gleichzeitig wird eine Werkssparkasse gegründet, deren Zinssatz dividendenabhängig ist. Bobingen, traditionsreicher Kunstseide-Produzent, kommt in den Einflußbereich der I.G. Der Ausbau beginnt.

1928 Die I.G. verzeichnet das beste Geschäftsjahr ihrer Geschichte. Bei einem Umsatz von 1,4 Milliarden RM wird ein Gewinn von 118 Millionen RM erzielt. Auf das Aktienkapital von 960 Millionen RM werden 12% Dividende ausgeschüttet. Die Stadt Höchst wird nach Frankfurt eingemeindet. Im Stammwerk beginnt die Mowilith Produktion. Der Pharma- und Pflanzenschutzverkauf wird in Leverkusen konzentriert, das

Das Stammwerk im Jahre 1913.

Immer unter Dampf: Ein Löschzug der Werksfeuerwehr.

Bayer-Kreuz ab 1934 auch Kennzeichen der Hoechst Arzneimittel. Im Jahr darauf erwirbt die I.G. die Kapitalmehrheit der Marburger Behringwerke. In der Folge wird die immunologische Produktion im Stammwerk aufgegeben und bei Behring konzentriert.

1930

Mehr und mehr bekommt auch die I.G. die Weltwirtschaftskrise und den Nachfragerückgang zu spüren. Die Dividende wird von 1931 bis 1936 auf 7% zurückgenommen, steigt von 1937 bis 1940 auf 8% und wird in den drei folgenden Kriegsjahren auf 6% gesenkt. Vor allem durch Frühpensionierungen, aber auch durch Entlassungen sinkt die Belegschaftszahl des Stammwerks auf weniger als 8 000 Mitarbeiter in den Jahren 1931–1934, steigt wieder bis zum Kriegsausbruch auf über 10 000 Mitarbeiter und liegt während des 2. Weltkrieges bei knapp 9 000 Mitarbeitern. In Hoechst beginnt die Herstellung von Polyvinylalkoholen, die unter dem Namen Mowiol etwa für die Herstellung von Klebstoffen Bedeutung gewinnen.

1931

Die Notgemeinschaft der Werksangehörigen der I.G. Farbenindustrie AG Werk Hoechst sammelt Geld, um bedürftigen Menschen in den Städten und Gemeinden der Umgebung mit Kohle, Kleidung und Lebensmitteln zu helfen. Im Frühjahr wird Kurzarbeit eingeführt: 40-Stunden-Woche für Arbeiter und Angestellte. Die Löhne und Gehälter werden um 5 Prozent, zum Jahresende um weitere 10 Prozent gesenkt. Daß die Preise in den Werksküchen ebenfalls heruntergehen, ist nur ein schwacher Trost: Kostete bislang das Arbeiter-Essen 40 Pfennig, sinkt der Preis jetzt auf 30 Pfennig, am Jahresende auf 25 Pfennig. Kalle bringt den Ozaphan Film für die Amateurfilmer heraus. Knapsack baut nach eigenem Verfahren eine Anlage für Essigsäureanhydrid. Im Folgejahr werden bei Hoechst Cellulose-Äther entwickelt, deren Herstellung Kalle übernimmt: Die Klebstoffe Glutolin und Glutofix sowie Tylose, etwa als Schlichte- und Bindemittel verwandt, gehen daraus hervor.

1933

Großbrand im Stammwerk: Teile des Farbenlagers brennen aus. Menschen kommen nicht zu Schaden. Die vier Eckbereiche des markanten Gebäudes nahe am Mainufer, die bisher von Hauben abgeschlossen wurden, tragen seitdem Flachdächer. Ludwig Hermann wird bis zu seinem Tod im Jahre 1938 Werksleiter. Hoechst spielt in der I.G.-Politik keinen wichtigen Part. Aber in den Jahren vor dem Krieg geschieht viel, um die Infrastruktur des Werkes zu erneuern. Hermann und Chefingenieur Friedrich Jähne, nach dem Kriege Aufsichtsratsvorsitzender von Hoechst, haben großen Anteil daran. Als Keimzelle der heutigen Zentralen Direktionsabteilung entsteht die Direktionsabteilung T. Säurebeständige Kitte auf Kunstharzbasis kommen unter dem Namen Asplit in den Handel.

1934

Otto Scherer und Franz Schloffer entwickeln im Stammwerk die ersten Fluorkunststoffe und erhalten Patentschutz. Ihr Polychlortrifluorethylen kommt später als Hostaflon C auf den Markt. Ein neues Kesselhaus geht in Betrieb, hochmodern mit Höchstdruckanlage und Siemens-Vorschaltturbine. Es ist ein wichtiger

Coloristische Abteilung: Blick in die Versuchsfärberei.

Schritt zur zentralen Energieversorgung des Werkes. Mit 825 Mark Eigenkapital kann man Besitzer eines Reihenhauses in Kelkheim-Münster oder in den Stichstraßen beidseits der Liederbacher Straße nahe beim Stammwerk werden. Im Rahmen von Arbeitsbeschaffungsprogrammen gibt es günstige Darlehen, auch von der I.G.

1935 Für die hochgiftigen Arsenpräparate, die bisher zum Bekämpfen von Schädlingen im Weinbau eingesetzt wurden, hat das Ende geschlagen: Nirosan, ein Tetranitrocarbazol, leitet einen neuen Abschnitt in der Entwicklung von Pflanzenschutzmitteln ein. Im Stammwerk wird der erste Teil der neuen großen Pharma-Fertigung D 710 bezogen. Griesheim beginnt mit der Herstellung der Edelgase Krypton und Xenon für die Beleuchtungsindustrie. In Kelheim wird die Süddeutsche Zellwolle AG gegründet. 1967 geht die Aktienmehrheit an Hoechst. Im Werk Kelheim stellen heute fast 1 500 Mitarbeiter Zellulosefasern und die Polyacrylfaser Dolan her.

1936 Bei zwei schweren Explosionen in den Essigsäure- und Lösungsmittelbetrieben waren im Vorjahr fünf Mitarbeiter tödlich verunglückt. Gegen die Absicht der IG-Spitze, diese Produktion nach Mitteldeutschland zu verlegen, kann ein Neubau in Höchst durchgesetzt werden. Es ist der erste Stahlskelettbau mit nur wenig Mauerwerk und Glas, zudem werden die Reaktionen jetzt zentral von einer Meßwarte aus gesteuert. Gegen Jahresende ist die Kurzarbeit weitgehend aufgehoben, die 48-Stunden-Woche wieder die Regel. Ungelernte männliche Arbeiter verdienen bis zu 200 Mark im Monat, Arbeiterinnen nur gut die Hälfte.

1938 Zum 75jährigen Bestehen des Stammwerkes erhalten die 9 580 Mitarbeiter Geldgeschenke zwischen zehn und 35 Mark. Die Feier ist ein lokales Ereignis: Der Gauleiter und Frankfurts Oberbürgermeister repräsentieren die Politik. Bei Kalle sind 3 142 Männer und Frauen tätig. Hier wird das große Verwaltungsgebäude an der Rheinstraße vollendet. Die jüdischen Vertreter der Gründerfirmen werden aus dem Aufsichtsrat der I.G. gedrängt. Auch von ihnen hält es mancher für ausgeschlossen, daß es so kommen könnte, wie es dann kommt: Arthur von Weinberg, mit seinem Bruder Carl prägend für den Aufstieg Cassellas, Ehrenbürger und eine der größten Stifterpersönlichkeiten Frankfurts, hält seiner Heimat die Treue und stirbt dafür schließlich im KZ. Für das Werk Hoechst wird eine Betriebssportgemeinschaft gegründet. Neuer Werksleiter wird bis zum Sommer 1945 Carl Ludwig Lautenschläger. In den Laboratorien der Ruhrchemie in Oberhausen entdeckt Otto Roelen die Reaktion der Hydroformylierung, die Oxosynthese. Oxoalkohole und -aldehyde, Chemikalien, Düngemittel und Kunststoffe sind heute Hauptarbeitsgebiete dieser Hoechst Tochtergesellschaft und ihrer fast 2 800 Mitarbeiter.

Arzneimittel-Verpackung im Stammwerk um 1935.

Nirosan ersetzt im Weinbau die arsenhaltigen Pflanzenschutzmittel.

1939 Nach Kriegsausbruch wird Zug um Zug ein erheblicher Teil der männlichen Werksangehörigen eingezogen. An ihre Stelle treten dienstverpflichtete Frauen und Arbeitsmaiden, Fremdarbeiter und Kriegsgefangene. In den Kriegsjahren fallen auf das Stammwerk relativ wenig Bomben, von denen neben verschiedenen Betrieben der Behrens-Bau und das große Düngemittelsilo getroffen werden. Die Farbenbetriebe kommen weitgehend zum Erliegen. Otto Eisleb entwickelt Dolantin gegen schwerste Schmerzzustände. Für die gleiche Indikation wird noch im Krieg von Gustav Ehrhart Polamidon ausgearbeitet. In der neuen Werksschule beginnt die Ausbildung von Chemie-Jungwerkern. Im Gießverfahren hergestellt wird bei Kalle die Polyamid-Folie Supronyl. Es ist die erste Kunststoff-Folie.

1941 Auf der Basis von Karbid und Salz läuft in Gendorf nahe Altötting ein hochmodernes Werk an für organische Grundchemikalien wie Acetaldehyd, Ethylenoxid und Glykole. 1955 geht es an Hoechst über. Gendorf ist heute einer der großen Standorte mit fast viereinhalbtausend Mitarbeitern.

1942 Versuche zur Penicillin-Herstellung beginnen. Bereits im Folgejahr werden kleine Betriebsansätze gefahren. 1944 werden schon einige Ampullen mit je 20 000 Einheiten hergestellt. Zum Bau der für 1945 geplanten Produktionsanlage kommt es nicht mehr. Mit den Zwei-Gang-Menüs in den Werksküchen ist es wieder vorbei. Aber auch die dicke Suppe mit Fleischbeilage findet wieder dankbare Abnehmer. Im Sommer werden die ersten russischen Zivilarbeiter im Werk beschäftigt. Sie werden in bewachten Barackenlagern untergebracht.

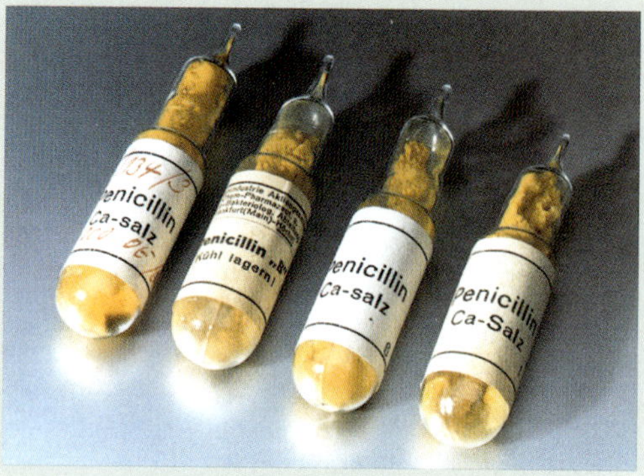

◁ *Noch im Krieg wurden die ersten Penicillin-Ampullen hergestellt.*

1943 Die Pharma lagert ihre Endfertigung weitgehend aus. An 15 Orten in Deutschland, in Vorarlberg und im Elsaß bestehen Betriebe. Teile des Werkes Offenbach werden im Dezember durch Bomben zerstört.

1944 Die Belegschaft des Stammwerks zählt im Oktober 11 784 Köpfe. Von ihnen sind 2 414 Angestellte, 4 120 männliche und 2 087 weibliche deutsche Arbeiter, 2 302 männliche und 719 weibliche Fremdarbeiter sowie 142 Strafgefangene. Bei Kalle klärt Oskar Süss die Lichtreaktion der Naphthochinondiazide auf. Sie ist die Grundlage aller gebräuchlichen, positiv arbeitenden Druckplatten ebenso wie für die Fotoresists, die in der Mikroelektronik benötigt werden. Dem Bombenkrieg fallen große Teile der heutigen Werke Albert und Kalle, zwei Drittel des Werkes Offenbach und vier Fünftel von Knapsack zum Opfer. Ein kostenloses Weihnachtspäckchen mit raren Erzeugnissen des Werkes gibt es für jeden Mitarbeiter im Stammwerk. Es enthält ein Paket Waschpulver, 50 g Kunstpfeffer, 100 g Kunstzimt, 5 Päckchen Backpulver und 5 g Vanillinzucker.

1945 Aus Kohlemangel wird ab Ende Januar ein Großteil der Betriebe und Labors im Stammwerk geschlossen. Am 27. März wird die Produktion völlig eingestellt. Zwei Tage später ziehen amerikanische Truppen ein. Der Krieg ist

Der Krieg ist vorbei: Ende März 1945 ziehen amerikanische Soldaten ins Stammwerk ein.

vorbei. Die Menschen beginnen, wieder aufzuatmen. Die Arzneimittelbetriebe können als erste wieder anlaufen. Besonders wichtig war es, daß es gelang, die Versorgung der Diabetiker mit Insulin aufrechtzuerhalten. Schon im Mai läuft – trotz größter Probleme bei der Drüsenbeschaffung – die Insulin-Produktion wieder an. Wegen des Grundstoff- und Kohlemangels kommt im Sommer und Herbst ein Teil der Betriebe nur mühsam wieder in Gang, muß häufig im Winter wegen Kohlemangel aber wieder geschlossen werden. Viele Betriebe produzieren zweckentfremdet Dinge des täglichen Bedarfs – zu Tauschzwecken und für die Belegschaft. Es wäre eine lange Liste. Sie reicht vom Süßstoff über Schuhcreme und Bohnerwachs bis zum Puddingpulver. Während des Sommers ist die Abteilung, die Gemüse für die Werksküche trocknet oder einfriert, der meistbeschäftigte Betrieb.

Durch die allgemeine Anordnung Nr. 2 zum Gesetz Nr. 32 der Militärregierung wird am 5. Juli das Vermögen der I.G. beschlagnahmt. Die Werke werden Kontrolloffizieren unterstellt. Viele der großen, günstig gelegenen Gebäude müssen für die Besatzungsmächte geräumt werden. Die Werksverpflegung wird in die früheren Fremdarbeiterbaracken an der Mainzer Landstraße verlegt – der „Russische Hof" wird in den hungrigen Nachkriegsjahren zur Legende.

1946 Nach amerikanischen Vorstellungen soll das Stammwerk in mehrere voneinander unabhängige Einheiten aufgeteilt werden. Gedacht wird an fünf selbständige Fabriken, so an ein Arzneimittelunternehmen, eine Farbstoff-, eine Düngemittelfirma. Erst im Frühjahr 1947 werden diese Pläne aufgegeben. Die Belegschaftszahl schwankt stark, liegt zum Jahresende bei 6 000. Im Frühjahr und Sommer laufen viele Betriebe wieder an, darunter die Düngemittel- und Farbstoffproduktion. Auch in Griesheim und Offenbach – die Werke sollten ursprünglich für Reparationszwecke demontiert werden – geht es weiter. Die Westmächte setzen in den I.G. Werken Treuhänder ein. Das Stammwerk führt ab August den Namen „Farbwerke Hoechst US Administration". Der Hoechst Umsatz beträgt 77 Millionen RM. Davon werden jeweils 24 Millionen RM mit Arzneimitteln und Chemikalien erzielt, 17 Millionen RM mit Farbstoffen, 6 Millionen RM mit Düngemitteln und weitere 5 Millionen RM mit Pflanzenschutzmitteln. Exportiert werden Farben, Textilhilfsmittel und Chemikalien im Wert von 200 000 RM in fünf europäische Nachbarstaaten.

1948 Der 21. Juni ist der Tag der Währungsreform. Die schrittweise Aufhebung der Bewirtschaftung wirkt Wunder. Vorbereitungen dazu waren auch in Höchst getroffen worden: Die bizonale „Verwaltung für Wirtschaft" hatte seit 1947 ihre Büros in der Höchster Kaserne sowie in den Gebäuden D 706, C 770 und D 710. Nach der Währungsreform beginnt in Verbindung mit gemeinnützigen Wohnungsunternehmen wieder der Wohnungsbau. Die westlichen Alliierten bilden eine deutsche Arbeitsgruppe, die Vorschläge für die Entflechtung der I.G. entwickeln soll.

1949 Bei der ersten großen deutschen Industrieausstellung im Ausland nach dem Kriege – sie findet im April in New York statt – sind alle Hoechst Arbeitsgebiete vertreten. Die amerikanische Kontrollbehörde genehmigt den ersten Vertrag mit einer Auslandsvertretung: Die Plüss-Staufer AG in Oftringen wird wichtiger Partner von Hoechst in der Schweiz. Gegründet wird gemeinsam mit Siemens und den Rütgerswerken die Sigri mit Sitz in Meitingen. Hauptarbeitsgebiete sind heute neben Graphit und Kohlenstoffelektroden viele Werkstoffe aus Kohle und Graphit bis hin zu Carbonfasern.

1950

Ereignis des Jahres ist für Hoechst die Einweihung des Penicillin-Betriebs im August. Amerikanisches Geld und amerikanisches Know-how, Mittel aus dem Marshall-Plan und eine Lizenz des großen US-Pharmaherstellers Merck & Co ermöglichen diese hochmoderne und für die Arzneimittelversorgung in Deutschland bedeutsame Anlage. Sie ist Symbol des neuen Verhältnisses zwischen Amerikanern und Deutschen. An der Einweihung nehmen der US-Hochkommissar John McCloy, Frankfurts Oberbürgermeister Walter Kolb, Vertreter der Bundesregierung und der hessischen Landesregierung teil. Der Firmenname wird zu Jahresanfang ergänzt und lautet jetzt „Farbwerke Hoechst vormals Meister Lucius & Brüning US Administration". Die I.G.-Entflechtung tritt in ihre Endphase: Die deutsche Arbeitsgruppe legt ihre Empfehlungen vor. Gesetz Nr. 35 der Alliierten Hohen Kommission schafft die Voraussetzung für die Bildung von Nachfolgegesellschaften.

Symbolgestalt eines neuen Verhältnisses zwischen Amerikanern und Deutschen: US-Hochkommissar John McCloy eröffnet den neuen Penicillin-Betrieb im Stammwerk.

Der Koreakrieg bringt einen Nachfrageschub, auch vom Ausland her. Der Umsatz des Stammwerks wächst von 163 Millionen Mark im Jahr 1949 auf 253 Millionen Mark im Jahr 1950. Die Produktion überschreitet in vielen Bereichen, auch bei Cassella, den Vorkriegsstand. Werk Bobingen nimmt die Produktion von Perlon auf, das von Paul Schlack, dem späteren langjährigen Leiter der Hoechst Faserforschung, 1938 entdeckt worden war.

1951

Die Westmächte entsprechen den Wünschen deutscher Politiker, Wirtschaftler und Gewerkschafter und schaffen mit BASF, Bayer und Hoechst Nachfolgegesellschaften, die auch auf dem Weltmarkt wettbewerbsfähig sind. Der 7. Dezember ist der Geburtstag der „Farbwerke Hoechst AG vormals Meister Lucius & Brüning". Erster Aufsichtsratsvorsitzender wird der Chef der Rhein-Main-Bank, aus der dann wieder die Dresdner Bank hervorgeht: Hugo Zinßer. Ein Vorstand wird bestellt, dessen Vorsitz im Folgejahr Karl Winnacker übernimmt. Winnacker prägt die Nachkriegsentwicklung von Hoechst und führt Hoechst in knapp zwei Jahrzehnten in die Spitze der Weltchemie. Die AG betreut das Stammwerk, Griesheim, Offenbach und Gersthofen (ab 1952). Während der Entflechtung kommen dazu Knapsack-Griesheim, Bobingen, Behringwerke, Kalle, Goldbach sowie Anteile von Wacker und Sigri. Ein populäres Düngemittel von Hoechst wird der Volldünger Blaukorn, der auch Spurenelemente enthält.

1952

Im ersten Geschäftsjahr erzielt Hoechst als kleinster der drei großen I.G.-Nachfolger unter Einschluß der Beteiligungsgesellschaften einen Umsatz von einer dreiviertel Milliarde Mark. Gut ein Fünftel geht in den Export. In der AG sind fast 15 000 Menschen tätig, mit den Beteiligungen sind es knapp 27 000 Beschäftigte. Die erste Dividende auf das rückwirkend festgesetzte Kapital von 285,7 Millionen Mark beträgt 4 Prozent. Die ersten Auslandsbeteiligungen werden erworben: in Österreich und Brasilien.

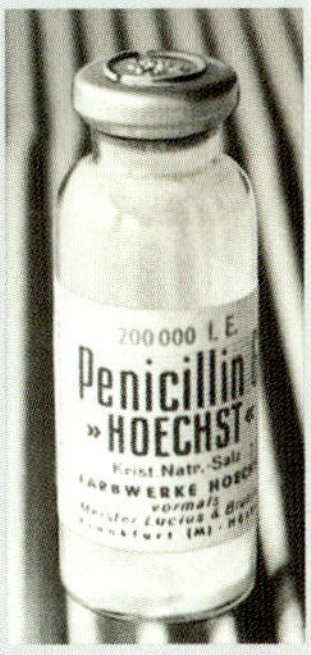

Kennzeichen der fünfziger Jahre wird die Umstellung auf die Basis Erdöl, wird die Erschließung neuer großer Arbeitsgebiete, vor allem der Kunststoffe und Fasern. Im April beginnen Gespräche mit der ICI über eine Lizenz für Polyesterfasern – drei Jahre später kommt Trevira auf den Markt. Im Februar finden Besprechungen mit dem späteren Nobelpreisträger Karl Ziegler in Mülheim/Ruhr statt. Dabei geht es um die Herstellung von Polyäthylen bei niederem Druck mit Hilfe von Katalysatoren. Hoechst entwickelt das Ziegler-Verfahren zur großtechnischen Reife. Hostalen wird seit 1955 weltbekannt.

Keimfrei werden die Antibiotika-Fläschchen abgefüllt.

1953

Am 27. März findet für Hoechst die Entflechtung ihren Abschluß. Das Unternehmen wird aus der Kontrolle der Alliierten entlassen. Bis zum Ende des Jahrzehnts verdreifacht sich der Umsatz der Unternehmensgruppe auf 2,7 Milliarden Mark, die Mitarbeiterzahl steigt auf über 50 000 Menschen im Jahre 1960. Das Stammwerk wächst von knapp 12 000 Beschäftigten 1953 auf über 21 000 Mitarbeiter 1960. Eingeführt wird eine Erfolgsbeteiligung der Mitarbeiter: Die Höhe der Jahresprämie orientiert sich an der Dividende, an Dienstjahren und Einkommen. Zügig klettert die Dividende nach oben: von 7 Prozent 1953 auf 18 Prozent, die für 1960 ausgeschüttet werden. Auf elektrothermischem Wege stellt Knapsack Phosphor her. Für elegante Damenstrümpfe liefert Bobingen das Ausgangsprodukt: die Herstellung von Perlonseide beginnt.

1954 Bundespräsident Theodor Heuss hält die Festansprache, als in der Paulskirche bedeutende Wissenschaftler des In- und Auslands des 100. Geburtstags von Ehrlich und Behring gedenken. Es ist ein Brückenschlag zur internationalen Forschung, an dem die Behringwerke und Hoechst wesentlich beteiligt sind. Gegen die gefürchtete Kinderlähmung können die Behringwerke einen Impfstoff anbieten. Berenil gegen die in den Tropen weitverbreiteten Trypanosomenerkrankungen von Rindern kommt auf den Markt. Diese durch die Tsetse-Fliegen übertragenen Infektionen ähneln der Schlafkrankheit beim Menschen. Berenil hat wesentlich zur Rettung von Viehbeständen und damit zur Ernährung der Menschen in Teilen der dritten Welt beigetragen. Die alte Farbenstraße, die bisher das Stammwerk in einen nördlichen und einen südlichen Teil trennte, wird geschlossen, weil der Bau des Verwaltungsgebäudes C 660 beginnt. Die neue Farbenstraße führt im Norden um das Werk herum.

Aufgenommen wird die Herstellung des Kunststoffs Hostalit, der mit Spezialtypen vor allem im Bauwesen – für Fenster zum Beispiel – sehr wichtig wird. Ein gelernter, volljähriger Arbeiter hat einen tariflichen Stundenlohn von 1,59 Mark.

1955 Der Koker, später die Mittel- und Hochtemperatur-Pyrolyse sind für Hoechst Meilensteine auf dem Weg zur kostengünstigen Gewinnung von Grundstoffen wie Ethylen, Propylen und Acetylen aus Rohöl und Leichtbenzin. Neben dem Kunststoff Hostalen und der Polyesterfaser Trevira wird auch die Polyesterfolie Hostaphan hergestellt. Besonders als Trägerfolie für Ton-, Video- und Computerbänder gewinnt sie große Bedeutung. Gut voran kommt Mitte der 50er Jahre der Aufbau einer weltweiten Organisation des Verkaufs und der Kundenbetreuung. Vertriebsgesellschaften entstehen in vielen Ländern der Welt. Wichtiger sozialer Fortschritt: Die Fünf-Tage-Woche wird eingeführt, die wöchentliche Arbeitszeit von 48 auf 45 Stunden verkürzt.

Kalottenmodell des Antidiabetikums Rastinon.

1956 Den Forschungsabteilungen von Hoechst und Boehringer Mannheim gelingt es gemeinsam, Sulfonylharnstoffe herzustellen, die den Blutzucker senken und, als Tablette gegeben, in vielen Fällen das Insulin ersetzen können, das ja bis heute gespritzt werden muß. Es ist ein bahnbrechender Erfolg. Invenol, dann vor allem Rastinon und Euglucon machen Millionen von Diabetikern in aller Welt das Leben leichter. Hergestellt wird Sorbinsäure: Sie gewinnt für die Konservierung von Lebensmitteln große Bedeutung. Bobingen produziert Trevira Fäden. Nahe beim Stammwerk wird ein beheiztes Freischwimmbad eröffnet. Zur Linderung der schlimmen Wohnungsnot der Nachkriegsjahre hat Hoechst nachhaltig den Wohnungs- und Eigenheimbau gefördert. Seit der Währungsreform wurden an den einzelnen Standorten insgesamt 3 621 Wohnungen und 1 260 Eigenheime gebaut oder gefördert. Der Werkswohnungsbestand wird im Folgejahr fünfstellig.

1957 Auch im Ausland werden Hoechst Produktionsstätten aufgebaut. Arzneimittel und Kunstharze sind dabei oft Vorreiter. Vertreten ist Hoechst jetzt in 68 Ländern. Wacker und Hoechst entwickeln katalytische Verfahren, die es möglich machen, wichtige Zwischenprodukte wie Acetaldehyd durch direkte Oxidation von Olefinen herzustellen. Im Auto und bei Haushaltsgeräten, für Rohrleitungen und technische Apparate gern verwandt: Hostalen PP, das erste industriell hergestellte Polypropylen kommt auf den Markt. Einzug hält die elektronische Datenverarbeitung. Mit dem – noch röhrenbestückten – Großrechner IBM 705 nimmt Hoechst als erstes Unternehmen in Europa einen Großrechner für kommerzielle und wissenschaftliche Zwecke in Betrieb. Griesheim erzeugt Thiodan, das viele Schädlinge im Pflanzenbau bekämpft, aber für die Honigbiene und andere Nutzinsekten ungefährlich ist. Zur wichtigen Farbstoffgruppe wird die Remazol Palette. Es sind brillante, hochechte Reaktivfarbstoffe. Knapsack stellt den Waschrohstoff Pentanatriumtriphosphat her. Ein halbes Jahrhundert wird dieser Standort alt. Zum Jubiläum ist Einweihung des Feierabendhauses. Ein anspruchsvolles kulturelles Programm wird aufgebaut.

1958 Werk Offenbach bekommt ein „zweites Bein": der Trevira Rohstoffbetrieb ergänzt die Farbstoffaktivitäten. Mit Reverin entwickelt Hoechst das erste intravenös anwendbare und damit schnell wirkende Tetracyclin-Breitband-Antibiotikum. Radioaktive Substanzen für Analytik und Medizin entwickelt das neue Radiochemische Labor in Frankfurt-Griesheim. Positiv arbeitende Fotoresists werden zur wichtigen chemischen Hilfe für Elektrotechnik und Elektronik bei der Herstellung von Leiterplatten und Chips.

1959 Die wasserlöslichen Lackkunstharze Resydrol werden erstmals in Flut- und Tauchanlagen der Autoindustrie großtechnisch verwendet. 1965 setzt Volkswagen als erste europäische Autofirma Resydrol im Elektrotauchbecken ein. Die

Indische Beteiligungsgesellschaft in Mulund bei Bombay.

Das Radiochemische Laboratorium in Griesheim nimmt 1958 seine Arbeit auf.

wasserlöslichen Kunstharze, basierend auf Enwicklungsarbeiten der Vianova, Stolllack und Hellac, dringen in alle Gebiete der Lackiertechnik vor. Schneller Druck mit Elfasol: Die Vorlage kann beim Elfasol Verfahren direkt auf die Druckplatte übertragen werden. Der Zwischenfilm entfällt. Bei einer Explosion im Technikum in Gersthofen werden zwei Mitarbeiter getötet. Station für viele Auszubildende: Das Oberaudorfer „Haus im Thal", Jugenderholungsheim in der bayerischen Bergwelt, empfängt seine ersten jungen Gäste.

1960

In der Entwicklung des Stammwerks ein großer Schritt: Das Areal südlich des Mains wird einbezogen. Im September können die Werksbrücke und das Hauptlaboratorium als erster Teil des neuen Forschungszentrums eingeweiht werden. Heute arbeiten auf dem Gelände südlich des Mains 8 000 Menschen. Das Antlitz des Werkes verändert sich auch am Tor Ost: Das große Mosaik von Blasius Spreng an der Ostseite der Antibiotika-Fertigung D 711 wird zum Blickfang. Segontin dient zur Behandlung der Koronaren Herzkrankheit. Mit Gammavenin bringen die Behringwerke das erste gut verträgliche, intravenös anwendbare Immunglobulin. Es stärkt die körpereigene Abwehr. Hoechst erwirbt die Kapitalmehrheit der „Spinnstofffabrik Zehlendorf". Hervorgegangen aus einer 1886 gegründeten thüringischen Papierfabrik, stellen die mehr als 300 Mitarbeiter im leistungsfähigen Berliner Werk der „Spinne" heute Trevira Fasern und Fäden her. Weiter verkürzt wird die wöchentliche Arbeitszeit auf 43 3/4 Stunden. Erstmals bietet Hoechst seinen Mitarbeitern Belegschaftsaktien zu günstigem Kurs. 29% der Berechtigten nutzen das Angebot. Bis heute sind 65 000 Mitarbeiter zugleich Miteigentümer geworden. Sie haben Aktien im Wert von etwa 1 Milliarde Mark erworben.

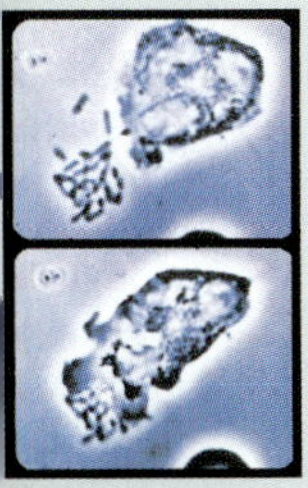

Bestimmte weiße Blutzellen können körperfremde Stoffe regelrecht auffressen.

Armbanduhren-Zahnräder aus Hostaform.

1961

Zusammengefaßt werden die bisher von einzelnen Referenten wahrgenommenen Aufgaben beim Umweltschutz. Die Abteilung Reinhaltung von Wasser und Luft wird gebildet. Präzisionsteile aus Kunststoff: Für anspruchsvolle technische Einsatzgebiete profiliert sich Hostaform, das die gemeinsam mit der Celanese gegründete Ticona in Kelsterbach herstellt.

1963

In der neuen Jahrhunderthalle wird das 100jährige Bestehen gefeiert. 63 000 Mitarbeiter tragen das Unternehmen. Von ihnen sind 8 000 im Ausland tätig. Gegenüber 1952 haben sich Umsatz und Investitionen nahezu verfünffacht. 3,7 Milliarden Mark erreicht der Weltumsatz in diesem Jahr. Davon werden 41 Prozent im Ausland erzielt. An die Mitarbeiter gehen als Lohn, Gehalt und Sozialaufwendungen über 700 Millionen Mark, an Steuern zahlt die Unternehmensgruppe im Inland 263 Millionen Mark. Die Aktionäre erhalten 139 Millionen Mark – eine Dividende von 18 Prozent.

1964

Die Mehrheit des Kapitals der Chemischen Werke Albert AG in Wiesbaden wird von Hoechst übernommen. Arzneimittel und Kunstharze sind die Hauptarbeitsgebiete des heutigen Werkes Albert und seiner mehr als 1 600 Beschäftigten. In Gendorf beginnt die Herstellung von Hostaflon, einem Polytetrafluorethylen-Kunststoff, der ungewöhnliche Eigenschaften vereint, in der Temperaturbelastbarkeit ebenso wie in der Chemikalienbeständigkeit, mit Anti-Haft-Effekt und schwer entflammbar. Lasix wird eingeführt und nimmt bald einen Spitzenplatz unter den Diuretika ein: schnell wirksam und gut zu steuern.

1965

Meilenstein beim Umweltschutz: Im Stammwerk entsteht die erste Stufe der biologischen Kläranlage. Bakterien bauen chemische Substanzen ab. Kostenpunkt: 20 Millionen Mark. In diesem Jahr investiert die inländische Hoechst Gruppe in Umweltschutzanlagen rund 30 Millionen Mark. Die Betriebskosten liegen bei 20 Millionen Mark. Die Adolf Messer GmbH und die

Das Forschungszentrum im Stammwerk zählt zu den größten und modernsten Industrie-Forschungszentren in Europa.

Erste Großkläranlage für industrielle Abwässer in Europa.

Werksgruppen Sauerstoff und Griesheim-Autogen schließen sich zur Messer Griesheim GmbH zusammen, an der Hoechst zwei Drittel der Anteile hält. Ein weltweit expandierendes Unternehmen entsteht, das auf den Gebieten Gase und Kälte sowie Schweißen und Schneiden mit über 5 200 Mitarbeitern tätig ist. Hoechst ist jetzt in 119 Ländern vertreten. Mitte der 60er Jahre werden in vielen Staaten die einzelnen Hoechst Aktivitäten in Landesgesellschaften zusammengefaßt. Die Produktion von Trespaphan beginnt. Es ist eine biaxial orientierte Polypropylen-Folie, die in der Verpackung eingesetzt wird, aber auch in der Elektrotechnik wichtig wird.

1966

Die 50-Mark-Aktie löst die 100-Mark-Aktie ab: Hoechst erhöht sein Kapital auf 1 054 Millionen Mark und nutzt als erstes deutsches Unternehmen die Möglichkeit, die das neue Aktiengesetz gibt, die kleinere Stückelung einzuführen und kommt damit besonders dem Kleinaktionär entgegen. Produktionsbeginn in Bad Hersfeld: Im Faserwerk in der alten hessischen Kur- und Festspielstadt sind heute fast 1 400 Mitarbeiter tätig. Unterschriftsreif sind zwei große Auslandsinvestitionen: zunächst gemeinsam mit Hercules wird in Spartanburg, Süd-Carolina, eine große Trevira Produktion aufgebaut. An

In Bad Hersfeld steht eines der großen Trevira Faserwerke.

der Scheldemündung im holländischen Vlissingen entstehen Anlagen für Phosphor und Phosphor-Verbindungen.

1967

Immer wichtiger wird die Bedeutung des Weltmarktes für Hoechst: Erstmals nach dem Kriege erzielt das Unternehmen im Ausland den größeren Teil seines Umsatzes von insgesamt 6,6 Milliarden Mark. Erworben wird die Mehrheit an der Süddeutschen Zellwolle AG – heute Werk Kelheim, in dem fast 1 500 Mitarbeiter Zellulosefasern und die Acrylfaser Dolan herstellen – ebenso an der Reichhold Chemie AG in Hamburg – das heutige Werk Hamburg ist auf dem Kunstharzgebiet tätig und zählt 400 Beschäftigte. Viel tut sich auf der Südseite des Stammwerks: die neue Pharma-Fertigung H 600 geht in Betrieb, die Schwefelsäurefabrik läuft an – zunächst noch auf Basis von schwefelhaltigen Erzen. Ein eigenes Hafenbecken entsteht – inzwischen zur Containerverladung umgebaut, nachdem elementarer Schwefel Ausgangsprodukt geworden ist. In der neuen Schwefelsäureanlage kommt es aber auch zu einem schweren Unfall: drei Menschen sterben nach einer Verpuffung. Weiter verkürzt wird die wöchentliche Arbeitszeit: auf 41 1/4 Stunden.

1968

Neue Impulse für die Arbeitsgebiete Arzneimittel und Pflanzenschutz gibt die Zusammenarbeit mit dem großen französischen Chemieunternehmen Roussel Uclaf S. A. in Paris. Roussel, an dem Hoechst heute mit einem Anteil von 54,5 Prozent beteiligt ist, erzielt mit 16 000 Mitarbeitern einen Weltumsatz von etwa 3,5 Milliarden Mark. Erworben wird die Mehrheit des renommierten Düsseldorfer Kosmetikunternehmens Marbert mit über 500 Mitarbeitern sowie Schröder & Stadelmann in Lahnstein, wo 150 Mitarbeiter vor allem Farbkonzentrate für Kunststoffe, Fasern und Folien fertigen. Die Explosion in einem Zwischenproduktebetrieb des Stammwerkes fordert zwei Tote. In Kelsterbach, neben der Ticona gelegen, entsteht eine Großanlage für Polypropylen. Vorbei ist's mit der Lohntüte: Die monatliche, bargeldlose Gehaltszahlung für alle Mitarbeiter wird vereinbart und im Folgejahr verwirklicht.

1969

Professor Rolf Sammet wird Vorsitzender des Vorstands. Unter seiner Führung überwindet Hoechst die Ölkrisen und die kritische Lage auf den Textilfaser- und Kunststoffmärkten. Mit 10,3 Milliarden Mark wird der Weltumsatz erstmals elfstellig. 200 Millionen Mark hat Hoechst innerhalb von fünf Jahren in Umweltschutz-Anlagen investiert. Kelsterbach erhält eine biologische Kläranlage. Hostapur SAS ist ein gut abbaubares Wasch- und Reinigungsmittel. Seine Herstellung im großen wird aufgenommen. Es basiert auf einer Entwicklung im Stammwerk und wird heute bei Albert, im holländischen Werk Vlissingen und im französischen Werk Lamotte erzeugt. Ausgebaut wird die Weiterbildung: Vom Hilfsarbeiter bis zum Ingenieur kann aufsteigen, wer das Angebot des Unternehmens konsequent nutzt: Den ersten Kurs, der zum Chemie-Ingenieur führt, schließen 22 Mitarbeiter erfolgreich ab.

1970

Zum Jahresbeginn wird die neue Unternehmensorganisation eingeführt. Wachstum und Vielfalt der Arbeitsgebiete, der Ausbau der internationalen Tätigkeit führen zur Gliederung in Geschäftsbereiche, die von Bereichsleitungen betreut werden und ein großes Maß an Selbständigkeit erhalten. Auf drei Viertel des Aktienkapitals kann Hoechst seine Beteiligung an Cassella erhöhen. Vor allem Farbstoffe, Arzneimittel, Lackrohstoffe und Kunstharze werden im Frankfurter Werk hergestellt. Zur Cassella Gruppe mit ihren mehr als 4 000 Mitarbeitern zählen auch Jade Cosmetic und Riedel-de Haën in Seelze mit einer breit gefächerten Chemie-Produktion. Weltweit sind für Hoechst jetzt 139 460 Menschen tätig. Die Arbeitszeit wird weiter verkürzt, die 40-Stunden-Woche eingeführt.

1971

Die Freigabe der Wechselkurse, die Höherbewertung der Mark, starker Preisdruck durch Überkapazität bei Kunststoffen, Fasern und Düngemitteln führen trotz steigender Umsätze zu einem Gewinnrückgang von einem Viertel. Auch die Dividende wird zurückgenommen. Von 10 Mark auf 7,50 Mark je 50-Mark-Aktie. Erstmals seit einem halben Jahrhundert kommt es zur Arbeitsniederlegung in einigen Werken von Hoechst. Als erstes deutsches Industrieunternehmen eröffnet Hoechst ein offizielles Büro in Moskau. Wichtig bei Organtransplantationen wird ein Anti-Humanlymphozytenglobulin der Behringwerke, das erstmals vollständig frei von

Antikörpern ist. Es hemmt die körpereigene Abwehr gegen überpflanzte Organe. In Neunkirchen an der Saar, heute mit rund 500 Mitarbeitern von Kalle betreut, läuft die Herstellung der Polyethylenfolie Suprathen, bald darauf auch der Polypropylenfolie Trespaphan an.

1972 Erheblich ausgebaut werden die Lackinteressen: Hoechst erwirbt die Mehrheit, später alle Anteile an Herberts in Wuppertal. Bei Lacken für das Auto, für industrielle Aufgaben hat diese Hoechst Tochtergesellschaft mit ihren weltweit über 5 000 Mitarbeitern heute eine gute Position. Zur Hoechst Gruppe stößt auch Michalke in Langweid am Lech, nahe bei Augsburg. Hier werden vor allem Trevira Fäden texturiert, teilweise gezwirnt und gefärbt. Michalke hat über 1 400 Mitarbeiter. Aufgebaut wird das Arbeitsgebiet Büro-Informationstechnik; infotec ist bald ein bekannter Name für Kopier- und Fernkopiergeräte. Trental zur Behandlung der peripheren und cerebralen Gefäßkrankheit wird

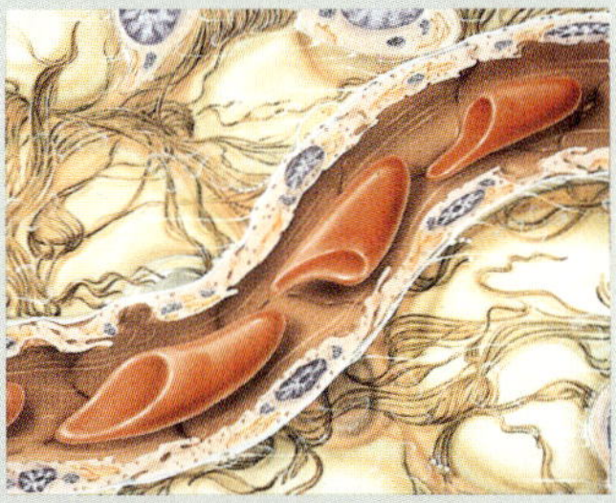

Herz- und Kreislauferkrankungen sind Arbeitsgebiete der Pharmaforschung. Die Behinderung der Fließfähigkeit der – hier pantoffelförmig dargestellten – Erythrozyten in feinsten Gefäßen spielt bei Durchblutungsstörungen eine wichtige Rolle.

eingeführt. Eine markante Spannbeton-Konstruktion ist die zweite Mainbrücke. Sie dient Straße und Schiene gleichermaßen und erschließt auch den südlichen Teil des Stammwerks für den Bahnverkehr.

1973 Ein Jahr mit weltweit starker Nachfrage nach Chemie-Produkten. Aber: Im Gefolge des Jom-Kippur-Krieges nutzen arabische Länder das Öl zum Druck auf den Westen: Autofreie Sonntage, Knappheit und enorme Preissteigerungen bei den petrochemischen Rohstoffen sind die Folge. Der Weltumsatz überschreitet erstmals 15 Milliarden Mark. Der Gewinn steigt deutlich, und die Dividende wird um eine Mark auf 8,50 Mark erhöht. Fortschritt auf dem Weg zur Gleichbehandlung aller Mitarbeiter: Im Stammwerk und in anderen großen Einheiten wird der Monatslohn eingeführt. Fortschritte auch beim Umweltschutz: In Gendorf geht ein zentrales Klärwerk in Betrieb, die gemeinsame Abwasserreinigung von Kalle und Albert ist fertiggestellt. Neue Reinigungs- und Abwasseraufbereitungsanlagen laufen in den USA, in Holland und Frankreich an.

1974 Rationalisierung auch beim Firmennamen: Hoechst AG lautet er jetzt. Es ist ein Jahr des Umschwungs: Petrochemische Rohstoffe verteuern sich enorm. Vorratskäufe und lange Zeit hohe Auslastung der Anlagen führen zu guten Zahlen, aber im Spätjahr bricht auf wichtigen Gebieten die Nachfrage ab. Kurzarbeiten müssen 5 000 Mitarbeiter, vor allem bei Fasern, Farben und Lacken. Vordergründig ein gutes Geschäftsjahr: Der Umsatz erreicht weltweit 20 Milliarden Mark, der Jahresüberschuß 641 Millionen Mark. Die Dividende steigt auf 9 Mark je Aktie. Das Grundkapital von 1,6 Milliarden Mark halten mehr als 400 000 Aktionäre. Etwa die Hälfte der Mitarbeiter im Inland – 40 000 – sind zugleich Mitbesitzer von Hoechst. Seit dem Krieg hat Hoechst 14 000 Mietwohnungen gebaut oder gefördert und bei der Finanzierung von 1 600 Eigenheimen und Eigentumswohnungen geholfen. Gegen Unkräuter in Getreidekulturen kommt das Herbizid Arelon heraus.

1975 Weltweite Rezession, fallende Erlöse bei hohen Rohstoffkosten: Die Anlagen sind schlecht ausgelastet. Viele Betriebe müssen kurzarbeiten – auch die Kollegen in der Verwaltung werden nicht ausgespart. Der Gewinn halbiert sich, reicht aber noch für 7 Mark Dividende je Aktie. Zur Sicherung der Rohstoffversorgung erwirbt Hoechst ein Viertel der Anteile von UK Wesseling. Erheblich erhöht werden gleichzeitig die Ausgaben für den Umweltschutz: die Investitionen betragen in diesem Jahr 120 Millionen Mark, die Betriebskosten mehr als 200 Millionen Mark. Nicht nur der Reinigung der Abluft und der Aufarbeitung der Abwässer wird großer Wert beigemessen. Auch in der Einführung umweltschonender Verfahren werden gute Fortschritte erzielt: So sinkt etwa im Stammwerk durch die Umstellung der neuen Schwefelsäurefabrik vom Rohstoff Pyrit auf Schwefel und durch die Stillegung der alten Anlage die Emission von Schwefeldioxid auf die Hälfte. Schnell trocknende Acrylatharze werden entwickelt, die zugleich hervorragende mechanische Eigenschaften haben und gut wetterbeständig sind. Diese Macrynal Harze werden besonders für Autolacke bedeutsam.

1976 Ein Konjunkturaufschwung bestimmt auch die Zahlen bei Hoechst: bei knapp 25 Milliarden Mark liegt der Umsatz; die Dividende kann auf 8 Mark angehoben werden. Sorgen macht immer noch der Faserbereich. Hier laufen erhebliche Rationalisierungen und Modernisierungen. Stillgelegt wird die Perlon-Fädenproduktion der Berliner „Spinne“. Gezielt bekämpft illoxan den Flughafer im Weizen. Das Karl-Winnacker-Haus wird Bildungszentrum. Große Hoffnungen knüpfen sich an Alival, das nach zehnjähriger Entwicklung ausgeboten und bei schweren Depressionen eingesetzt wird. Das neue Mitbestimmungsgesetz tritt in Kraft. Die Hälfte der 20 Aufsichtsräte sind Vertreter der Arbeitnehmer. Eingeführt wird das regelmäßige Mitarbeitergespräch zwischen Vorgesetzten und Mitarbeitern, formuliert werden die Grundsätze für Zusammenarbeit und Führung.

1977 Nach kurzem Zwischenhoch wieder ein Tief: der Weltumsatz geht leicht zurück, aber der Ertrag halbiert sich auf 304 Millionen Mark. Auf 6 Mark je Aktie wird die Dividende gesenkt. Die Dividendensumme beträgt 215 Millionen Mark. Große Sorgen bereiten Farben, Kunststoffe und vor allem der Faserbereich, der in diesem Jahr Verluste von 241 Millionen Mark verzeichnen muß. Pharma und Auslandsproduktionen puffern ab. Weltweit sind 180 000 Menschen für Hoechst tätig. Ungebrochen setzt Hoechst auf Forschung: Erstmals klettert der Aufwand für Forschung und Entwicklung auf über eine Milliarde Mark. Im Stammwerk ist die 2. Ausbaustufe der biologischen Abwasserreinigungsanlage fertig. Die Reinigungsleistung wird damit verdoppelt. Akzente gesetzt hat das Unternehmen auch für die Verschönerung und Aktivierung der Altstadt in Frankfurt-Höchst: Nach dem Museum im alten Schloß (74/75) wird jetzt im neueren Teil des Schlosses das Gästehaus fertiggestellt. Die Höchster Porzellanmanufaktur – sie pflegt die Tradition des weißen Goldes des 18. Jahrhunderts – bezieht das markante Dalberger Haus am Altstadtrand, das durch einen Hoechst Zuschuß erhalten werden konnte.

1978 Durch Modernisierung und Rationalisierung können die Faserverluste erheblich verringert werden. Weniger gut sieht es bei den Kunststoffen aus. Zwei Drittel des Umsatzes von gut 24 Milliarden DM werden im Ausland erzielt. Die Hälfte des Auslandsumsatzes, 8 Milliarden Mark, leisten die ausländischen Produktionsstätten. Mit Decis bringt Roussel Uclaf ein wichtiges Pflanzenschutzmittel heraus. Entwickelt wird die flammhemmende Faser Trevira CS. Der Vermögensbildungsplan kann erstmals genutzt werden. Er sieht vor, daß Belegschaftsaktien bis zur Hälfte eines Monatseinkommens erworben werden können. 14 000 Mitarbeiter kaufen in diesem Jahr eine Viertelmillion Hoechst Aktien. Sie wenden dafür 23 Millionen Mark auf. Mit weiteren 11 Millionen Mark fördert Hoechst diesen Erwerb von Belegschaftsaktien.

1979 Die OPEC zieht die Preise an: Wiederum klettern die Notierungen für Erdöl und petrochemische Rohstoffe steil nach oben. Bei Hoechst steigen zunächst einmal Beschäftigung, Umsätze und Gewinne. Die Dividende wird um 1 Mark auf 7 Mark je Aktie erhöht. Von der Celanese erwirbt Hoechst in Greer in Süd-Carolina eine große Produktionsstätte, die vor allem Polyesterfolien erzeugt.

1980 Nach einem guten ersten Quartal wieder eine schwache Nachfrage und Auslastung. Deutlicher Gewinnrückgang, verursacht vor allem durch die petrochemischen Arbeitsgebiete. Überdurchschnittlich tragen Pharma, Pflanzenschutz, Anorganika und die Nicht-Chemiebereiche zum Ertrag bei. Erhöht wird das Aktienkapital auf über 2 Milliarden Mark. In den USA nimmt die Hoechst Beteiligungsgesellschaft Wacker eine Produktionsstätte für Reinstsilizium in Betrieb – Wacker ist führend bei diesem wichtigen Ausgangsmaterial für die stürmisch expandierende Elektronikindustrie. Roussel Uclaf und Hoechst führen mit Claforan ein neuartiges Cephalosporin ein – es wird zum erfolgreichen Antibiotikum.

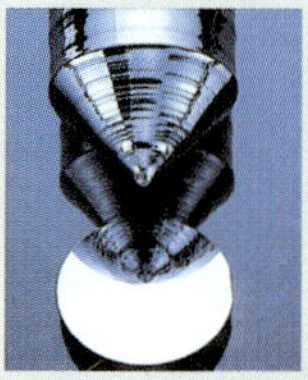

Hochreine Silicium-Einkristalle sind Ausgangsmaterial für Chips.

1981 Weiter steigende Preise für petrochemische Rohstoffe und Energien bei schwacher Konjunktur lassen zwar den Umsatz auf über 34 Milliarden Mark steigen, der Gewinn fällt aber weiter ab. Während Pharma, Landwirtschaft und Anorganika sehr erfolgreich arbeiten, die Fasern wieder in die Gewinnzone vorstoßen, schreiben Kunststoffe tiefrote Zahlen. Modernisierung und Umstrukturierung auch hier: während in Knapsack eine Neuanlage für Hostalen anläuft, wird eine ältere Anlage im Stammwerk stillgelegt. Für den Fluorkunststoff Hostaflon eröffnen modifizierte, wärmeverformbare Typen neue Einsatzmöglichkeiten: beispielsweise als Folie, die durchlässig ist für ultraviolette Strahlen. In Kelheim wird ein Biohoch-Reaktor in Betrieb genommen; schwefelhaltige Abgase nutzt ein benachbartes Werk der Süd-Chemie. Für die Forschung wendet Hoechst mehr als 1,5 Milliarden Mark auf. Fast die Hälfte fließt in die Suche nach neuen Arzneimitteln.

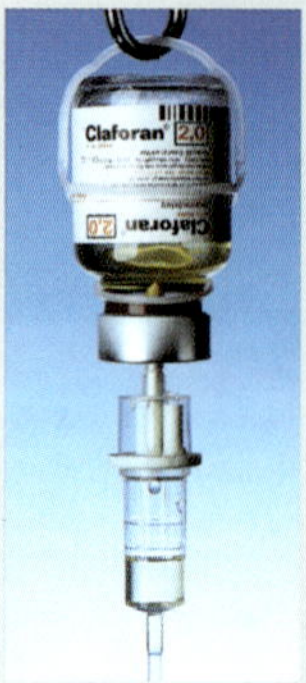

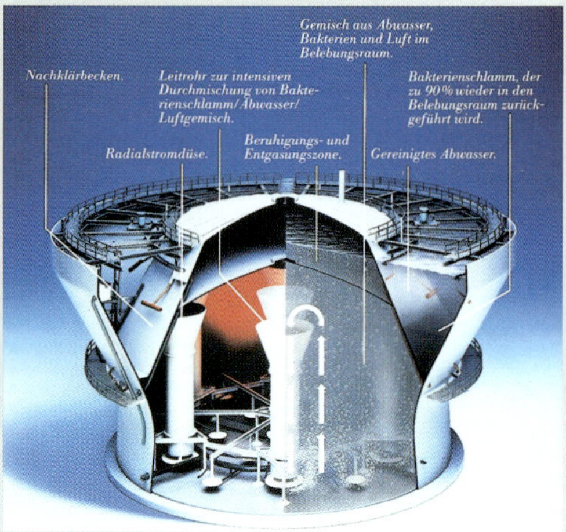

Der Biohoch-Reaktor: Hochtechnologie in der Abwasserreinigung.

Große Erwartungen weckt die Gentechnik: Zum Impuls für Forschungsanstrengungen in Deutschland wird ein Vertrag, den Hoechst mit dem Massachusetts General Hospital in Boston schließt: Die dortigen molekularbiologischen Arbeiten werden über zehn Jahre mit insgesamt 50 Millionen Dollar unterstützt.

1982 Nochmals ein schwaches Jahr: Zwar wird der Umsatz mit fast 35 Milliarden Mark gehalten, doch der Jahresüberschuß, der Gewinn weltweit nach Steuern, sinkt noch einmal ab auf 317 Millionen Mark. Vor allem Kunststoffe fahren kräftige Verluste ein. Bei Kalle muß die traditionsreiche Cellophan-Herstellung aufgegeben werden. Dolanit, eine Polyacrylnitrilfaser, kann in vielen Anwendungsbereichen Asbest ersetzen. Kryptocur, ein synthetisches Peptidhormon, wirkt gegen den Hodenhochstand. Voll im Zug der Zeit: Im Stammwerk wird das erste Betriebsrestaurant eröffnet: Aus einer reichen Auswahl kann jeder sich nach gusto sein Essen selbst zusammenstellen. Der Zuspruch ist enorm. Kuwait erklärt, daß es an der Hoechst AG eine Beteiligung von etwas weniger als 25 Prozent erworben hat. Bei Roussel Uclaf, von der Verstaatlichung bedroht, kommt es zu einer Verständigung. Hoechst muß seinen Anteil von 57,9 auf 54,5 Prozent zurücknehmen.

1983 Überwunden ist in den meisten Industriestaaten die Rezession. Der starke Dollar, aber auch die Strukturmaßnahmen – straffere Vertriebsorganisation, Marketing-Einheiten in den Bereichen, Zusammenführung von Forschung und marktnaher Entwicklung, das Stillegen von Kapazitäten und der Ausbau von Wachstumsgebieten – zeigen ihre Wirkung: Der Jahresüberschuß weltweit klettert in einem Jahr von 317 auf 909 Millionen Mark. Während Vertreter alternativer Gruppen bei der Hauptversammlung Hoechst in aggressiver Form mangelnde Umweltschutzanstrengungen vorhalten, erreicht der Aufwand für Investitionen, Forschung und Betriebskosten in diesem Bereich 1,2 Milliarden Mark. Arbeitszeitverkürzung für die Älteren: Wer das 58. Lebensjahr vollendet hat, kann alle zwei Wochen einen halben Tag freinehmen. 6 000 Mitarbeiter haben darauf Anspruch. Weil starke Jahrgänge die Schulen verlassen und steigende

Jugendarbeitslosigkeit droht, weitet Hoechst Jahr um Jahr das Lehrstellenangebot aus. 2 093 Lehrlinge beginnen 1983 im Unternehmensbereich ihre Ausbildung. Insgesamt befinden sich 5 700 Jugendliche in der Ausbildung.

1984

Auf über 41 Milliarden Mark klettert der Umsatz. Aus dem deutlich gestiegenen Gewinn werden 9 Mark Dividende gezahlt. Wichtige Fortschritte bei der biologischen Reinigung von Abwässern bringen die 6 Biohoch-Reaktoren, die am Untermain – im Stammwerk, in Griesheim und in der gemeinsamen Kläranlage Cassella/Werk Offenbach – in Betrieb genommen werden. Hoechst trennt sich wieder von der Beteiligung an UK Wesseling, übernimmt voll die Ruhrchemie Oberhausen mit ihren heute knapp 2 800 Mitarbeitern. Hier wird auch die Düngemittelproduktion konzentriert – die im Stammwerk schließt. Nachdem bereits halbsynthetisches Humaninsulin hergestellt wird, beginnt jetzt der Bau einer Anlage, die im Stammwerk Humaninsulin mit Hilfe von gentechnisch veränderten Bakterien erzeugen soll. Ein Altersversorgungssystem gilt jetzt für alle Mitarbeiter: Die Pensionskasse wird auch für die Arbeiter geöffnet. Vier Fünftel nutzen das Angebot.

1985

Professor Wolfgang Hilger wird Vorstandsvorsitzender. Für Spitzenleistungen überall im Unternehmen steht der Begriff Hoechst High Chem. Die neu aufgebaute Führungskräfte-Entwicklung macht Bereichs- und Ressortgrenzen durchlässiger und bringt eine bessere Förderung für den Nachwuchs. Den Weg in die technische Keramik öffnet die Hoechst CeramTec mit ihren fast 2 500 Mitarbeitern. Erneut wachsen Geschäft und Gewinn. 10 Mark Dividende pro 50 Mark-Aktie können ausgeschüttet werden. Das Antibiotikum Tarivid wird ausgeboten. Obwohl Sachanlage-Investitionen und Forschungsaufwand jeweils deutlich mehr als 2 Milliarden Mark ausmachen, können die Finanzschulden weiter zügig abgebaut werden.

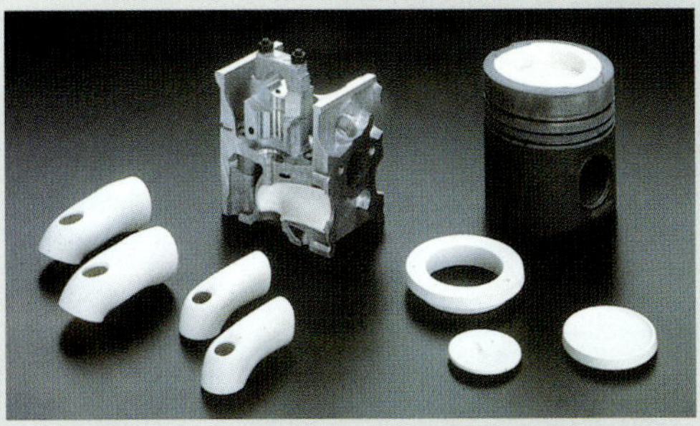

Hoechst CeramTec entwickelt Hochleistungskeramik für den Motorenbau.

1986

Nach dem Brandunglück in Basel erreicht die Diskussion um die Sicherheit der Chemie einen Höhepunkt. In den „Leitlinien für Umweltschutz und Sicherheit" unterstreicht Hoechst die Bedeutung dieser Unternehmensziele. Zehn Jahre lang wurde Alival erfolgreich zur Behandlung schwerer Depressionen eingesetzt. Als die Meldungen schwerer Nebenwirkungen zunehmen, nimmt Hoechst das Medikament weltweit aus dem Markt. Eine heftige Kontroverse über die Sicherheit von Arzneimitteln setzt ein, über die oft diffizile Abwägung von therapeutischem Nutzen und Nebenwirkungs-Risiko. Trotz steigendem Mengenabsatz geht der Umsatz um elf Prozent zurück. Bestimmend sind dafür die Kursverluste des Dollars, die Weitergabe der drastisch sinkenden Preise für Erdöl und petrochemische Rohstoffe sowie die Abgabe des Mono- und Polystyrolgeschäfts in USA und Holland. Der Gewinn bleibt auf hohem Niveau. Neue Qualifizierung auf breiter Bahn: Kenntnis und Umgang mit dem alltäglich gewordenen Computer vermitteln neue Ausbildungsstätten. Das Computer-Lernzentrum im Stammwerk gibt jährlich 2 500 Auszubildenden und Mitarbeitern eine Informatik-Ausbildung.

1987

Zu einem Preis von über 5 Milliarden Mark erwirbt Hoechst das bedeutende US-Chemieunternehmen Celanese Corporation und verschmilzt es mit American Hoechst zur Hoechst Celanese. Mit einem Viertel vom Weltumsatz hat der US-Markt für Hoechst jetzt die gleiche Bedeutung wie der deutsche Markt. Mit der Celanese eröffnen sich neue Perspektiven bei technischen Werkstoffen. Das US-Geschäft erhält eine starke Basis bei Fasern und organischen Chemikalien. Ein gutes Geschäftsjahr besonders für Kunststoffe und Kunstharze. Schwieriger ist vor allem das Geschäft mit Pflanzenschutzmitteln. Als erstes europäisches Unternehmen bietet Hoechst die Rücknahme gebrauchter Frigen Kältemittel an. Eine Explosion im texanischen Werk Pampa tötet drei Menschen. Nach langjährigen Verhandlungen wird der Entgelttarifvertrag vereinbart. Er löst die unterschiedlichen Lohn- und Gehaltssysteme für Arbeiter einerseits, Angestellte andererseits ab. Erstmals ruft Hoechst seine Mitarbeiter zur Aktion Sportabzeichen auf: Mehr als 1 500 Mitarbeiterinnen und Mitarbeiter legen das Deutsche Sportabzeichen ab.

Mit der Hoechst Celanese wächst Hoechst auf dem US-Markt in eine neue Dimension.

1988

Am 30. Januar feiert Hoechst in der Jahrhunderthalle sein 125jähriges Bestehen. Nahezu 200 000 Menschen sind in 120 Ländern tätig. Sie forschen und produzieren, beraten, organisieren, verkaufen und leisten technischen Service. In allen Industriezweigen werden Hoechst Erzeugnisse gebraucht. In der Hochtechnologie spielen Entwicklungen von Hoechst eine wichtige Rolle. Hoechst Produkte für Kleidung und Wohnen, für Kommunikation und Verkehr, für Ernährung, Gesundheit und viele andere Bereiche leisten Tag für Tag einen wichtigen Beitrag zur Verbesserung der Lebensbedingungen der Menschen in aller Welt.

Zeitzeugenbefragungen (2007/2008)

Oswald Bommel, stellv. Vorsitzender des Gesamtbetriebsrats (1972–1994)

Erhard Bouillon, Arbeitsdirektor (bis 1988), Aufsichtsrat, Aufsichtsratsvorsitzender (1994 bis 1997)

Dr. Alexander Dahmen, Leiter Geschäftsbereich Fasern, Leiter InfraServ Höchst

Dr. Hans-Hermann Dehmel, Leiter der Personal- und Sozialabteilung BASF AG, Ludwigshafen

Jürgen Dormann, Leiter ZDA (1980–84), Vorstand Feinchemikalien, Farben und Reg. Nordamerika, (1987) Finanzvorstand und Nordamerika, (1994) Vorstandsvorsitzender Hoechst, (1999) Vorstandsvorsitzender Aventis, (2002–2004) AR-Vors. von Aventis, dann Vize Sanofi-Aventis.

Prof. Dr. Utz-Hellmuth Felcht, Vorstand Personal und Forschung und Entwicklung (1991–1998)

Dr. Martin Frühauf, Vorstand (ab 1988) und Vorsitzender des Aufsichtsrates (1997), dann Stellvertretender Aufsichtsratsvorsitzender von Aventis

Dr. Hans-Bernd Heier, Pressechef Celanse AG / davor Hoechst AG

Prof. Dr. Wolfgang Hilger, Vorstandsvorsitzender (1985–1994)

Dr. Ingolf Hornke, 21 Jahre Vorsitzender des Sprecher-Ausschusses der Ltd. Angestellten, 5 Jahre Mitglied des Aufsichtsrates

Dr. Wolfgang Metternich, Werkshistoriker

Dr. Günter Metz, Vorstand, stellvertr. Vorstandsvorsitzender (ab 1985) und Aufsichtsratsvorsitzender Celanese, Aufsichtsrat von Aventis (1999)

Justus Mische, Vorstand (ab 1988)

Dr. Gerhard Prante, Leiter GB Landwirtschaft, danach Vorsitzender der

Geschäftsführung AgrEvo

Prof. Dr. Ernst Schadow, Mitgl. des Vorstandes (ab 1988) von Hoechst und Celanese

Dieter Schlatermund, Mitgl. des Vorstandes Riedel-de Haen

Dr. Karl-Gerhard Seifert, Mitglied des Hoechst-Vorstands (ab 1988), dann Vorstandsvorsitzender von Clariant, später AllessaChemie

Fritz Straub, Mitglied der Geschäftsbereichsleitung Pharma, später Madaus

Reinhard Traub, Geschäftsführer Hoechst Südafrika

Wolfgang Vetter, Betriebsratsvorsitzender Werk Griesheim (1980–1997) und Aufsichtsrat

Arnold Weber, stellvertr. Aufsichtsratsvorsitzender (1994–2000)

Heinz Weinmann, Leiter Personalwesen

Dominik von Winterfeldt, Chef Öffentlichkeitsarbeit Hoechst, danach Vorstand Cassella, dann bleibt Managing Partner der Boyden International Personalberatung

Personen- und Firmenregister

Bildernachweis